이제
우리의 이야기를
할 때입니다

NOW, IT'S YOUR TURN!

이제 ✕

우리의 이야기를 ✕

할 때입니다 ✕

우아하고 당당하게 세상에 나를 보여주는 법

비브 그로스콥 지음 · 김정혜 옮김

마일스톤

차 례

1장

뛰어난 말하기 기술
: 공간을 장악한다는 것의 의미

Michelle Obama

Amy Cuddy

Virginia Woolf

Oprah Winfrey

Joan Rivers

Joan K. Rowling

Chimamanda Ngozi Adichie

Angela Merkel

누구라도 말할 수 있지만,
내가 원해야만 한다

◆

"여성이 설교하는 것은 개가 뒷다리로 걷는 것과 같다.
잘할 리가 없지만,
어쨌든 한다는 사실 자체만으로도 놀라운 일이다."
-새뮤얼 존슨(18세기 영국의 시인, 평론가)

"여성들은 자신의 목소리를 찾지 않아도 된다. 이미 목소리를 갖고 있다.
다만 여성들 스스로 자신의 목소리를 사용할 권한이 있다고 생각해야 하고,
사람들이 그들의 목소리에 귀를 기울이도록 격려할 필요가 있다."
-메건 마클(영국 해리 왕자와 결혼한 미국의 전직 배우)

미국의 유력 신문사 〈워싱턴 포스트〉의 실화에 바탕을 둔 〈더 포스트〉라는 영화가 있다. 그 영화를 보면, 말하기와 관련하여 깊은 울림을 주는 장면이 하나 있다. 그리고 그 장면의 중심에는 WP에서 최초의 여성 발행인을 지낸 캐서린 그레이엄을 연기하는 메릴 스트립이 있다.

1963년, 그레이엄은 매출이 8,400만 달러인 신문사의 사장이지만 입지가 상당히 불안하다. 그레이엄은 남편이 자살로 생을 마감한 이후 그 신문사를 물려받았고, 그녀의 남편은 딸이 신문사를 운영하는 것을 원치 않았던 장인, 즉 그레이엄의 부친에게서 그 신문사를 물려받았다. 그런데 남편이 죽자 캐서린이 갑자기 신문사를 운영하게 되었고, 모두가 그 내막을 잘 알았다. 그러니까 캐서린이 신문사를 운영하게 된 이유는

딱 하나, 남편이 죽었기 때문이다. 당신이 다음번에 직장에서 위기를 맞았을 때, 이때 캐서린의 기분이 어떠했을지 한번 생각해보길 바란다. 유명 디자이너 브랜드 할스턴의 카프탄드레스를 입은 채 대저택을 거닐며, 누구 한 사람이라도 자신을 진지하게 받아들이게 만들려면 어떻게 해야 할지 고민하는 기분이 어떠했을지 말이다.

영화 소개는 이쯤하고, 메릴 스트립이 등장하는 문제의 장면 이야기를 해보자. 영화가 시작되자마자 신문사는 위기에 봉착하고 긴급 자금을 끌어모아야 하는 긴박한 상황에 몰린다. 사석에서는, 특히 혼자 있을 때의 캐서린은 고요한 호수 같이 평온하고 차분하며 침착하다. 그녀는 자신이 무슨 일을 해내야 하는지 잘 알고, 그래서 계획을 세워 연습까지 한다. 그녀 자신과 스물 남짓한 남성들로 구성된 이사회의 이사들을 설득하는 일이다. 그녀는 온갖 사실들로 철저히 무장하는 등 '출정' 준비를 완벽히 끝낸다. 그런데 막상 회의에 들어가자 입도 벙긋 못하고 벙어리가 되고 만다. 자신이 무슨 말을 하고 싶은지 토씨 하나까지 정확히 알고, 심지어 하고 싶은 말을 적어놓은 수첩도 바로 앞에 있다. 뿐만 아니라 모든 통계 수치와 재무적 세부 사항은 물론이고 논거와 논점도 달달 외웠다. 그런데 결정적인 순간에 입이 열리지 않는다.

결국 그녀는 아무 말도 하지 못하고, 대신 한 남성이 그녀가 준비한 내용을 앵무새처럼 읊는 동안 입을 꾹 다문 채 듣고 있어야만 한다. "잠깐만요. 내가 직접 말하고 싶어요"라는 두 마디만 했어도 상황을 역전시킬 수 있을 텐데 차마 입이 떨어지지 않는다. 물론 그녀가 회사의 주인이다. 그러나 막상 중요한 순간에 그녀는 그 공간의 주인이 아니다.

우리 중에도 이런 순간을 경험한 사람들이 많을 것이다. 비록 할스턴의 롱드레스도, 수백만 달러짜리 신문사도 가지고 있지 않지만 말이다. 우리 모두는 입이 우리를 배신해 말문이 막히고, 그래서 기회를 놓쳤다는 사실을 직감하는 짧은 그 순간에 어떤 기분이 드는지 아주 잘 안다.

말을 잘할 수 있는 기술에 관해 조언하는 책들은 넘쳐난다. 그런 책들은 하나 같이 '말할 때 포함해야 하는 내용', 즉 무슨 말을 해야 할지에 초점을 맞춘다. 그런데 무슨 말을 해야 할지는 아는데 입에서 한마디도 나오지 않는다면 어떻게 해야 할까? 이런 난감한 상황에서 어떻게 해야 하는지를 알려주는 책은 없다. 또한 대부분의 사람들이 선천적으로 가지고 있는 연설 공포증을 극복할 수 있는 비법을 제시하는 책도 없다. 여성으로서 약자라고 느낄 수밖에 없는 상황에서 무엇을 어떻게 해야 하는지 가르쳐주는 책 역시 없다. 요컨대, 그런 책들은 공간을 휘어잡으려면 어떻게 해야 하는지 알려주지 않는다. 그런 책들은 오히려 사람들 앞에서 말을 할 때 농담을 해서는 안 된다고 신신당부할 것이다. 자칫하면 청중이 당신의 연설 전체를 하나의 스탠드업 코미디로 받아들일 위험이 있다면서 말이다. 또한 화자인 당신은 기억하기 쉽고 청중은 집중하기 쉽다는 이유로 아이디어를 세 가지 범주로 묶는 방법에 관한 수사적 기법들을 가르쳐줄 것이다. (이것은 좋은 방법이다.) 게다가 당신의 생각을 강조하거나 결론을 명확하게 설명하기 위해 유명인들의 말을 인용하라고 조언할 것이다. (이것도 나쁘지 않은 방법이다. 눈치 챘을지 모르지만, 이 문단에서 나도 세 가지로 정리했다. 확실히 이 방법은 연설 중에 사용하면 좋은 구조다. 글이든 연설이든 세 가지로 정리하는 것은 눈과 귀를 모두 즐겁게 해준다.)

그런데 우리 모두가 알고 있듯이 그런 식의 조언은 몽상의 세계에나 어울린다. 한마디로 비현실적이다. 어차피 너무 긴장하고 떨려서 제대로 말할 수도 없는 마당에 연설에서 무슨 말을 할지 아는 게 무슨 소용이란 말인가. 심하게 말하면, 이것은 연설이라는 상황에 아예 발을 담그지 않을 사람들을 위한 조언이다. 다른 말로 하자면, 그들은 만약 연설을 한다면 그것이 어떤 모습일지에 대해 공상의 나래를 펴고 싶을 뿐이다. "세상에, 환상적인 말이야!", "어머, 수사적 기교가 정말 뛰어나!", "어쩜, 청중들이 넋이 나갔네." 캐서린 그레이엄을 연기하는 메릴 스트립이 문제의 그 장면에서 꿈꾼 모습이 딱 이랬다.

잠시 그녀의 머릿속을 들여다보자. 회의의 홍일점이었던 그녀는 남성 이사들을 향해 자신이 하고 싶은 말을 거리낌 없이 다 말했을 것이다. 자신의 계획을 들려주어 이사들의 넋을 빼놓았을 것이다. 그렇게 완벽하게 해냈을 것이다. 정말 그랬을 것이다. 그러나 그녀는 그렇게 하지 않았고, 할 수도 없었다. 왜 그랬을까? 내 생각에는 그녀가 목소리를 내는 것에 대한 불안감을 떨쳐낼 만큼 자신의 목소리를 내고 싶은 마음이 간절하지 않았기 때문이다.

말하기에 대한 전통적인 조언은 두 가지 중요한 사실을 간과하고 있다. 첫째, 상상 속이 아닌 현실에서 실제로 연설할 수 있다고 생각하는 마음 상태가 되려면 어떻게 해야 하는지에 초점을 맞추지 않는다. 둘째, 연설에 대해 느끼는 긴장감과 불안감이 삶의 일부임을 받아들이고, 나아가 자신이 하고 싶은 연설을 성공적으로 해내는 방법에 집중하지 않는다.

그러나 이 책은 다르다. 말하기 자체에 초점을 맞추지 않았다. 오히려 화자인 당신에게 초점을 맞췄다. 혹시 따라하고 싶은 역할 모델이 있는가? 당신에게 영감을 주는 사람은 누구인가? 그 사람처럼 하려면 어떻게 해야 할 것인가? 그들이 이미 가진 것을 일부라도 가지려면 어떻게 해야겠는가? 그들의 어떤 행동이 그들을 특별한 사람으로 만드는가? 당신이 바라는 모습의 연설가가 되는 것은 실질적인 연설 자체보다 훨씬 중요하다. 당신이 공간을 지배할 수 있다는 믿음이 없다면, 그리고 공간을 지배하고 싶은 욕구가 없다면 이미 그 공간을 잃은 것이다.

중요한 것은
내용보다 형식

대중 연설에 관해 토론할 때 대부분은 내용에 초점을 맞춰 이야기한다. 연설가의 어떤 말이 청중의 기억에 깊이 각인됐을까? 그는 어떻게 그 말을 그렇게 환상적으로 표현할 수 있었을까? 어쩜 그렇게 핵심을 간단명료하고 영리하게 주장할 수 있었을까?

물론 내용에 초점을 맞추는 것도 좋다. 게다가 우리는 내용을 토대로 연설을 분석해야 한다. 기억할 만한 연설문은 그냥 나오는 것이 아니다. 오랜 시간 울림을 주는 연설문은 두말 할 것도 없다. 대개의 경우 그런 연설문은 누군가 오랜 시간 땀 흘려 노력한 결과물이다. 그러나 내 경험에 비추어볼 때 그들이 걱정하는 것은 무슨 말을 할까가 아니다. 그들은 사람들 앞에서 말하는 것 자체를 걱정한다. 특히 여성들에게서 그런 현상이 두드러진다. "어떤 자세로 서 있어야 할까?", "시선 처리는 어떻게 하지?", "긴장해서 떨면 어쩌지?", "나 아닌 다른 사람이 해야 했던 건 아닐까?", "캐서린 그레이엄처럼 결정적인 순간에 벙어리가 되면 어쩌지?"

　이런 불안감을 갖는 것은 당연하다. 연설에 관한 진실을 알기 때문이다. TV에 출연해본 경험이 있는 사람들이 TV에 관한 진실을 아는 것과 같은 이치다. 시청자들은 당신이 얼마나 영리한 말을 하는지 혹은 얼마나 바보 같고 멍청한 말을 하는지 전혀 신경 쓰지 않는다. 그보다는 당신이 무슨 옷을 입었는지, 당신이 얼마나 편안해 보이는지에 훨씬 더 많이 관심을 갖는다. 멀리 갈 것도 없이 내가 직접 경험했다. 진심에서 우러나와 하는 말인데, 제발 부탁이니 몸에 꽉 끼어 가슴 부위를 부각시키는 호피 무늬 스웨터를 입고 영국의 뉴스채널 스카이 뉴스에 출연하지 마라. 좋든 싫든 인간은 시각적인 동물이고, 사람들이 말하는 내용에 집중하기보다 그들을 '읽는 것'을 훨씬 더 좋아한다.

　《오만과 편견》의 제인 오스틴과 《위대한 유산》의 찰스 디킨스의 주옥같은 문구들을 적절히 인용하고 TED 위원회의 손을 거쳐 편집되면 누구라도 역사상 가장 뛰어난 연설을 할 수 있다. 그러나 그 역할을 제대로 소화하지 못한다면 빛 좋은 개살구에 불과할 뿐이다. 다시 말해 적절한 몸짓과 올바른 태도, 그리고 어울리는 행동을 보여주지 못한다면 아무리 좋은 연설을 한들 누구도 당신의 말에 귀를 기울이지 않는다. 우리가 '재미있는' 부분에 (우리가 사람들 눈에 어떻게 보이는지) 능숙해질수록 사람들이 '지루한' 부분에 (우리의 메시지) 집중할 가능성이 커진다.

UCLA 대학의 심리학 교수이자 커뮤니케이션 이론가인 앨버트 머레이비언이 1971년에 실시한 유명한 연구조사가 있다. 그는 조사 결과에 근거해, 커뮤니케이션의 93퍼센트가 말투와 표정, 눈빛, 몸짓 같은 비언어적 요소로 이뤄진다고 결론 내렸다. 반면에 우리가 말하는 내용, 즉 언어적 요소에 기반한 커뮤니케이션은 7퍼센트에 불과하다고 했다. 그러면서 비언어적 커뮤니케이션 중에서 55퍼센트는 눈빛, 표정, 몸짓 등의 시각 정보에, 38퍼센트는 음색, 어조, 목소리 등의 청각 정보에 의존한다고 주장했다. 이 연구 결과에 대해서는 지금까지도 뜨거운 논쟁이 벌어지고 있지만, 나는 최소한 한 가지는 분명하다고 생각한다. 우리가 커뮤니케이션을 할 때 '의미'와 '말'이 전혀 다르다는 것이다. 요컨대, 우리는 말투나 표정, 몸짓 등 말이 아닌 비언어적인 의사소통 요소에서 더 많은 의미를 추론한다.

오늘날 심리학자들은 커뮤니케이션의 60~90퍼센트가 비언어적일 거라고 추정한다. 나도 그들의 생각에 동의한다. 가령 영화를 볼 때 소리를 끄고 영상만 보아도 우리는 꽤나 정확하게 그 의미를 이해할 수 있다. 지하철역 건너편 승강장에 있는 연인을 볼 때도 그들이 행복한지 아닌지를 한눈에 알아볼 수 있고, TV에 나오는 정치인이 입을 열기도 전에 그 사람에 대한 신뢰 정도를 즉각 분간할 수 있다. 이렇듯 우리는 말을 이해하기 전에 감정, 표정, 몸짓, 말투 등을 읽을 수 있다.

여기서 잠깐, 내 말을 오해하지 않길 바란다. 말의 내용이 중요하지 않다는 뜻이 아니다. 당연히 내용도 중요하다. 많은 위대한 연설이 비디오가 발명되기 훨씬 전에 나왔다. 게다가 그런 연설은 커뮤니케이션의 비언어적인 요소가 전혀 없는데도 오랜 세월을 살아남았고, 또 수없이 회자되며 커다란 울림을 주고 있다. 내가 하고 싶은 말은, 이런 연설이 필요 없다는 것이 아니라 이 책의 목적이 위대한 연설문을 작성하는 법을 가르쳐주기 위함이 아니라는 사실을 분명히 하고 싶을 뿐이다. 이 책은 사람들 앞에서 말할 때 강력한 영향력을 발휘할 수 있는 방법을 다룬다. 둘은 엄연히 다른 개념이다. 후자는 연설의 성공 가능성을 높이기 위해 당신이 어떤 사람이 되어야 하는지와 더 관련이 깊다. 나아가 캐서린 그레이엄이 그랬듯, 사람들 앞에서 말할 기회가 생겼을 때 바로 그 사람이 된 것처럼 느끼고 보이려면 어떻게 해야 하는지와 더 밀접한 관련이 있다. "잠깐만요. 어째서 여성들에게 도움이 필요하다고 생각하는 거죠? 여성들이 무능하다는 말인가요? 그렇다면 남성들은 다른가요?"라고 물어볼 수 있다. 그 이유에 대해서는 천천히 설명하겠다.

왜
'여성'에게 필요한가?

—

대중 앞에서 말을 할 때 '여성'적인 요소가 방해가 되지 않게 하라. 물론 이 책은 뼛속까지 여성들을 위한 것이다. 아니,《공간을 장악하는 법: 남성과 뛰어난 말하기 기술How to Own the Room: Men and the Art of Brilliant Speaking》이라는 제목의 책은 절대로 세상에 나오지 않을 것이다. 그럴 가능성은 없겠지만, 남성들이 차별받는다는 생각에 영국의 권리 운동 단체인 '정의를 위한 아버지들'이 궐기해서 이 책을 출판하기로 결정하지 않는 한 말이다.

생각해볼 또 다른 문제도 있다. 대중 연설과 수사법에 관한 대부분의 책이 남성에 관해, 남성에 의해, 남성을 위한 내용으로 가득 채워졌다는 사실이다. 여기저기서 '헉' 하는 비명이 들리는 듯하다. 우리 모두는 여성들이 어떤 불평등에 노출되어 있는지 잘 알고, 수세기 동안 여성들에 대한 반대의 목소리가 있어 왔다는 사실도 잘 알고 있다. 또한 일부 여성들이 문화적 규범과 사회적 조건화social conditioning로 말미암아 스스로에게 제약을 부과하고 지나치게 자기 비판적인 태도를 갖게 되었다는 사실도 잘 안다. 분별력과 양식이 있는 사람이라면 이에 대해 가타부타하지 못할 것이다. 나 역시 그런 압박을 느껴왔고, 솔직히 그런 압박을 받지 않는 여성은 거의 없다.

뿐만 아니라 이런 사회적 추세를 분석하는 연구가 갈수록 증가하고, 그중에는 무의식적이거나 잠재의식적인 것도 있다. 반갑고 바람직한 현상이 아닐 수 없다. 가령 여성이 말하는 중간에 끊고 끼어드는 행위와 맨스플레인(mansplain, 남성 'man'과 설명하다 'explain'의 합성어로, 남성이 여성보다 우위에 있다고 생각하며 여성에게 모든 것을 가르치려 드는 행위/옮긴이)에 관한 연구들도 있다. 일례로 2016년 미국 대선 후보 TV토론 당시 도널드 트럼프는 힐러리 클린턴의 발언을 51번이나 자르고 끼어들었는데, 이는 트럼프의 말을 17번 끊고 끼어든 힐러리에 비하면 무려 3배나 많은 수치였다. 이런 행위에서 '본성'과 '양육'의 기여도에 관한 케케묵은 논쟁과 토론이 끝없이 이어지고 있다. 이것은 무조건 환영할 일이다. 이런 일들에 대해 더 많이 이해할수록 좋기 때문이다.

외부적인 환경에 대한 얘기는 이쯤하고, 지금부터는 내부적인 문제를 짚어보자. 말하기와 관련해 가장 중요한 것 중 하나는 자신을 갈고 닦는 것이다. 고로 나는, 이 책에서 오롯이 여성들에게 초점을 맞춘 것에 대해 사과할 마음이 없다. 다시 말해 이 책은 여성인 당신을 둘러싼 문화가 아닌 화자로서의 당신에게 초점을 맞출 것이다. 여성으로만 구성된 집단에서 연설이나 프레젠테이션을 할 때마다 나는 이 말을 가장 먼저 한다.

"우리가 여기 모인 까닭은 다른 사람들의 행동에 대해 성토하기 위해서가 아닙니다. 오히려 여러분들이 어떻게 행동하는가에 관한 이야기를 하기 위해 모였습니다."

나는 남녀 혼성 집단에서 연설을 하는 날도 많은데, 그때 남성들이 불편한 마음을 토로하는 경우가 더러 있다. 이렇게 보면 불안감은 여성만 느끼는 것이 아니다.

당연한 말이지만 모든 일에는 적절한 시간과 장소가 있다. 가령 구조적 불평등을 점검하고 법률 개정을 요구하는 운동을 시작하기에 알맞은 시간과 장소가 있다. 그러나 당신 자신에 대해 생각하기 위한 시간과 장소도 있어야 한다. 이 책은 바로 그런 시간과 장소를 제공한다. 이 책은 당신이 자신의 강점과 그 강점을 토대로 어떻게 성장할지에 대해 고민하는 장소다. 아울러 당신의 목소리를 어떻게 증폭시킬지에 대해 생각해보는 장소이기도 하다.

이것이 쉬운 일인 척하려는 마음은 추호도 없다. 오래전부터 여성들이 말할 기회가 상대적으로 적었다는 것은 부인할 수 없는 사실이다. 나이지리아 출신 페미니스트 작가인 치마만다 응고지 아디치에는 "우리는 모두 페미니스트가 되어야 합니다We Should All Be Feminists"라는 제목의 TED 강연에서 케냐 출신의 여성 환경보호 운동가이자 2004년 노벨평화상을 수상한 왕가리 마타이의 말을 인용했다.

"높이 올라갈수록 여성의 수가 적습니다."

이것은 부정확한 추측성 주장도 아니고, 논란의 소지가 있는 억지 주장도 아니다. 엄연한 현실로, 지난 50년간 전 세계 대부분의 산업과 모든 권력 구조의 민낯을 정확히 보여준다. 그러나 이 책에서 내가 해야 할 일은 그 문제를 진단하는 것이 아니다. 대신에, 여성들이 자신의 의사소통 능력에 대해 자신감을 갖고, 의사소통에 능력을 집중하며, 스스로 의사소통 기회를 만들 수 있도록 격려하는 것이 내가 이 책을 쓴 목적이다. 이 책 중간중간에 사랑의 매를 휘두르는 부모 같은, 다소 엄한 표현도 있을 것이다. 그럴 땐 오프라 윈프리의 말을 기억해주기 바란다.

"탁월함은 모든 차별을 압도합니다."

말인즉, 탁월한 능력에 대한 차별은 없다는 의미다.

아디치에가 TED 강연에서 말했듯, 현재의 상태는 어느 정도까지는 숫자의 문제다. 대부분의 직업군에서 여성 고위자의 숫자가 더 적고, 그런 고위직에서 여성들이 목소리를 내는 것을 보고 들을 가능성이 가장 크다. 안타까운 것은, 이런 문제에서 가장 자유로울 것처럼 보이는 여성들에게조차 영향을 미치는 듯하다는 데 있다. 영화배우 조지 클루니의 부인이자 인권변호사인 아말 클루니가 대표적이다. 그녀는 2018년 한

매체와의 인터뷰에서 이렇게 말했다.

"내가 기억하는 한, 내 경력의 모든 단계에서 무언가를 시도하기에 충분한 자신감을 가져본 적이 거의 없어요. 뿐만 아니라 내 피를 끓게 만드는 무언가를 추구할 배짱을 가져본 적도 거의 없죠. 이유는 둘 중 하나에요. 내가 아는 사람 중에 그렇게 했던 사람이 없어서이거나 다른 사람들이 내 마음에 의심을 심어주었기 때문이죠."

아디치에가 TED 강연에서 말했듯 세상이 변하고 있다. 천 년 전 우리 인간은 육체적 강인함이 리더십과 동일시되고 남성이 '강인하다'는 편향적 사고가 지배하는 세상에 살았다. 다시 말해, 육체적으로 강인한 남성들이 지도자 자리를 독식했다. 아디치에는, 오늘날 우리는 불확실성으로 가득한 복잡하고 빠르게 변화하는 세상에 살고 있다고 주장한다.

여기에는 명암이 있다. 무슨 일이 벌어지든 일부 사람들은 이런 세상에서 기회를 얻을 것이 틀림없다. 그러나 전통적으로 리더였던 사람들은 예외이지 싶다. 이제 더는 육체적 강인함은 고사하고 어떤 형태든 강인한 사람이 반드시 지도자가 되는 세상이 아니다. 오히려 지적이고 창의적이며 혁신적인 사람이 지도자로 더 적합하다. 아디치에는 "이런 자질을 좌우하는 호르몬은 없습니다"라고 말한다. 그리고 인간으로서 우리는 이런 변화를 받아들이는 속도가 느리다고, 아디치에는 덧붙인다. 우리는 우리가 진화했다고 생각하지만 "젠더에 관한 우리의 생각은 진화하지 않았기" 때문이다.

그러나 아디치에를 비롯한 여러 사람들 덕분에 우리는 진화하고 있다. 심지어 어떤 경우에는 우리가 생각하는 것보다 진화 속도가 더 빠르다. 예컨대, 최근 몇 년간 내가 본 연설가 중 가장 인상적이었다고 생각되는 두 연설가는 아직 25세가 되지 않은 젊은 여성으로, 전통적인 권력구조와는 전혀 관련이 없다. 그 주인공들은 바로 파키스탄 출신의 여성 인권 운동가 말랄라 유사프자이와 세계적인 팝스타 아리아나 그란데이다(2017년 5월 22일 아리아나 그란데의 콘서트가 열렸던 영국의 한 공연장 바로 바깥에서 폭탄 테러가 발생해 사상자가 발생했고, 그란데가 주축이 되어 6월 4일 맨체스터에서 유명 팝스타들이 대거 참여하는 추모 자선 공연이 열렸다./옮긴이). 나는 많은 젊은 여성들이 나처럼 상대적으로 나이가 많은 사람들을 옥죄는 고정관념들에서 좀 더 자유롭다고 생각한다. 특히 그들은 연설에 대한 심적 부담이 덜한 것처럼 보인다. 이것은 치마만다 응고지 아디치에가 두 팔 벌려 환영할 만한 진화다.

당신을 보여줄 수 있는 기회가 열렸다

—

당신이 케케묵은 고정관념에 당당히 맞서고, '공간을 어떻게 장악하는지'를 보여줄 수 있는 무대로 어떤 통로를 선택할지는 당신에게 달려 있다. TED 토크를 선택할 수도 있고, 침착하고 완벽하게 프레젠테이션할 기회를 선택할 수도 있으며, 회의 중에 과감히 끼어들어 발언 기회를 잡을 수도 있다. 심적 압박이 상당한 전화 통화 중에 목소리가 덜 떨리기를 바라거나 휴대전화의 작은 화면에 비치는 모습이 조금이라도 덜 바보 같아 보이기만 바랄 수도 있겠다. 혹시 바보처럼 보일 것이 두려워 이제까지 작은 화면을 통한 상호작용은 어떤 종류든 무조건 피해왔는가? 그랬다면 우리는 같은 처지다.

이제는 우리가 함께 이것을 극복할 시간이다. 작은 화면을 피하는 것은 스스로를 방안에 가둔 채 거울에 비치는 모습이 두려워 절대로 거울을 쳐다보지 않는 것과 다름없다.

이제는 스스로를 세상에 어떤 방식으로 드러낼지 걱정하지 않아도 된다. 그런 방식을 어떻게 통제할 수 있는지를 배우는 데 있어 역사를 통틀어 요즘처럼 좋았던 시절은 없었다. 당신이 어떤 사람인지를 보여 줄 수 있는 기회가 아주 많기 때문이다. 불과 10년 전만 해도 당신은 토론 팀의 일원으로서든, TV 출연자로서든 발언자로 선택되기를 손 놓고 기다려야 했다. 하지만 이제는 세상이 달라졌다. 마우스를 몇 번 클릭하는 것만으로도 당신의 TV 채널을 만들 수 있다. 팟캐스트를 운영하고, 브이로그라 불리는 비디오 블로그를 시작할 수 있으며, 키보드만 있으면 지금 당장이라도 생방송을 진행할 수 있다. 또한 지금부터 5분 안에 TEDx 토크(독립적으로 조직된 TED 행사. TED의 허락을 받아 지역 사회나 비영리 기관이 자발적으로 개최하는 행사/옮긴이)에 강연 신청서를 보낼 수도 있다. 이렇듯 이제는 지금까지 불가능했던 방식으로 자신을 드러내고 알릴 수 있는 기회가 곳곳에 있다.

물론 세상에 공짜는 없다. 기회에는 반드시 압박이 따라온다. 아주 오래전부터 말을 잘하는 것은 유익한 자산 혹은 상대와의 경쟁에서 우위를 점할 수 있는 요소로 여겨져 왔다. 하지만 이제 그것은 필수가 되었다. 나는 이것이 남성보다 여성에게 더 어려운 일이라고 생각하지 않는다. 그렇지만 오늘날까지도 지도층 집단과 공적인 삶에서 여성들에게 귀감이 되는 훌륭한 역할 모델들은 부족하다. 당연한 말이지만, 이는 다시 일부 여성들로 하여금 공개적인 발언을 하는 것을 주저하게 만드는 요소로 작용할 수 있다. 당신과 같은 처지의 누군가에게서 당신과 비슷한 행동을 본 적이 없다면, 당신의 특정한 행동이 다른 사람들에게 어떻게 비춰질지 알아채기란 힘든 일이다. 하지만 이제 더 이상은 그런 것에 신경 쓰지 마라. 대신에 당신의 눈에 당신의 행동이 어떻게 보이는지를 알아내기 위해 노력하라. 나는 이 책이 그 여정을 시작하는 첫걸음이 되길 희망한다. 당신처럼 보이고, 당신처럼 말하는 첫 번째 사람이 되어도 상관없다. 그냥 받아들여라. 과감하게 첫 번째로 스타트를 끊어라.

미셸 오바마처럼 되려고 노력할 때의
한계와 혜택
—

유튜브와 TED는 뛰어난 말하기 기술을 익히고 싶은 사람들에게 매우 유용한 수단이다. 이들의 도움으로 우리는 바로 코앞에서 탁월한 연설을 보고 들을 수 있으며, 어떤 연설이든 원하는 만큼 반복해서 볼 수도 있다. 예전에는 기록으로 남는 것이 연설문뿐이었고, 이런 까닭에 예로부터 대중 연설에 관한 대부분의 연구들은 어떻게 말하는가보다 무슨 말을 해야 하는가에 초점을 맞췄다.

하지만 그런 훌륭한 연설들을 쉽게 접할 수 있다고 해서 무조건 좋은 것은 아니다. 그중에서도 가장 큰 단점은 자기 스스로를 불가능한 것과 비교하게 된다는 데 있다. 그리고 이와 관련하여 우리가 흔히 간과하고 있는 사실이 하나 있다. 미셸 오바마와 TED 강연자들에게는 연설문 전담 작가가 있거나 발성 코치, 메모, 오토큐 등의 도움을 받을 수 있다는 사실이다. 가끔은 그들의 연설을 하나에서 열까지 전부 도와주는 완벽한 지원 시스템이 가동되기도 한다. 요컨대, 그런 연설은 전문가의 손길로 다듬어지는 경우가 허다하다. 그러니 그들과 비교하는 것은, 당신의 머리스타일, 화장, 옷차림을 비욘세의 머리스타일, 화장 그리고 옷차림과 비교하는 것과 다르지 않다. 안타깝게도, 이것은 승부가 정해진 불공평한 게임이다. "사람들 앞에서 발언할 때 미셸 오바마처럼 하고 싶다"고 말하는 여성들이 많다. 당신도 미셸 오바마와 같은 지원 시스템을 보유하고 있다면 그녀처럼 말하는 것이 가능하다. 그러나 현실을 직시하자. 우리에게는 그녀와 같은 지원팀이 없다. 그래서 결론은?

"우리는 그녀보다 열심히 노력해야 한다."

그렇다고 해도 가끔은 연설 기준이 우리가 생각하는 것보다 훨씬 낮게 설정된다. 많은 TED 강연이 이를 증명해준다. 연설을 아주 잘하지 않아도 된다는 사실을 알게 되면 부담이 줄어들고 마음이 가벼워진다. 전화 통화를 통해 원하는 결과를 얻어내야 하는 것이든, 연말 종무식에서 환상적인 감사 인사로 직원늘에게 커다란 감동을 줘야 하는 것이는, 어떤 상황에서도 성공적인 의사소통을 하기 위해서는 당신 스스로 기대 수준을 관리해야 한다.

전화 통화를 할 때 당신은 아카데미 시상식에서 최우수 작품상을 받은 영화 〈이브의 모든 것〉에서 백전노장의 여배우를 연기한 베티 데이비스처럼 되려고 하지 않을 것이다. 물론 베티 데이비스처럼 되어야 하는 것은 아니다. 회사의 비밀 산타 행사에서 제비뽑기를 한 직후에 TV 토크쇼 〈슈퍼 소울 선데이〉를 진행하는 오프라 윈프리처럼 되려고 하지도 않을 것이다. 역시나 오프라 윈프리처럼 되어야 하는 것도 아니다. 믿을 수 있고 정직한 당신의 모습을 보여주는 것으로 충분하다. 아니, 그거면 된다. 그 모습 자체가 베티 데이비스나 오프라 윈프리처럼 되는 것보다 낫다. 진짜 당신의 모습이기 때문이다. 물론 베티나 오프라도 당신처럼 되려고 해서는 안 된다. 그건 명백히 잘못된 일이다.

오늘날에는 이른바 '공식적'이라고 불릴 만한 대중 연설 기회가 드물다. 정말 고마운 일이다. 그런 연설은 대부분 끔찍한 경험으로 끝나기 때문이다. 탁 까놓고 말해, 본인이 진심으로 원해서 '대중 연설'을 했던 사람이 있을까? 어쩌면 1953년 영국의 명문 이튼칼리지에 다니던 열정적이고 완벽한 어떤 학생은 예외일 수도 있겠다.

대중 연설이라는 아이디어는 한마디로 케케묵은 구닥다리이고, 40여 년 전 말을 청산유수처럼 하던 사람이 약간의 '전운'이 감도는 '토론팀'의 일원으로 발탁되었던 시기에 가르쳤던 과목이었다. 토론팀의 멤버는 "우리 팀 의견은(This house believes……. 줄여서 THB이라고 부르는 토론 용어로, 본래 'house'는 하원을 의미하며 THB는 토론의 한 종류인 의회식 토론의 특징이다./옮긴이)"이라고 시작해 "…… 군주제는 폐지되어야 합니다" 혹은 "…… 사람들은 비둘기를 크게 오해하는데, 비둘기는 절대로 유해한 동물이 아닙니다"라는 문장으로 끝나는 끔찍한 논거를 준비해야 했을 것이다.

하지만 이 모든 것이 순전히 시간 낭비였다. "'THB' 즉 '우리 팀 의견은' 대중 연설을 구시대적인 방식으로 준비하는 것은 사람들 앞에서 발언하는 기회를 또 다시 미루도록 만들기에 충분하다는 것이다." 이 주장이 채택되었다.

모두가 복음 전도사나 스탠드업 코미디언 혹은 영감을 주는 화자가 되고 싶어 하는 것은 아니다. 솔직히 대부분의 사람들에게 이런 것들은 악몽이다. 그러나 우리가 이런 전문가들의 특성을 직장생활에 작용할 거라는 기대가 갈수록 커지고 있다. 게다가 오늘날 같은 디지털 시대에는 널리 퍼뜨리고 싶은 메시지가 있을 때 세상을 향해 목소리를 높이고 그 메시지를 표현할 필요가 있다. 그렇지 않으면 경쟁자에게 선수를 빼앗기고 만다. 더 이상 침묵이 금인 시대가 아니며, 몸을 낮추고 조용히 지내는 것이 인정받는 시대도 아니다. 다시 말해, 새롭게 부상한 두 가지 사회정의 운동의 여파로, 이제는 사람들에게 자신의 소신을 당당히 밝히는 능력이 중요해졌다. 그 두 가지 사회정의 운동은 바로 성차별과 성범죄를 반대하는 여성운동 '나도 당했다'는 미투(#MeToo)와 '시간이 다 됐다' 혹은 '이제는 때가 되었다'는 뜻의 타임즈업(#TimesUp)이다.

향후 몇 년간 여성들이 상당한 반발에 직면할 거라는 걱정이 들 수도 있다. 터무니없는 기우만은 아니지 싶다. "이미 충분히 들었으니 이제 그만하라"는 핀잔을 들을 수도 있고, 그 이슈가 뉴스로서의 수명을 다하고 헌신짝 취급을 당할 수도 있다. 고로 여성들은 이런 상황에 적절히 대응할 준비를 해야 한다.

대중 연설을 어려워하는 것은
인간의 본성

—

나에게는 10대인 딸이 있다. 내가 딸에게 바라는 것이 있다면 자신이 원할 때 언제 어디서든, 어떻게든 자신의 마음을 솔직하게 표현할 수 있는 아이가 되는 것이다. 나아가 사람들에게 자신의 목소리를 들려줄 수 있는 자신감을 갖는 것이다. 여기서 핵심은 딸의 목소리가 사람들에게 닿기를 바란다는 것이다. 그렇게 되기를 진심으로 바란다. 그러나 나는 사람들이 내 목소리를 경청하게 하는 것이 쉽지 않은 일이라는 걸 잘 안다. 삶에 정말 도움이 되는 재능은, 당신의 말을 경청하고 싶어 하든 그렇지 않든 사람들에게 자신의 당당한 목소리를 내는 것이다. 힘이나 권력은 절대 노력 없이 주어지지 않는다. 획득해야 하는 것이다. 관심도 마찬가지다. 당연하게 주어지는 것이 아니라 노력을 통해 얻어내야 하는 것이다. 무언가를 원한다면 그것을 획득할 수 있는 방법을 알아야 하고, 그런 방법을 알기 위해서는 평생에 걸쳐 노력과 기술을 갈고닦아야 한다.

딸에게 한 가지 더 욕심을 부리자면, 초조함과 불안감을 인정하고 받아들이며 그런 감정과 더불어 살아가는 아이가 되었으면 좋겠다. 그런 감정을 느낀다는 것은 인간으로서 정상적으로 기능하고 있다는 징후이기 때문이다. 그런 감정은 우리가 대중 연설을 하지 말아야 한다거나 대중 연설이 본질적으로 어렵고 무서운 것이라는 징후가 아니라는 말이다. 슬픈 일이지만, 우리들 대부분의 꿈은 골든글로브 시상식에서 오프라 윈프리처럼 환상적인 연설을 하는 것이 아니다. 심지어 좋은 연설을 하고 싶은 것도 아니다. 우리의 꿈은 그저 사람들 앞에서 말하는 것에 대해 두려움이나 불안감을 갖지 않는 것이다. 소박한 꿈이라고? 절대 그렇지 않다.

두려움을 비껴갈 수 있는 방법은 없다. 오직 관통할 뿐이다. 그리고 두려움을 관통하는 방법은 사람들 앞에서 말을 하고, 그것에 익숙해지는 것이다. 여기서 한 가지 위안을 주자면, 지구상에서 가장 자신감 넘치는 사람들조차도 대중 앞에서 말하는 것에 대해 불안감을 가질 수 있다는 것이다.

성공회 최초의 흑인 주교로 영국의 해리 왕자와 메건 마클의 결혼식에서 혼배미사를 맡았던 마이클 커리 주교를 보자. 그가 긴장한다는 것이 상상이나 되는가? 그가 수줍음 많고 내성적인 성격일 것이라곤 전혀 생각되지 않는다. 말인즉, 커리 주교는 전 세계 5,000만 명의 시청자들에게 TV로 중계되는 큰 행사에서 허락된 시간을 초과해 설교를 할 수 있을 만큼 특권의식과 신념이 깊은 사람이다. 쉽게 비교할 수 있게 쉬운 예를 들어주겠다. 해리 왕자의 결혼식이 있고 4년이 지난 지금도, 나는 퀴퀴한 냄새가 진동하는 지하 클럽에서 15명 남짓한 관객들을 대상으로 10분짜리 코미디 공연을 하다가 겨우 30초를 초과해도 자책한다. 개중에는 다른 사람들보다 유독 무대에 너무 오래 머물러 눈총을 사는 사람들이 있다.

하지만 이후에 커리 주교는 뜻밖의 말을 했다. 그 세기의 결혼식에서 혈관이 터질 것 같이 긴장했다고, 또한 그런 큰 행사에서 가끔 심하게 떨린다고. 그런 불안을 극복하는 그만의 비법은 무엇일까? '현재에 몰입하라', '당신 앞에 놓인 것에 집중하라', '당신 바깥에 있는 무언가에 대해 생각하라'이다.

"긴장해서 좀 떨립니다만 …… (내 임무는) 새로운 출발을 하는 신랑신부와, 하나님께서 사랑으로 이 두 사람을 위해 계획하신 일에 온 마음을 다해 집중하는 것입니다."

긴장해서 떨리는 순간 커리 주교의 말과 내 경험을 떠올려보라.

성공적인 대중 연설에 영향을 미치는 핵심 요소는 크게 세 가지다. 집념, 연습, 담력. 소신 있게 목소리를 내고 싶은가? 그런 당신을 막을 수 있는 사람은 단 한 사람이다. 당연히 그 한 사람은 바로 당신 자신이다. 나는 공개 토론회의 패널로 참여하거나 TV 또는 라디오 프로그램의 출연 요청을 받았지만 "준비가 안 된 것 같아서" 혹은 "바보처럼 보일까봐" 또는 "분명 나보다 더 나은 사람이 있을 걸 같아서" 등의 이유로 거절한 여성들을 수없이 만나보았다. 여성들에게 연설이나 강연 혹은 출연 요청을 했지만 위와 같은 변명만 돌아왔다고 푸념하는 방송 관계사도 수없이 많았다.

유감스럽지만, 그런 말들은 아무리 좋게 포장한들 결국엔 핑계일 뿐이다. 그들은 말한다. 남성들에게 그런 요청을 했을 때는 대부분 그런 식으로 반응하지 않는다고. 긴장해서 떨린다는 이유로 연설 요청을 거절한 남성은 없었다고. 통상적으로 남성들은, 사람들이 어째서 자신의 전문 지식을 원하는지를 궁금해 하고 의문을 던질 가능성이 낮나. 그들은 자신에게 도움이 된다면 재지 않고 요청을 받아들인다. 반대로 자신에게 이득이 없다고 판단되면 정중하게 거절한다. 그게 전부다. 요컨대, 남성은 그것에 대해 불안감을 갖지 않는다. 하지만 여성들은 불안감에 사로잡힌다. 남녀가 이처럼 정반대의 반응을 보이게 만드는 이유가 있는데, 바로 담력이다.

이에 대해 가타부타하거나 비난할 생각은 전혀 없다. 나 역시 비슷하게 반응하기 때문이다. 아주 최근에도 나는 제안 받은 라디오 시리즈를 거절했다. 심지어 나보다 적임자라는 생각에 남성 동료를 추천하기도 했다. 이론적으로는 내 행동에 잘못이 없지만, 사실 나는 남성에게 (유급) 일자리를 양보한 셈이다. 그 프로그램의 프로듀서가 내게 고맙다는 인사와 함께 그 시리즈의 녹음본을 보내준 순간 나는 내 두 눈을 찌르고 싶었다. 그것은 내가 재정적으로나 창의적인 측면에서 나 자신을 기망한 결과 놓쳐버린 기회였다. 이것이 비단 나만의 일이겠는가? 아마 우리 모두가 그런 경험이 있고, 안타깝게도 앞으로도 그럴 것이다. 심지어 다른 사람들이 손을 내밀 때조차도 당신 스스로 당신을 배제시킬지 모른다.

이제는 달라져야 한다. 그렇다고 해서 항상 완벽하고 올바르게 판단하려고 하지 마라. 그리고 가능한 한 당신 스스로를 속이는 짓도 중단하라. 가끔 나는 그 프로듀서나 행사 주최자에게 책임을 돌리곤 한다. 그들이 여성들의 팔을 비틀어 그런 핑계를 댈 수밖에 없도록 만들었다고 생각하는 것이다. 하지만 손바닥으로 하늘을 가릴 수는 없는 법. 게다가 우리는 아이가 아니지 않은가? 이제 우리는 준비가 되지 않았다고 생각될 때도 일단 "예스"라고 말한 다음 철저히 준비하는 법을 배워야 한다.

아이처럼 어리광부리지 마라. 세상은 우리를 어르고 달래서 이런 일들을 하게 만들 책임이 없다.

그렇다면 어떻게 해야 할까? 더욱 자주 "예스"라고 말함으로써 기회를 잡아라. 그리고 나아질 거라는 자신감을 가져라. 당신에게 온 기회를 자기 과시에 강한 사람들과 외향적인 사람들에게 갖다 바치는 것은 옳지 않다. 그들은 그런 기회를 목 빠지게 기다린다. 심지어 지금도 당신이 기회를 넘겨주기를 바라고 있을지도 모른다. 고백하건대, 사실 나도 거의 모든 상황에서 그런 사람들과 별반 다르지 않다.

TED 강연자이자 《콰이어트: 시끄러운 세상에서 조용히 세상을 움직이는 힘》의 저자인 수전 케인은 이렇게 말한다.

"말을 가장 잘하는 사람이 되는 것과 최상의 아이디어를 생각해내는 것 사이에는 일말의 연관성도 없다."

지금 당장은 당신이 말을 가장 잘하는 사람이라고 생각하지 않더라도 당신의 아이디어를 분명하게 표현하라. 당신의 아이디어에 대해 공개적으로 더 많이 말할수록 사람들은 당신의 아이디어를 더 좋게 생각할 것이다.

하지만 예외 없는 법칙은 없듯 이 법칙에도 예외는 있다. 나는 특정한 기준이나 원칙 없이 임의적으로 혹은 구색을 맞추기 위해 여성들을 포함하는 것에는 찬성하지 않는다. 내가 특정 행사에 요청받은 것이 오직 그런 이유에서라는 생각이 드는 경우가 더러 있다. 내가 거의 문외한에 가까운 영역에 대한 대화를 주고받아야 하는 행사들이 대표적이다. 예컨대, 한 번은 시각예술에 관한 토론 자리에 초청받았다. 나는 객관적으로 내가 그 주제에 어울리지 않는다고 판단, 그 요청을 거절했다. 나보다는 시각예술가나 그 분야 전문가가 참석해야 한다고 생각했기 때문이다. 내 거절에 주최 측은 화를 내면서 "다른 사람이면 몰라도 당신만큼은 패널에 여성들이 포함되어야 한다는 제안에 동의해야 옳다고 봅니다"라고 말했다.

물론 나도 원칙적으로는 동의한다. 그러나 조건이 있다. 나는 그 자리가 그 사람의 가장 빛나는 모습을 보여줄 수 있는 자리일 때만 지지한다. 만약 내가 위의 요청을 받아들였더라면 그날 나는 꿔다놓은 보릿자루 같은 신세가 되었을 것이다. 더 많이 "예스"라고 말할수록, 즉 경험이 쌓일수록 당신에게 맞는 자리와 맞지 않는 자리를 판단하는 직감적인 능력이 쌓일 것이다.

말할 기회를 받아들이는 것, 그리고 그런 기회를 만드는 것을 '면역훈련inoculation training'이라고 부른다. 면역 주사로 신체 건강을 지키듯 말할 기회를 더 많이 받아들일수록 자기 자신을 더 잘 보호하고 '불편함dis-ease'이라는 질병에 걸릴 가능성을 줄일 수 있다.

수전 케인은 《콰이어트》를 출판하기에 앞서 1년 동안 "기회가 주어질 때마다 대중 앞에서 연설하는 것을 연습했다"고 한다. 그런 다음 저서를 출간하고 TED 강연에 나섰다. 수전은 작가가 되기 전 프린스턴과 하버드 법대를 우등생으로 졸업하고 기업과 대학에서 협상 기법을 가르치는 변호사였다. 하지만 자신의 내성적인 성격이 변호사라는 직업과는 어울리지 않는다고 생각, 작가의 길로 삶의 방향을 틀었다. 그리고 7년간의 집필 끝에 발간한 《콰이어트》로 베스트셀러 작가가 되었다.

그녀는 스스로 자신의 성격을 잘 알기에 내성적인 사람으로 사는 게 어떤 것인지를 연설하는 행위의 고통스러움을 누구보다 잘 안다. 그녀의 메시지를 한마디로 요약하면 이렇다.

"내가 할 수 있으면 누구도 할 수 있다."

수전, 당신의 이야기 잘 들었습니다.

말하기를 주제로 수업할 때 내가 빼먹지 않고 하는 긴장 이완법과 호흡법이 있다. 이는 청중이 한 명이든, 수천 명이든 반드시 기억해야 하는 절대적이고 기본적인 규칙이다. 긴장감이라는 불청객이 찾아왔을 때 어떻게 긴장을 풀어야 하는지를 알려주는 효과적인 방법이기도 하다.

— 어깨를 뒤로 젖히고 가슴을 앞으로 내민다. 양발을 엉덩이 너비로 벌리고 체중을 양발에 골고루 분산시킨다. 이 자세는 중립적이고 편안해 보일 뿐만 아니라 이 자세를 취하려고 노력하는 과정에서 잠시나마 연설에 대한 부담을 덜고 신경을 분산시킬 수 있다. 이는 매우 좋은 일이다. 사람들 앞에서 말하기 전에, 당신의 생각과 에너지를 양발에 집중함으로써 긴장을 풀고 기력을 회복하라. 두 발이 바닥에 딱 붙은 것 같은 기분이 드는가? 사람들이 안정적인 상황을 설명할 때 "땅에 단단히 고정된 것 같다"고 말하는 이유도 바로 여기에 있다. 안정적인 자세를 보며 청중들은 당신의 마음이 편안하다고 느낄 것이다.

— 다수의 사람들 앞에 나설 때면 대부분의 사람들은 아드레날린이 분비될 것이다. 이럴 때일수록 호흡을 통제해야 한다. 연설 중에 숨을 고르고, 웃으며 잠시 말을 멈춰야 한다는 사실만 기억해도 연설에 대한 불안감이 한결 누그러진다. 호흡법을 배워두면 좀 더 편안한 마음 상태와 집중력을 유지할 수 있다.

— 뇌가 위장에 있다고 생각하라. 이상한 말처럼 들린다는 걸 잘 안다. 두 눈을 감고 뇌가 아래로 떨어져 위장으로 들어간다고 상상하라. 이 방법은 마음의 중심을 잡고 머릿속을 어지럽히는 생각에서 벗어날 수 있게 해준다. 무대에 올라가거나 연설을 시작하기 직전에 쓰면 좋고, 연설 도중에 시도해도 좋다. 뇌가 정말로 위장으로 들어간다는 기분을 느끼도록 집중하라. 나는 이 방법으로 톡톡히 효과를 보고 있다. 불안감은 줄여주고, 침착해야 한다는 다짐은 일깨워주기 때문이다. 공개적인 장소에서 발언한다는 것은, 한 사람이 다른 사람들 앞에서 말하는 것 그 이상도 이하도 아닌 일이다. 그게 뭐 그리 대수겠는가? 당신의 뇌를 위장에 넣어놓고 말하라.

— 발바닥을 통해 호흡하라. 물론 이 방법도 미친 소리처럼 들린다는 걸 잘 안다. 하지만 의심을 접고 한번 시도해보라. 이것은 호흡에 초점을 맞추고 몸 전체와 연결되는 아주 좋은 방법이다. 먼저 발바닥에 숨구멍이 있다고 상상하라. 그리고 코로 숨을 쉬는 대신에 발바닥에 있는 숨구멍을 통해 호흡한다고 생각하라. 온몸으로 숨을 들이마신 뒤 발바닥을 통해 숨을 내쉬어보라. 이 방법은 불면증에도 매우 효과적이다.

연설에 대한 불안을 잠재우는 응급처치 방법을 잊지 마라. 가슴을 곧게 펴고, 숨을 쉬고, 뇌를 위장에 집어넣고, 발바닥을 통해 호흡하라.

차분히 자리에 앉아서 10분간 아래의 질문들에 대해 대답하고, 질문에 대해 생각할 때 감정 상태가 어땠는지를 글로 적어보라.

— 당신의 연설에 대해 스스로에게 어떤 변명을 하는가? 연설할 기회를 찾지 않으려고 어떤 핑계를 대는가? 하나도 빠트리지 말고 생각나는 대로 적어보라.

— 당신의 연설에 대한 제한적 믿음, 즉 당신을 제약한다고 생각하는 것은 무엇인가? 예를 들면 "내 목소리는 힘이 없는 것 같아", "무슨 말을 해야 할지 모르겠어", "지금 다니고 있는 직장에서는 기회가 없어" 등이다. 모두 적어보고, 그것에 대해 자세히 설명해보라. 그리고 그런 믿음을 스스로 인정하라.

— 당신의 부정적인 '내적 독백inner monologue', 즉 하루 종일 당신이 스스로에게 들려주는 말은 무엇인가? 그리고 당신의 내적 비판가는 어떤 말을 하는가? 혹시라도 스스로에게 도움이 되지 않는 메시지를 주입하고 있지는 않은가? "너는 영원히 연설을 할 만한 인물이 못돼", "도대체 이 책을 왜 읽는 거지?", "네 아이디어는 엉터리야." 이것은 상식적인 대화가 아닌, 당신 내면에서 이루어지는 내적 비판이다. 내적 비판은 마치 독약처럼 모든 선한 의도를 파괴할 뿐 아니

라 당신이 앞으로 나아가지 못하고 그 자리에 주저앉게 만든다. 이러한 내적 비판에 귀를 기울인다면 절대로 좋은 일은 일어나지 않는다. 당신의 내적 비판가가 주장하는 10가지 부정적인 말을 있는 그대로 적어보라.

— 질문들에 대해 곰곰이 생각해보고, 이 중에서 당신에 대한 정확한 평가가 어떤 것인지를 확인하라. 그런 다음 제한적 믿음 목록을 다시 살펴보라. 각 문장 옆에 그것과 정반대의 진실을 적어보는 것이다. 가령 "내 목소리는 힘이 없는 것 같아"라는 문장 옆에는 "목소리를 강하게 만들기 위해 노력할 수 있어"라거나 "그래도 내 목소리가 약한 것은 아니야" 혹은 "마이크를 사용하면 되니 목소리가 크지 않아도 상관없어"라고 적으면 된다. "무슨 말을 해야 할지 모르겠어"라는 제한적 믿음 옆에는 "연설에서 말할 아이디어를 낼 수 있어" 또는 "친구나 동료들이 나에게 듣고 싶어 하는 말을 들려줄 수 있을 거야"라는 식의 정반대되는 진실을 적어보는 것이다. 마지막으로 "지금 다니고 있는 직장에서는 기회가 없어"라는 문장 옆에는 "나 스스로 기회를 만들 수 있어"라거나 "직장 밖에서 기회를 만들 수 있어", "새로운 직장을 구할 수 있어"라는 진실을 적으면 된다.

— 이제 내적 비판가가 당신에게 들려주는 부정적인 말들을 기록한 목록을 살펴보라. 세계적인 여성 진로 상담 프로그램 '크게 놀기Playing Big'의 창설자이자 베스트셀러 작가인 타라 모어는 내적 비판가에

정면으로 맞서고, 그 비판가의 목소리를 드러내며, 그 목소리를 조롱하는 것에 노력을 집중한다. 당신에게 도움이 되지 않는 내적 비판가가 있다면, 그 목소리가 만화 〈루니 툰〉에 나오는 벅스 버니나 대피 덕의 그것처럼 우스꽝스럽다고 생각하라.

2장

미셸 오바마라면
어떻게 할까

: 행복하고 품격 높은 신분의 세상 속으로

Michelle Obama

Amy Cuddy

Virginia Woolf

Oprah Winfrey

Joan Rivers

Joan K. Rowling

Chimamanda Ngozi Adichie

Angela Merkel

자신의 힘을
두려워하지 마라

✦

'행복하고 품격 있는 상위층happy high status'이라는 개념을 들어본 적이 있는가? 내게 이것을 처음 알려준 사람은 다음과 같은 시나리오를 예로 들어 설명해주었다.

영화배우 조지 클루니가 할리우드에서 열리는 어떤 칵테일파티에 참석한다고 하자. 클루니는 검은색 나비넥타이 차림이다. 칵테일파티가 으레 그렇듯, 모든 참석자가 클루니처럼 검은색 나비넥타이를 착용했다. 그때 막 어떤 손님이 파티장에 도착한다. 그는 그 파티에 참석한다는 즐거움에 구름 위를 걷는 것처럼 기분이 들떠 있다. 파티장 저쪽에 친구들이 모여 있는 것을 발견한 그는 발길을 옮긴다. 가는 도중에 그는, 자리가 자리인 만큼 칵테일 한 잔을 손에 들어야겠다고 생각한다. 그 다음에 벌어질 이야기는 당신도 짐작할 것이다. 마음이 콩밭에 가 있던 그는 마침 지나가던 웨이터의 어깨를 가볍게 치며 칵테일 한 잔을 부탁한다. 그렇다, '그 웨이터'는 할리우드 젠틀남의 대명사 조지 클루니이다. 아주 짧은 순간 클루니는 눈 딱 감고 부탁을 들어줄지 아니면 쏘아붙일지 양자택일의 순간에 직면한다. 그러나 이내 왈츠를 추듯 우아한 걸음으로 쟁반을 들고 있는 진짜 웨이터에게 가서 칵테일 한 잔을 가져다 그 손님에게 건넨다. 불쾌한 기색은커녕 평온한 얼굴에 미소까지 띤 채로 말이다. 이것이 바로 행복하고 품격 있는 상위층의 모습이다.

이 이야기가 실화냐고? 내 바람으로는 그랬으면 좋겠지만, 이것이 실화인지 아닌지는 중요하지 않다. 아직 이런 일이 없었다면, 혹시 다음에 칵테일파티에서 조지 클루니를 만나거든 꼭 시도해볼 작정이다. 분명히 조만간 기회가 있을 것이다. 역시나 조지 클루니에게서 칵테일을 건네받은 그 손님이 어떻게 반응했을지도 중요하지 않다. 십중팔구는 클루니가 칵테일을 건넨 순간 엄청난 실수를 깨닫고 곧장 응급실로 실려 가지 않을까 싶다(조지 클루니는 종합병원 응급실을 배경으로 한 의학드라마 〈E.R.〉에 의사로 출연했다./옮긴이).

그렇다면 무엇이 중요할까? 조지 클루니의 반응이다. 클루니는 품격 높은 상위층인 데다 있는 그대로의 자신의 모습에 아주 행복하기 때문에 누군가가 자신을 알아보지 못해도, 심지어 상대가 자신을 웨이터로 착각해도 전혀 불쾌하게 받아들이지 않는다. 그에게 이런 일쯤은 정말 아무렇지 않아서 흔쾌히 칵테일을 가져다줄 수 있다. 이것이 비로 행복하고 품격 있는 상위층의 진면목이다.

세상 누군들 클루니처럼 행복하고 품격 있는 상위층이 되고 싶지 않겠는가? 물론 이 시나리오는 남성, 게다가 조지 클루니가 주인공이다. 솔직히 말해, 긍정적인 무언가를 설명하기 위해 조지 클루니를 등장시키는 미담 시나리오는 아주 많을 것이다. 그런데 나는, 이 시나리오를 들었을 때 가장 먼저 떠오른 얼굴이 따로 있다. 바로 미셸 오바마였다. 같은 상황에 처했더라면 틀림없이 그녀도 클루니처럼 했을 거라는 생각이 제일 먼저 들었기 때문이다. 공평하게 말하면, 버락 오바마도 그렇게 했을 것이다. 그러나 여성의 경우, 행복하고 품격 있는 상위층의 살아 있는 화신으로 미셸 오바마보다 더 적합한 인물을 찾기는 힘들다. 위의 에피소드를 여성 버전으로 바꾼다면 미셸이 조지 클루니 역할에 안성맞춤일 것이다. 하지만 미셸이든 아니든, 여성에게는 현실적으로 이 이야기가 적용되지 않는다. 웨이트리스로 오해받을 만한 옷차림으로 칵테일파티에 가는 여성은 거의 없기 때문이다.

어쨌든 이 시나리오의 주인공이 여성인지 남성인지는 중요하지 않다. 핵심은, 당신이 행복하고 품격 높은 신분일 때는 누구라도 당신에게 무엇이든 요청할 수 있고, 당신은 당신의 힘과 권위가 조금도 손상되지 않는 선에서 우아하고 매력적인 모습으로 그 요청을 들어준다는 사실이다.

남편인 버락 오바마의 대통령 임기가 끝나갈 즈음 미셸이 바로 이런 경지에 올랐다. 미셸은 이에 관한 한 가장 영감을 주고 귀감이 되는 본보기로 변신했다. 미셸은 어린아이들에서 자선단체 직원, 노숙자, 힙합 스타에 이르기까지 상대가 누구든 언제나 똑같은 방식으로 대하면서도 가장 고매하고 명망 높은 자리의 주인으로 자리했다. 영국 여왕을 대할 때도 예외가 아니었다. 2009년 영국을 국빈 방문했을 당시 여왕의 등을 아주 살짝 건드린 일로 약간의 구설수에 오르긴 했지만 결국 다정한 스킨십으로 받아들여지지 않았던가. 이것이 바로 행복하고 품격 있는 상위층의 모습이다. 그러나 우리가 미셸의 사례에서 주목할 것은, 그녀가 언제나 그랬던 것은 아니라는 사실이다. 오히려 그녀는 행복하고 품격 있는 상위층이 되는 법을 배워야 했다. 그리고 그녀가 할 수 있다면 그렇다, 우리도 당연히 할 수 있다.

품격 높은 신분은 사회적 지위가 아닌 마음 상태

—

여기서 잠깐, 아마 당신은 이런 생각이 들지 싶다.

"그런데 비브, 내가 미국의 퍼스트레이디가 아닌데 어떻게 행복하고 품격 있는 신분이 될 수 있겠어요? 우리 솔직해지자고요. 행복과 품격 있는 신분이 조금은 관련이 있는 게 사실이잖아요. 만일 내가 공중화장실 관리인이라면 어떨까요? 혹은 실제로 칵테일파티의 웨이트리스라면요? 그런 상황에서 내가 어떻게 행복하고 품격 높은 사람이라는 기분이 들 수 있다는 거죠?"

바로 여기에 행복하고 품격 있는 상위층이 묘미가 있다. 공중화장실 관리인도 행복하고 품격 있는 신분이 될 수 있다. 아니, 더 정확히 말하자면 공중화장실 관리인이 행복하고 품격 있는 상위층이 되는 것은 정말 중요하다. 칵테일파티의 웨이트리스도 마찬가지다. 이제 이런 생각이 들지 모르겠다.

"그런데 비브, 이 책은 여성들이 자신의 목소리를 내는 것과 관련하여 영감을 주는 내용을 다룰 거라면서요. 그런데 왜 남성이 주인공인 이야기로 시작하는 거죠?"

또한 틀림없이 이렇게 생각하지 싶다.

"도대체 이 얘기가 사람들 앞에서 말을 잘하는 거랑 무슨 상관이죠?"

지금부터 당신의 궁금증을 속 시원히 풀어주겠다. 행복하고 품격 있는 상위층이 되는 것은 훌륭한 대중 연설가가 되는 데 있어 가장 중요한 요소다. 만약 당신이 진실로 행복하고 품격 있는 사람이라면, 일 대일 비공식 회의의 상대방이든 대규모 집회에 운집한 수천의 참가자이든, 청중은 당신의 상호작용을 대부분 호의적으로 받아들일 것이다. 행복하고 품격 높은 태도는 감기와 사랑처럼 숨길 수 없다. 가까우면 가까운 대로 멀면 먼 대로 정확히 보이고, 심지어 사진에서는 더 분명히 드러난다. 행복하고 품격 높은 상위층은 에너지와 신뢰, 그리고 열정을 발산한다. "당신이 어떤 사람인지 잘 알아요. 나는 당신을 함부로 판단하지 않아요", "칵테일이 마시고 싶다고요? 갖다 드릴게요. 내가 웨이터는 아니지만 그 정돈 할 수 있어요."

하지만 중요한 것은, 이것이 내면에서 벌어지는 일이라는 점이다. 허리를 곧추세우거나 몸을 흔들지 않는 것 같은 바른 자세나 적절한 몸동작 혹은 올바른 발성법을 배우는 것과 관련이 없다. 오히려 당신 자신을 세상에 드러내는 방식에 관한, 가장 중요한 첫 번째 원칙과 관련이 있다. 바로 스스로를 어떻게 생각하느냐이다.

당신은 평소 자신의 진짜 모습에 만족하는가? 아무것도 숨기거나 감추지 않고 웨이터(또는 웨이트리스)로 오해받는 것을 포함해 무슨 상황이든 받아들일 준비가 되어 있는가? 미셸 오바마가 정확히 그런 사람이다. 아니, 더 엄밀히 말하면 그녀는 그런 사람이 되기 위해 자신을 갈고 닦았다.

행복하고 품격 있는 상위층의 성품은 가짜로 꾸며낼 수 없다. 하지만 노력을 통해 획득하고 연습하며 발전시킬 수는 있다. 물론 그런 성품을 선천적으로 타고나는 사람도 있다. 이는 카리스마와 매우 흡사하다. 우리 모두는 그런 사람들에게 마치 쇠붙이가 자석에 들러붙듯 강하게 끌린다. 편안함을 느끼게 해주기 때문이다.

그들에게는 세 가지 공통된 특성이 있다. 첫째, 자신만큼이나 다른 사람에게도 깊은 관심을 기울인다. 둘째, 무엇이든 개인적으로 받아들이지 않는다. 셋째, 모든 것을 쉽고 자연스러워 보이게 만드는 데 탁월한 능력이 있다. 앞의 칵테일파티 시나리오를 다시 생각해보자. 솔직히 자신을 웨이터로 오해한 사람에게 칵테일을 가져다주는 것은 대단한 일이 아니다. 혹시 파티에서 누군가에게 음료 한 잔 가져다주지 못할 특별한 이유라도 있는가? 그렇다면 달리 어떻게 하고 싶은가? 몸을 돌려 똑바로 쳐다보며 "이봐요, 내가 누군지 몰라요? 당신은 손이 없습니까? 직접 가져다 마시죠"라고 말하려는 건가? 굳이 행복하고 품격 있는 상위층은 아니어도 어떤 식으로든 좋은 사람이라면 당신은 옳은 일을 해야 한다.

위대한 연설가는
타고나는 것이 아니라 만들어지는 것
—

미셸 오바마가 강한 확신과 자신감을 갖기 위해 열심히 노력했음을 보여주는 증거는 수없이 많다. 그리고 그녀가 노력을 통해 그런 수준에 올랐다는 사실은 매우 고무적이다. 우리 모두에게 희망을 주기 때문이다. 물론 미셸은 행복하고 품격 있는 상위층이 될 자질을 천부적으로 타고났다. 동시에 그런 역할에 거부감을 느끼는 기질도 함께 갖고 있다. 선천적인 냉소주의, 초연함이랄지 냉담함이랄지 어쨌든 약간의 거리를 두는 성격, 가끔 눈을 부라리는 모습 등이 그렇다. 심지어 미셸은, 처음에는 퍼스트레이디라는 신분에 거부감을 보였고, 아주 많은 시간이 흐른 뒤에야 그 신분을 받아들였다. 심지어 한동안은 그 역할을 수행하면서 행복하지 않았다. 요컨대, 자신에게 맞는 색깔의 퍼스트레이디 역할을 찾아 익숙해지기까지 시간이 좀 걸렸다.

남편 버락 오바마가 정치인의 길을 가기로 선택했을 때 미셸이 그 선택에 한동안 의문을 가졌다는 사실은 널리 알려진 얘기다. 둘 중 누군가가 고위 공직에 오르는 것에 대해 남편보다 미셸이 더 꺼렸다는 사실을 보여주는 증거도 매우 많다. 역설적이게도, 일각에서는 이를 두고 이런 성격이야말로 훌륭한 정치인이 될 재목임을 보여주는 것이라고 주장하기도 했다. 실제로 그녀는 권력 자체에 거부감을 갖고 권력이 남편을 어떻게 바꿔놓을지 예의주시하며 경계심을 놓지 않았다. 절대 정치판에 뛰어들지 않을 거라고, 그녀는 수차례 단언했다. 그럼에도 불구하고 미셸은 이래저래 정치판에 발을 담그게 되었다. 이런 상황은 셰익스피어의 희극《십이야》에 나오는 대사와 비슷하다.

"어떤 이들은 위대하게 태어나고, 어떤 이들은 위대함을 성취하고, 어떤 이들은 위대함을 떠안는다."

미셸 오바마와 같은 방식으로 행복하고 품격 있는 상위층이 되려면 원하건 원하지 않건 숙명처럼 주어진 위대함에 편안해져야 한다. 이것은 당신이 기대하거나 요청하지 않았는데 갑작스럽게 사람들 앞에서 말을 해야 하는 뜻밖의 상황에서 어떤 기분이 들지를 설명하는 아주 좋은 은유가 된다. 이런 상황이 바로 위대함을 떠안게 되는 경우다. 그 위대함의 무게를 어떻게 다루는가는 개인의 행복과 상위층의 신분을 동시에 감당할 수 있는지와 밀접한 관련이 있다.

높은 신분이 '계층적 구조의 맨 꼭대기'를 의미한다고 할 때 그것을 받아들이는 것은 힘들지 않을 것이다. 위엄 있고 진중하게 자신의 역할을 수행하는 정치 리더들을, 그리고 여왕들을 떠올려보라. 하지만 다른 사람들이 당신의 신분을 인정하나 거기에 위협감을 느끼기는커녕 그것에 대해 거의 생각하지 않을 만큼 당신이 자신의 신분에 행복하고 편안해지는 것은 전혀 다른 이야기다. 이것은 그야말로 진정한 기술이다. 앞서 말했듯 신분이 높다고 해서 반드시 행복한 상위층이 되는 것은 아니다. 게다가 신분 높은 상위층 중에는 행복하다고 느끼지 않으면서도 자신의 신분을 이용해 어떻게든 설득력 있고 효과적인 연설가로의 삶을 사는 사람들도 많다. 도널드 트럼프 미국 대통령이 대표적인 예다.

그는 분명 신분은 높지만 행복하고 품격 있는 상위층은 아니다. 행여 그를 칵테일파티의 웨이터로 착각하는 날에는, 당신은 죽은 목숨이나 다름없다. 그러나 대중 연설가로서의 그는 강력한 존재감을 뿜낸다. 그의 연설을 매력적이고 설득력 있다고 생각하는 사람들이 많고, 인상적인 그의 연설을 높이 사서 그를 대통령으로 선택한 사람들도 많다. 그럼에도 진실은 변하지 않는다. 그의 연설에는 참된 신념이나 진실한 감정이 담겨 있지 않다. 그의 연설은 유대감과 공감에 초점을 맞추는 것이 아니라 화려한 수사적 기교와 자극적인 선전 문구를 이용할 뿐이다. 이렇듯 트럼프는 자신의 높은 신분을 최대한 활용한다. 이렇게 한번 생각해보자. 만약 그가 행복하고 품격 있는 상위층이 된다면 무엇을 이룰 수 있을까? (아니, 아예 생각하지 마라. 속만 쓰릴 것이다. 어차피 그런 날은 오지 않을 테니 말이다.)

행복하고 품격 있는 상위층은 쉽게 도달할 수 없는 마음 상태다. 미셸 오바마도 그런 마음 상태를 아무 노력 없이 공짜로 얻지 않았다. 일례로 2005년 버락 오바마가 햇병아리 상원의원이던 시절, 한 행사에서 미셸은 어떤 기자를 향해 눈을 희번덕거리며 쏘아붙였다.

"아마 언젠가는 그가 이 모든 것을 정당화시키는 큰일을 할 테니 두고 보세요."

그때는 버락 오바마가 대통령 출마를 공식적으로 선언하기 2년 전이었다. 어쨌건, 아무리 좋게 생각해도 그것은 행복하고 품격 있는 상위층의 입에서 나올 법한 발언은 아니었다. 상당히 수동 공격적인(passive-aggressive, 소극적이고 간접적인 방법으로 자신의 불만이나 분노를 전달 또는 공격하는 것/옮긴이) 발언이다. 그러나 남편이 본격적인 선거 유세에 돌입하자 당시 시카고대 의과대학 부속 병원의 부원장이었던 미셸은 일을 줄여 일주일에 하루만 출근하는 결단을 내렸다. 그리고 그녀는 퍼스트레이디라는 신분에 어울리려면 어떻게 해야 하는지를 배우기 시작했고, 자신과 남편의 품격을 깎아내리는 발언도 차츰 줄어나갔다. 요컨대, 그녀는 자신의 신분에 편안해지는, 그래서 행복해지는 법을 배웠다. 바꿔 말해 이것은, 그녀가 마침내 무대에 올랐을 때 사람들에게 노출되는 것을 두려워하지 않고 진심에서 우러나온 연설을 할 수 있었다는 뜻이다.

그녀는 수사적 기교와 대중 조작(mass manipulation, 정치권력이 원하는 방향으로 대중이 판단하고 행동하도록 유도하는 것/옮긴이)에 의존하는 법을 배울 필요가 없었을 것이다. 그녀는 자신이 말하고 싶은 것을 말할 수 있었고, 사람들은 그녀의 말을 받아들이고 귀를 기울였다. 물론 사람들이 항상 그녀의 말에 동의하는 것은 아니었다. 하지만 의견 불일치야말로 품격 있는 상위층을 행복하게 만들어주는 요소다. 즉 행복하고 품격 있는 상위층은 각자 자신의 관점을 고수하기 때문에 행복하다. 그들은 모두를 납득시킬 필요가 없다. 어떤 반응이 돌아와도 괜찮다. 심지어 부정적인 반응일지라도 전혀 개의치 않는다.

미셸 오바마가 퍼스트레이디가 되기 위한 훈련을 받으면서 만들어낸 커다란 변화는, 상위층의 두 가지 요소인 행복과 품격의 균형을 조화롭게 이뤄냈다는 데 있다. 상위층에게 있어 품격의 요소는, 권력의 자리가 별로 편안하지 않다는 것을 보여주는 제 살 깎기 식의 발언을 하지 않는다는 뜻이다. 또한 그것은 사람들이 자신들 앞에 나와주기를 기대할 때 그 기대에 편안하게 부응할 수 있다는 뜻이기도 하다. 그리고 그것은 필요할 경우 분연히 일어나 결정한다는 뜻이기도 하다. 한편 그들에게 있어 행복의 요소는, 스트레스를 받지 않으면서 편안하고 너그럽게 상위층의 역할을 수행한다는 뜻이다. 마치 그것이 가장 자연스러운 일인 듯 말이다.

그렇다면 이것은 일상적인 의사소통, 그리고 대중 연설과 어떤 관련이 있을까? 하나부터 열까지 모든 것과 관련 있다. 당신이 세상에 어떻게 모습을 드러내느냐와 직접 연결되기 때문이다. 다시 말해 당신이 그 자리에 있어서 진실로 행복하고 편안한지, 당신이 책임 있는 역할을 수행할 수 있을지, 당신이 하고 싶은 발언을 하는 동안 그들의 마음을 움직일 수 있을지 등에 관한 신호를 청중에게 보내는 것과 관련이 있다.

이런 것들에 대해 생각만 해도 겁이 나고 오금이 저릴 수 있다. 그러나 겁먹을 필요가 전혀 없다. 우리 모두는 굳이 그것에 대해 생각하지 않아도 이미 행복하고 품격 있는 상위층의 역할을 자연스럽게 수행하고 있기 때문이다. 가령 친구들이 당신을 믿고 운전대를 맡겼을 때 당신은 그들을 위해 행복하고 품격 있는 상위층이 된다. 아이들과 함께 길을 건널 때도 그렇고, 가게에서 무언가를 사거나 식당에서 음식을 주문할 때도 당연히 그렇게 행동한다. 요컨대, 이런 상황들은 우리가 책임감 있게 행동하고, 그러면서도 그것에 대해 마음의 부담이 없고 완벽하게 편안한 순간들이다. 압박감이 없고 아무도 지켜보지 않을 때 이렇게 행동하는 데는 아무런 문제가 없다. 하지만 무대에 올라 사람들이 지켜보는 가운데서 그렇게 해야 할 때는 얘기가 달라진다. 안타깝게도 우리는 두려움의 포로가 되고 만다.

완벽은
목표가 아니다

앞서 말했듯 미셸 오바마는 좋은 연설가가 되는 법을 배워야 했다. 그런 점에서 그녀를 우리가 사람들 앞에서 말을 잘하기 위한 노력의 본보기로 삼으면 아주 좋다. 고맙게도 유튜브를 통해 지난 10년간 그녀가 했던 연설들을 모두 보며 조사할 수 있다.

미셸은 2008년에 대중 연설가로 '데뷔'했다. 그녀의 첫 번째 대중 연설은 좋은 평가를 받았는데, 시간이 흐르면서 그녀의 연설 실력은 일취월장했다. 심지어 버락 오바마가 대통령에 당선될 수 있었던 여러 이유 중 하나로 꼽히기도 한다. '데뷔 무대'에서 미셸은 스티비 원더의 노래 〈사인드, 실드, 딜리버드〉의 첫 소절에 맞춰 "사랑스러운 딸이자 아내요, 엄마"라고 소개받으며 무대에 등장했다. 그녀는 처음 두 문장을 말하는 동안 머뭇거리고 더듬거렸다. 이후에도 몇 번 더 실수를 했고, 그럴 때마다 고쳐서 다시 말해야 했다. 또한 그녀는 천천히 말했는데, 내가 보기에 신경을 진정시키고 긴장감을 누그러뜨리려고 의도적으로 그렇게 하는 것이 분명했다. 게다가 미셸은 머리를 너무 많이 흔들었고, 손을 너무 자주 사용했다. (오해 마라. 트집 잡으려는 것이 아니다.) 이제 내가 무슨 말을 하려는지 알겠는가? 우리가 미셸의 첫 번째 연설에서 배울 점은, 완벽하지 않아도 훌륭한 연설을 할 수 있다는 것이다.

행복하고 품격 있는 상위층으로 자랄 떡잎이 이미 그녀 안에서 자라고 있었다. 그녀는 연설 중에 가벼운 농담조의 이야기를 하고, 자신의 가족에 관한 이야기를 들려주었으며, 자신의 삶에 대한 자조적인 성찰을 드러냈다. 단순히 그런 이야기들을 나열한 것이 아니라 남편인 버락 오바마와 훗날의 연설들에서 보여주게 되는 강력한 정치력을 암시하는 단서와 적절히 섞었다. (그녀가 강력한 정치적 영향력을 발휘한 것은 한참의 시간이 흐른 뒤였다. 초기의 연설들에서 그녀는 사실상 엄마와 아내로서의 자신을 부각시키는 데 거의 초점을 맞췄다.) 또한 미셸은 행복하고 품격 있는 상위층의 자질을 엿볼 수 있게 하는 발언도 했다.

"그들을 모를 때조차도, 심지어는 그들에게 동의하지 않을지라도"

존중심과 존엄을 갖춰 사람들을 대하는 것에 관해 말한 대목에서였다. 그리고 후반부에서는 민감한 주제들, 이를 테면 이라크 문제, 건강 관리, 교육에 대한 다소 강력한 소신도 밝혔지만, 흥미롭게도 이때는 훗날의 연설들에서 보여지는 진심은 느껴지지 않았다. 요컨대 그녀는, 행복했지만 100퍼센트 완벽한 상위층은 아니었다. 아직까지는 말이다.

그 연설을 기점으로 그녀는 아무리 많은 세월이 흘러도 그녀가 스스로 선택할 거라곤 생각되지 않는 길을 가게 된다.

"그녀가 사랑스럽지 않나요?"

스티비 원더의 노래 제목(〈Isn't She Lovely?〉)이기도 한 이 연설은 그녀가 남편의 선거운동 중에 치른 첫 번째 연설이자 '미국 최초 흑인 퍼스트레이디 후보'로 유권자들로부터 엄중한 검증을 받는 무대였다. 알다시피 그녀의 연설은 완벽하지 않았다. 심지어 이렇게 혹평하는 사람도 있었다.

"미셸 오바마는 남편보다 수사적 능력이 떨어지고, 남편과 같은 방식으로 청중을 흥분시키지도 못했다."

나는 이처럼 미셸과 버락의 연설을 비교하는 것 자체가 재미있다고 생각한다. 미셸이 그 연설을 했을 때는 이미 버락 오바마가 선거운동을 시작한 지 1년이나 지나 있었기 때문이다. 이것은 중요한 사실이다. 뒤집어 보면, 그녀가 좀 더 일찍 무대에 오를 수도 있었다는 말이 되기 때문이다. 솔직히 그녀는 그 연설을 하고 싶어 안달하지 않았다. 물론 서두르지도 않았다. 어느 정도는 등 떠밀려서 무대에 올랐을 거라고 생각해도 무방하지 싶다. 그로부터 10년 뒤의 미셸 오바마는 잊어라. 2016년 대선 당시 민주당 대통령 후보 힐러리 클린턴을 지원하는 유세에서 "저들이 저급하게 가도 우리는 품위 있게 가자"고 외쳐 언론의 헤드라인을 장식했던 미셸 오바마는 잊어라. 당시만 해도 그녀는 타고난 연설가가 아니었고, 연설 기회를 잡으려 매달려야 하는 절박한 처지도 아니었다. 게다가 그녀의 진정성은 이미 첫 번째 연설에서 뚜렷이 드러났다.

그녀의 유튜브 영상에 달린 댓글 중에서 마음에 쏙 드는 글이 하나 있다. 그 짧은 댓글 안에 내가 말하고 싶은 내용이 전부 함축되어 있다.

"남성들이여, 당신이 젊은 시절 평범한 아가씨와 결혼했는데 나중에 공직에 출마한다고 합시다. 이때 당신의 아내가 미셸처럼 연설할 수 있다고 생각하세요? 그건 정말 대단한 거예요."

진심과 진정성이 느껴지는 말이다. 그리고 그녀의 연설은 궁극적으로 선거에서 표로 이어졌다. 한마디로 2008년의 연설은 미셸 오바마의 강점을 보여주는 초기 징후였다. 그녀가 소탈하고 진정성 있으며 행복하고 품격 있는 상위층이라는 강점 말이다.

정말로
그곳에 있고 싶은 것처럼 보인다는 것

——

미셸 오바마가 백악관의 안주인이 되고 그 역할에 익숙해지자 연설가로서 그녀의 힘은 하루가 다르게 커졌다. 세계 최강대국인 미국의 퍼스트레이디여서 그랬을까? 단언컨대, 그것이 결정적인 이유는 아니었다. 역대 퍼스트레이디들의 연설 중에서 미셸만큼 훌륭한 연설이 있다면 말해보라. 다시 말하지만, 그것은 퍼스트레이디라는 신분과는 전혀 관련이 없었다. 오히려 신분과 그녀 사이의 관계가 그 힘의 핵심에 있었다. 말인즉, 그녀는 그 신분을 온전히 자신의 것으로 만들었다. 또한 미셸은 그 신분의 무게를 짊어질 만큼 충분히 자애롭고 관대했다. 무슨 뜻일까? 퍼스트레이디로서 연설을 한다는 것은 결코 쉬운 일이 아니라는 말이다. 이는 비판가들이, 퍼스트레이디는 선출된 공직자가 아니며, 어떤 방식으로든 정치에 대해 감 놔라 대추 놔라 하는 것은 퍼스트레이디의 역할이 아니라며 불편한 심기를 드러내기 때문이다.

하지만 미셸과 그녀를 지원하는 팀은 미셸이 사람들 앞에 나서서 당당하게 자신의 목소리를 내는 것이 유권자들에게 영감을 준다는 사실을 알고 있었다. 어쩌면 정치인들의 연설보다 훨씬 더 크고 깊은 영감을 준다고 생각했다. 정치인에게 있어 연설은 당연한 의무이자 마땅히 해야 하는 일이다. 하지만, 오직 자신의 선택에 따라 훌륭한 연설을 하는 사람이 있다면 얘기가 달라진다. 정말이지 그것은 정치인들의 연설과는 비교할 수 없을 만큼 대단한 것이다.

이쯤에서 시간을 몇 년 뒤로 돌려보자. 미셸 오바마는 2016년 민주당 전당대회에서 자신의 인생을 주제로 연설을 했다. 이제 그녀는, 완벽히 준비되어 있었다. 이날 연설에서 그녀는 두 딸에 대한 깊은 애정과 딸들의 미래에 대해 무엇을 바라는지 솔직하게 털어놓았고, 나아가 "흑인 노예들이 지은 집에서 매일 아침 눈 뜨는 것이 감격스럽다"라고 말했다.

나는 여러 측면에서 이 연설이 변곡점이 되었다고 생각한다. 무엇보다 이 연설을 기점으로 그녀를 바라보는 미국인들의 시선이 몰라보게 달라졌다. 또한 이 연설을 통해 그녀는 자신이 행복하고 품격 있는 상위층 여성에 대한 완벽한 본보기임을 확실하게 증명해 보였다. 정말이지 같은 사람인지 의심스러울 만큼 초기의 연설들에서와는 확연히 달라진 모습이었다.

이 연설에서 그녀는 아주 침착하고 차분했다. 그러면서도 감정을 숨기지 않고 많이 웃었으며, 손을 사용하되 절도 있었다. 또한 연설 중에 휴지 기법, 즉 잠시 멈추는 기법을 적재적소에 자연스럽게 구사했다. 말인즉, 연설이 그녀를 지배하는 것이 아니라 그녀가 연설을 통제하고 있다는 것을 똑똑히 보여주었다. 참고로 8년 전 연설에서는 어떻게든 연설을 끝까지 해내고 싶어 한다는 인상을 받았다. 하지만 2016년 연설에서 그녀는 연설 자체를 즐겼다. 게다가 말하는 속도도 약간 빨라졌는데, 그만큼 연설에 편안해져 여유가 생겼다는 신호였다. 그녀가 보내는 메시지는 명백했다.

"나는 내가 원하는 방식으로 말하고 있어요. 다들 나처럼 해보세요."

아니나 다를까, 그로부터 몇 달 뒤 남편과 함께 백악관을 떠날 즈음 미셸의 회당 강연료는 20만 달러에 육박하는 것으로 추정되었다. 이는 버락 오바마가 받는 강연료의 절반에 불과하지만 버락 오바마는 미국의 대통령이었으니 당연하지 않은가. 나는 이 액수도 지극히 보수적으로 추정해서 크게 낮춰 잡은 것이라고 생각한다. 나라면, 그녀를 만나 따뜻한 커피를 대접할 수만 있다면 무슨 수를 쓰든 동전까지 탈탈 긁어 그 돈을 모으겠다. 그녀가 입 한 번 벙긋하지 않아도 좋다. 그저 행복하고 품격 있는 상위층의 모습으로 내 앞에 앉아 있고, 나는 그런 그녀를 가만히 쳐다볼 것이다.

나의 이러한 태도가 이상주의자처럼 보일 수 있다. 개 자세에 심취한 요가 애호가의 생각으로 보일 수도 있다(행복하고 품격 있는 상위층이라는 개념은 불교 사상과 매우 닮았다. 부처님은 개인의 행복을 추구하는 것과 관련해서 사회적 지위는 아무 쓸모가 없다고 말씀하셨다. 사회적 지위에 대한 집착이 종종 사람들에게 크나큰 비극과 불행을 안겨준다고 경종을 울리셨다.). 그래서 행복하고 품격 있는 상위층은 나와는 상관없는 이상에 불과하다고 일축할 수도 있다. 그런 성품을 타고난 운 좋은 사람들에게나 어울리는 말로 들리기 때문이다.

그렇다면 그런 성품을 타고나지 못한 우리 같은 평범한 사람들은 어떻게 해야 할까? 그 개념을 처음 알게 되었을 때 나는 공연히 화가 났다. 조지 클루니 정도 되면 자신을 웨이터로 오해한 사람에게 칵테일 한 잔 갖다 주는 것쯤은 별일이 아니다. 그는 잃을 것이 없다. 어마어마한 부자인 데다 중년의 나이에도 꽃미남의 대명사로 불리며, 모두가 그를 사랑하니 말이다. 그에게는 그 일이 친구들에게 들려줄 만한 재미있는 일화 정도일 것이다. 그러나 행운의 여신의 축복을 받지 못해 삶이 고달픈 사람들에게는 어떨까? 굳이 나를 낮춰가면서까지 칵테일을 가져다줘야 할까? 모르는 사람들을 위해 화장실을 청소하면서 굳이 미소까지 지어야 할까?

그 수가 몇 명이든 청중에게 다가가고 싶다면 자신의 행복하고 품격 있는 상위층 지수가 얼마인지 반드시 점검해야 한다. 가령 당신의 태도가 저급하고 치사하며 자기 보호적이라면 ("내가 왜 칵테일을 갖다 줘야 합니까? 난 웨이터가 아닙니다.") 사람들은 그것을 느낄 것이다. 반대로 당신의 태도가 편안하고 관대하며 개방적이어도 ("그러죠. 칵테일을 가져다 드리지요.") 사람들은 알아챌 것이다. 행복하고 품격 있는 상위층에 대해 더 많이 고민할수록, 당신이 그렇게 행동해야 할 때는 언제이고 그렇게 행동하지 않아야 할 때는 언제인지 더 정확히 알 수 있다.

언제 어디서나 행복하고 품격 있는 상위층으로 행동할 수 있는 사람은 초능력자뿐이다. 행복하고 품격 있는 상위층이 되기 위해서는 반드시 연습이 필요하다. 그리고 단언하건대, 행복하고 품격 있는 상위층은 사람들 앞에서 말하는 것에 편안해지기 위한 첫 번째 단계다. 행복하고 품격 있는 상위층처럼 행동하겠다는 목적을 가지고 무대에 오른다면 청중은 당신이 그 어떤 말을 하기도 전에 당신을 알아볼 것이다.

내 경험을 통해 보건대, 대중 연설 자체보다는 사람들 앞에서 말하는 것을 주저하게 만드는 자기의심과 자기혐오에 대해 더 많은 도움이 필요한 여성들이 일부 있다. 나는 그 이유를 행복하고 품격 있는 상위층이 되는 것을 그녀들이 불편하게 여기기 때문이라고 생각한다. 내가 '일부 여성'이라고 한정한 점에 주목하라. 이것은 매우 중요하다.

오늘날에는 유튜브나 팟캐스트, 브이로그 등을 통해 거리낌 없이 자신의 목소리를 낼 수 있다. 당연히 "나 행복해요"라고 언제든 소리를 지를 수 있을 뿐 아니라 자신의 능력이 허락하는 한도 내에서 가장 높은 신분을 자연스럽게 받아들일 수도 있다. 종종 전통 매체의 무대에서 목소리를 내는 데 주저하고 의심하는 모습을 보이는 경우가 있기도 하지만 말이다. 예를 들면 이런 경우다. 다운로드 횟수가 수백만에 이르는 어떤 팟캐스트 운영자는 영국 BBC 라디오의 대표적인 여성 프로그램 〈우먼스 아워〉에 출연해달라는 요청을 거절하고 싶었다. 이유인즉, 혹시라도 자신이 쓸모없는 '싸구려'처럼 비춰질까봐 두려워서였다. 그런데 놀랍게도 나는 전통적인 매체에 종사하는 사람에게는 정반대의 이유로 팟캐스트 출연을 거절했다는 이야기를 들었다. 말인즉, '쌈박'해 보이지 않거나 충분히 편안해 보이지 않을까봐 혹은 예상치 못한 돌발 상황이 펼쳐져 보여주고 싶지 않은 모습을 들킬까봐 출연을 거절했다는 것이다.

이것은 우리가 강력히 맞서 싸워야 하는 적이다. 즉 실수하고, 곤란한 상황에 빠지고, 무능하다고 여겨지는 것에 대한 두려움이다. 그런데 역설적이게도, 두려움을 야기하는 이런 요소들이 오히려 당신을 행복하고 품격 있는 상위층으로 만들어준다. 다시 말해, 실수하고, 곤란한 상황에 처하고, 위험을 감수하고, 심지어 크게 실패할 수 있는 능력을 갖춘 사람이야말로 행복하고 품격 있는 상위층이 될 자격이 있다. 당신이 진정으로 행복하고 진실로 품격 있는 상위층이라면 당신은 그런 작은 일로, 아니 그 어떤 일로도 체면이 깎이고 신분을 잃을까봐 겁내지 않을 것이다. 혹시 손상될 위험이 있을지언정 당신의 신분을 지켜낼 수 있다는 자신이 있기 때문이다.

버락 오바마가 막장 토크쇼로 악명 높은 잭 갤리퍼내키스의 출연 제안을 거절할까? 자신을 커다란 화분 옆에 앉혀 놓은 채 무례한 질문을 던지고 바보처럼 깔아뭉개려 한다고 해서 거절할까? 그러지 않을 것이다(실제로 버락 오바마는 2014년 건강보험개혁법 '오바마 케어'를 홍보하기 위해 초대 손님으로 해당 쇼에 출연했다./옮긴이).

그렇다면 도널드 트럼프는 어떨까? 최상위층임에도 불구하고 그가 그런 상황에 기꺼이 응하는 모습은 한 번도 본 적이 없다. 그렇다면 미셸 오바마는 어떨까? 자신의 쉰 번째 생일에 백악관에서 열린 파티처럼 수천 명의 군중이 지켜보고 수백만 명이 TV로 시청하는 상황에서 힙합 춤을 출 기회가 생겼을 때 그녀는 거절할까? 아니, 그럴 일은 없을 것이다. 버락과 미셸은 자신의 신분에 제압당하기는커녕 오히려 아주 편안하게 그 위험을 기꺼이 감수할 것이다. 오바마 부부는 잘 알고 있다. 신분이라는 것은 "우리가 당신을 대통령으로 만들어줄게요"라는 말처럼 다른 사람들이 제공하는 것이 아니라는 것을 말이다. 신분은 오직 스스로 획득할 수 있을 뿐이다. "나는 당신의 대통령입니다."

당연한 말이지만, 행복하고 품격 있는 상위층 가운데 완벽한 사람은 없다. 아니, 행복하고 품격 있는 상위층의 태도를 끊임없이 유지할 수 있는 사람은 없다. 미셸 오바마도 마찬가지다. 때론 지치고, 때론 성질을 참지 못해 화를 내며, 때론 무척 힘든 시간을 경험할 수 있다. 이 이야기를 하자니 도널드 트럼프의 대통령 취임식에서 있었던 일이 떠오른다.

미셸 오바마는 멜라니아 트럼프가 티파니의 하늘색 상자를 들고 다가왔을 때 행복하고 품격 있는 상위층의 옷을 벗어버렸다. 미셸의 얼굴에는 몹시 화난 기색이 역력했다. 그것은 의전을 위반하는 행위였고, 미셸은 난감한 그 상황에 어떻게 대처해야 할지 몰라 당황한 듯했다. 이때 버락 오바마가 구원투수를 자청, 미셸을 대신해 재빨리 티파니 상자를 받아 건물 안으로 갖고 들어갔다. 선천적으로 행복하고 품격 있는 상위층의 성품을 타고난 버락 오바마의 기지가 빛나는 순간이었다. 그리고 이것은 버락 오바마 버전의 칵테일파티 순간이기도 했다. 행복하고 품격 있는 상위층의 태도를 연습할 기회가 더 자주 주어진다면 우리도 버락 오바마처럼 우아하게 그 상자를 처리할 것이다.

행복하고 품격 있는 상위층의 태도가 가장 빛나는 순간은, 열심히 연습한 덕분에 마치 제2의 천성처럼 몸에 배어서 고민이나 생각을 할 필요도 없이 자연스럽게 행동으로 표출될 때다. 스타나 방송 진행자, 모델, 그리고 배우들이 전혀 힘들이지 않고 그런 태도를 발산할 수 있게 만들어주는 것은 오직 연습뿐이다.

버락 오바마가 행복하고 품격 있는 상위층의 태도를 얼마나 완벽하고 무의식적으로 실천하는지를 단적으로 보여준 사건이 있다. TV 생방송 프로그램에 출연해서 규제 개혁에 대해 토론하던 날이었다. 토론 도중 어디선가 파리 한 마리가 날아와 맴돌았고, 그는 아무렇지 않게 손바닥으로 파리를 때려잡았다. 이것이 바로 행복하고 품격 있는 상위층의 진면목이다. 버락 오바마의 '파리 잡기' 묘기에 대한 〈뉴욕 타임스〉의 기사는 영화 〈베스트 키드〉에 나오는 미야기 사부의 말을 인용했다.

"젓가락으로 파리를 잡는 사람은 무엇이든 이룰 수 있다."

헤드라인 문구로 그럴싸하지 않은가? 다른 영화도 아닌 〈베스트 키드〉에서 나온 대사이니 말이다(버락 오바마는 6살부터 10살 때까지 재혼한 어머니와 계부와 함께 인도네시아에서 성장했다. 그런데 인도네시아에서 그런 버락의 상황을 연상시키는 영화가 제작되어 개봉된 적이 있다. 바로 〈리틀 버락〉이라는 영화였다. 영화는, 미국에 살던 어린 흑인 남자아이가 어머니를 따라 인도네시아로 이주한다. 아이는 학교에서 피부색이 다르다는 이유로 친구들로부터 괴롭힘을 당하다가, 마침내 어떤 노인을 만나 싸우는 법과 소중한 인생 교훈을 배운다는 내용이다. 이것은 영화 〈베스트 키드〉의 내용과 거의 흡사하다./옮긴이). 사실 오바마의 행위는 매우 단순했다. 신분에 연연하기는커녕 자신이 가장 편안하고 느긋하며 쉬운 방식으로 모든 것을 통제할 수 있는 영역에 자진해서 들어갔을 뿐이다. 시간이 조금 더 주어졌더라면 그는 아마 파리에게도 칵테일을 가져다주었을 것이다. 이제는 미야기 사부의 말을 비틀어 다시 써야 한다.

"행복하고 품격 있는 상위층으로 행동할 수 있는 여성은 무엇이든 이룰 수 있다. 심지어 젓가락도 필요하지 않다."

✦ 요령과 비결 ✦

— 행복하고 품격 있는 상위층은 몸과 마음이 모두 편안한 상태를 뜻한다. 프레젠테이션을 할 때 "사람들 앞에서 발표하는 게 무서워"라고 말하는 사람이 있다. 많은 경우 이 말을 하는 사람의 진짜 속내는 "나는 그런 신분을 받아들이기가 무서워"라는 뜻이다.

— 미셸 오바마의 탄탄한 팔 근육은 우연의 산물이 아니다. 많은 발성 코치들에게 물어보면, 말을 잘하는 능력은 몸 관리에서 시작된다고 말할 것이다. 탄탄한 복근, 건강한 폐, 좋은 자세가 목소리를 뒷받침해주기 때문이다. 또한 건강한 몸은 시청자들로 하여금 화자를 더욱 편안하게 생각하도록 만들어준다. 화자가 건강해 보이지 않으면 청중의 주의가 분산되고, 그들은 화자의 컨디션에 관해 혹시 무슨 문제가 있는 것은 아닌지 궁금해한다. 그런데 몸 상태가 정말로 좋지 않은 상태에서 반드시 연설을 해야 하는 상황에 처했다면 어떻게 해야 할까? 연설을 시작하면서 당신의 몸 상태에 대해 농담조로 솔직하게 말하는 것이 행복하고 품격 있는 상류층의 올바른 자세다. "제게 너무 가까이 오지 마세요. 제 감기가 여러분에게 옮을까봐 걱정됩니다." 그런 다음 아무 일 없는 듯 연설에 집중하면 된다. 하지만 청중에게 불편함을 줄 정도로 힘든 상태라면 그 자리에 아예 나가지 않는 것이 현명하지 싶다.

— 이제 모든 상황을 염두에 두고 생각해보라. 행복하고 품격 있는 상위층이라면 지금 이 순간 어떻게 행동할까? 행복하고 품격 있는 상위층은 통제력을 발휘하되 너그럽고 관대하다. 또한 무례하지도 않고, 쉽게 화를 내지도 않는다.

— 행복하고 품격 있는 상위층에는 천편일률적인 규칙이 없다. 신분은 때로 매우 개인적이다. 가령 주어진 상황에서 가장 먼저 발언을 한 뒤 이후에는 아무 말도 하지 않고 배에 힘을 준 상태에서 허리를 곧추 세우고 앉아 모든 것에 준비가 된 상태로 보이는 것도 매우 강력한 효과를 발휘한다. 일반적으로 이러한 태도는 회의에서 보여줄 수 있는 가장 행복하고 품격 있는 상위층의 자세다.

— 사람들 앞에서 말하기 전에 행복하고 품격 있는 상위층이라면 말하고자 하는 내용을 어떻게 표현할지 생각해보라. 이렇게 하면 균형을 잘 잡을 수 있다. 이야기를 하든, 일화를 들려주든, 어조나 말투에 변화를 주든, 당신은 청중을 몰입시킬 방법을 찾는 동시에 자기 비하적인 발언은 삼가야 한다. 자기 비하는 당신의 신분을 부인하는 것이기 때문이다.

— 행복하고 품격 있는 상위층에 어울리는 태도와 신체적 특징에 대해 생각해보라. 솔직함, 꼿꼿한 자세, 여유 있는 몸짓, 머리를 움직이지 않음, 체중을 골고루 분산시킴 등.

— 4~5명 이상이 참석하는 회의에 가게 된다면 회의실을 찬찬히 둘러보면서 행복하고 품격 있는 상위층이 누구이고, 신분이 낮은 참석자는 누구이며 신분이 모호한 참석자는 누구인지 확인하라. 회의가 진행되는 과정에서 참석자들의 신분이 변하는지를 예의주시하라. 참석자들을 관찰하면서 스스로에게 이렇게 질문하라.

"여기서 행복하고 품격 있는 상위층은 누구일까? 신분은 높되 행복하지 않은 사람은 누구이고, 반대로 행복하되 어떤 신분도 받아들이지 않는 사람은 누구일까?"

아울러 당신은 그 회의에서 어떤 신분에 속하는지 생각해보라. 그리고 그 신분을 변화시키려면 어떻게 행동해야 할지도 고민해보라.

— 연설 직전 기분을 돋우는 데 효과적인 명상·시각화 훈련이 있다. 먼저 혼자만의 조용한 공간을 찾아라. 그런 다음 두 발을 엉덩이 너비로 벌린 뒤 어깨를 뒤로 젖히고 가슴을 내밀어 편안하고 자신감 있는 자세를 취하라. 이제 두 눈을 지그시 감고 심호흡을 하라. 기억을 더듬어 당신이 행복하고 품격 있는 상위층이라고 느꼈던 순간을 떠올려라. 자신감이 충만하며, 자부심을 느꼈던 순간 말이다. 숨을 들이마실 때마다 그때의 기분을 더욱 깊이 느끼고, 긴장을 풀면서 그 감정에 젖어들어라. 3~4분간 그 감정에 흠뻑 빠져보라. 이제 눈을 뜨고 그 감정을 가능한 많이 간직하기 위해 노력하라.

— 행복하고 품격 있는 상위층이라는 기분이 들었던 세 가지 경험을 적어보라. 사람마다 다르겠지만 예를 들면 이런 것들이 될 것이다. "학창시절 달리기 경주에서 1등을 했을 때", "칠전팔기 끝에 운전면허시험에 합격한 날", "첫 아이를 처음으로 품에 안던 순간" 등. 행복하고 품격 있는 상위층의 경험으로는 극도의 희열감이나 성취감을 느꼈던 순간들이 가장 이상적이다. 이런 순간을 종이에 적어 항상 가지고 다녀라. 좋지 않은 일이 있거나 기운이 빠지는 날 이 종이를 꺼내보면서 그때 당신의 기분이 어땠는지를 떠올려라. 그런 감정은 절대 잊혀지지 않는다. 언제라도 필요할 때 기억을 되살려 그 감정을 다시 느껴보라.

3장

에이미 커디라면
어떻게 할까

: 당당한 자세, 내적 강인함, 현재에 충실하게 존재하기

Michelle Obama
Amy Cuddy
Virginia Woolf
Oprah Winfrey
Joan Rivers
Joan K. Rowling
Chimamanda Ngozi Adichie
Angela Merkel

현란하고 화려하게
말하지 않아도 된다

♦

행복하고 품격 있는 상위층의 태도는 자석처럼 사람들을 쉽게 끌어들일 뿐 아니라 그들로 하여금 따뜻함과 편안함을 느끼게 만들기도 한다. 그런데 이것 말고 대중 연설에 필요한 또 다른 자질이 있다. 선뜻 이해하기가 쉽지 않은 개념인데, 바로 현재에 충실하게 존재하는 것을 뜻하는 '프레즌스presence'이다. 프레즌스는 '신분' 혹은 '행복하고 품격 있는 상위층'이라는 개념과는 약간 다르다. 신분은 당신이 사람들을 이끌 준비가 되었고 이제 사람들도 당신에게 주의를 기울여야 한다는 메시지를 외부로 발산하는 반면, 프레즌스는 지금 이 순간 여기에서 당신이 어떤 감정을 느끼는지를 전달한다. 또한 프레즌스는 행복하고 품격 있는 상위층의 상태보다 좀 더 차분하고 조금 덜 과시적이다. 물론 프레즌스와 행복하고 품격 있는 상위층에는 공통점도 있다. 프레즌스 역시 사람들을 끌어당기는 효과가 있다는 점이다. 이는 당신이 내적으로나 외적으로나 현재에 몰입하고, 완벽하게 충실하며, 솔직한 것처럼 보이는 것을 의미한다.

당신도 프레즌스 상태를 체감할 수 있다. 현재 생생히 살아 있음을 느끼고, 어떤 것에도 주의가 흐트러지지 않으며, 차분하게 집중력을 유지할 수 있다. 행복하고 품격 있는 상위층은 마음 상태나 태도를 말하지만 프레즌스는 행위를 통해 외부로 표출되는 것이다. 다른 말로, 행복하고 품격 있는 상위층 같은 기분이 들지 않을 때에도 현재에 완벽히 몰입하면 프레즌스 상태가 될 수 있다.

그렇다면 프레즌스의 반대, 즉 현재에 충실히 존재하지 않는 상태는 어떤 것일까? 무대에 올라가기 직전에 휴대전화를 확인하는 것, 연설 중에 저지른 실수 때문에 화가 나 집중력이 흐트러지는 것, 주의를 산만하게 만드는 외부 요인을 해결하지 못하는 것 등이 그것이다. 그러나 당신이 진심으로 집중한다면 이 모든 것을 연설의 일부로 녹여낼 수 있다.

현재에 충실히 존재한다는 프레즌스는 TED 토크, 그중에서도 에이미 커디의 강연에서 심도 깊게 다뤄졌다. 신체언어 전문가인 커디는 프레즌스 상태를 보여주는 징후의 하나가 자신감이라고 말한다(커디는 저서 《프레즌스》에서 '어딘가 존재하는 상태나 조건, 존재감, 실재감'의 사전적 의미를 가진 프레즌스를 자신의 진정한 생각, 느낌, 가치, 잠재력을 최고로 이끌어낼 수 있도록 조정된 심리 상태라고 정의했다./옮긴이). 아울러 사람들 앞에서 말하기 전에 자세에 초점을 맞추는 것으로도 프레즌스 상태에 도달할 수 있다고 주장한다. 그녀는 이를 '파워 포즈power pose', 즉 '당당한 자세' 혹은 '힘준 자세'라고 부른다.

커디는 몸과 마음 사이에서 우리가 감지할 수 없는 교환이 이루어진다고 말한다. 가령 당신은 당당한 자세를 취함으로써 사람들로 하여금 그들이 생각하는 것보다 당신이 더 자신감 있다고 생각하게 '속일' 수 있다. 원더우먼처럼 두 다리를 벌리고 서서 양손을 골반에 올리거나 우사인 볼트가 결승선을 통과할 때처럼 두 팔을 하늘을 향해 크게 벌려라. 그러면서 커디는 취업 면접이나 연설처럼 매우 긴장되고 신경이 곤두서는 일을 앞두고 있을 때 이 자세를 취해보라고 조언한다.

그런데 당당한 자세에는 단점이 하나 있다. 다른 사람들 눈에 바보같아 보이고, 당신도 그렇게 느낄 수 있다는 것이다. 그래서 나는 칸막이 화장실을 추천하는데, 이 자세를 취할 수 있을 만큼 공간이 충분히 넓어야 한다. 그리고 내 경험해 비춰볼 때 이 자세는 정말 효과적이다.

커디의 TED 강연 이후 많은 기업들이 당당한 자세와 관련한 수많은 광고를 쏟아냈다. 하지만 그런 광고에 현혹되어서는 안 된다. 당당한 자세는 공공장소 혹은 사람들 앞에서 발언하는 중에 취할 수 있는 자세가 아니기 때문이다. 커디가 조언하는 당당한 자세는 '말하기 준비 운동'이나 '명상' 혹은 '마음 챙김 훈련'의 범주에 속한다. 다시 말해, 당당한 자세는 면접을 앞두고 긴장을 풀기 위해 요가 자세를 취하는 것과 비슷하며, 다른 사람들에게 힘을 과시하기 위함이 아니라 스스로 자신감을 북돋우기 위해 사용된다. 그리고 커디의 연구에 따르면, 피실험자들이 당당한 자세를 취했을 때 남성 호르몬인 테스토스테론 수치는 올라간 반면 스트레스 호르몬이라 불리는 코르티솔 수치는 떨어졌다고 한다.

커디의 연구 결과에 대해서는 아직까지 의견이 분분하다. 게다가 이런 연구는 대규모로 시행하기가 어려운 것도 사실이다. 그러나 일단은 그녀의 연구 결과에 손을 들어주고 싶다. 그녀가 아주 흥미로운 무언가를 언급하고 있으니까 말이다. 그 흥미로운 무언가는, 스스로를 외부에 드러내는 방식(사람들에게 보이는 모습)과 자기 인식(스스로의 감정) 사이의 차이를 부각시키는 것이다. 물론 가장 이상적인 상태는 이 두 가지를 조화롭게 균형 맞추는 것이다. 그리고 더 이상적인 상태는 이런 것들에 대해 아예 생각하지 않아도 되는 경지가 되는 것이다. 하지만 현실은 다르다. 피곤하거나 불안할 때 이 두 가지는 종종 엇박자를 낸다. 이 경우 가장 먼저 당신을 배신하는 것은 신체언어다. 불안감을 느낄 때 자신도 모르게 어깨를 움츠리거나 몸을 오므리는 것이 그것이다.

당당한 자세는 다른 사람들과 전혀 관련이 없다. 내 마음 상태에 변화를 주기 위해 사람들이 없는 곳에서 혼자 취하는 자세이기 때문이다. 오히려 나 스스로 원더우먼이나 우사인 볼트처럼 강력한 존재가 될 수 있다고 믿게끔 스스로를 '속이는' 것이 핵심이다.

프레즌스에는 내적인 측면과 외적인 측면이 있다. 내적인 측면은, 특정한 일을 앞두고 있거나 혹은 그 일을 하는 과정에서 적절한 자세를 취했을 때 힘이 솟아나고 침착해지며 자신감이 커지는 것을 넘어 '나는 지금 잘하고 있다'고 생각하도록 마음을 속이는 것이다. 그리고 외적인 측면은, 자세와 태도를 통해 발산되는 적절한 프레즌스가 다른 사람들에게 누가 상황을 주도하는지를 명백히 알려주는 메시지 역할을 한다는 점이다.

프레즌스는
완벽하지 않아도 된다
—

커디의 이론은 스스로에게 활력을 북돋워주는 것과 관련 있다. 다시 말해, 긴장을 풀고 느긋한 상태에서 현재에 온전히 몰입하는 프레즌스에 도달할 수 있도록 우리의 뇌를 속여 자신감을 느끼게 만들어주는 것이다. 이 말은 곧, 프레즌스는 우리를 슈퍼영웅으로 포장해서 세상에 보여주려는 것과는 전혀 관련이 없다는 뜻이다. 그리고 커디는 "신체언어가 자신의 모습을 결정한다Your Body Language May Shape Who You Are"라는 제목의 TED 강연에서 이를 상기시켜 주었다.

흥미로운 점은 커디가 그 강연을 진행한 방식이었다. 그녀의 자세는 완벽하지 않았으며, 오히려 약간 구부정하고 침착해 보이지도 않았다. 또한 지나치다 싶을 만큼 손을 많이 사용했고, 자신감이 없지는 않았지만 자기 확신이나 생동감을 보여주지도 못했다. 뿐만 아니라 그녀가 긴장하고 있다는 것도 또렷이 드러났다. 강연을 시작하고 처음 6초간 다섯 번이나 '음'이라고 한 것만 보아도 틀림없다. 하지만 그녀는 차분하고 신중했으며, 학구적이었다.

결과적으로 그녀의 강연은 경이로운 성공을 거두었다(내가 마지막으로 확인했을 때 조회 수가 무려 4,700만에 이르렀고, 51개국에서 번역되었다.). 즉 그녀의 강연에는 아무런 문제가 없었다. 전 세계 사람들이 그녀의 강연에 열광하고, 그녀의 강연을 사랑한다.

여기서 우리가 배울 점은, 사람들 앞에서 말할 때 반드시 완벽해야 할 필요가 없다는 사실이다. 침착하지 않아도 개연성 있고 편안한 모습을 보여주면 된다. 그렇다면 커디가 행복하고 품격 있는 상위층이 아니면서도 전 세계 사람들의 사랑을 받는 강연자가 될 수 있었던 비결은 무엇일까? 답은 온전하고 충실하게 현재에 존재하는 것, 다른 말로 프레즌스에 있다.

커디는 있는 그대로의 자신에게 만족할 뿐 아니라 사람들을 끌어당기는 매력을 가졌다. 그녀의 말투는 대화를 나누듯 상냥하고 나긋나긋하다. 또한 자신의 약점을 어느 정도 솔직하게 보여줄 줄 안다.

여기서 잠깐, 에이미 커디의 TED 강연과 비슷한 강연들을 짚고 가자. 베스트셀러 작가인 엘리자베스 길버트의 "창의성의 양육Your Elusive Creative Genius", 연구가이자 작가이며 교수인 브레네 브라운의 "취약성의 힘The Power of Vulnerability", 그리고 작가이자 강연자인 수전 케인의 "내성적인 사람들의 힘The Power of Introverts"이 에이미 커디의 강연과 닮았다. 이들 강연자 모두 휘몰아치는 바람처럼 청중을 압도하려고 애쓰지 않는다. 분위기를 띄우기 위해 종종 우스갯소리를 하긴 하지만 말이다. 또한 이들은 미셸 오바마의 연설에서 볼 수 있는 강렬함이나 리더십도 드러내지 않는다. 그럼에도 그들은 각자 자신만의 방식으로 당당함과 위엄을 보여준다.

엘리자베스 길버트도 연설을 시작할 때 에이미 커디만큼이나 '음'이라는 말을 많이 사용했다. 조심스럽고, 확신이 없어 보였다. 그러나 그것은 그녀가 긴장하거나 불안해서가 아니었다. 그녀는 친밀함과 취약성에 관한 강연을 할 예정이었고, 청중이 그것에 대비하도록 하기 위해 일부러 그렇게 한 것이었다. 한마디로 계산된 행동이었다. 그녀는 무대 위에서 이리저리 돌아다녔고, 손을 지나치게 많이 사용했으며, 무대에 적응해 안정적인 궤도에 오르기까지 시간이 좀 걸렸다. 하지만 에이미 커디가 그랬듯 엘리자베스 길버트에게도 이것은 아무 문제가 되지 않았다. 오히려 그녀의 강연은 좋은 평가를 받았다. 다른 말로 그녀의 강연은 설득력이 있었는데, 이는 그녀가 프레즌스 상태, 즉 현재에 온전히 몰입한 덕분이었다.

브레네 브라운은 길버트와 커디보다 노련한 강연자임에 틀림없다. 하지만 그녀 역시 길버트와 커디처럼 실수를 저지르고 '음'이라는 말을 사용하며 강연 중에 소개한 일화 중 일부가 즉흥적이고 충분히 연습하지 않은 것처럼 보일 수 있도록 스스로 '허락'했다.

말을 아껴도
진심이 담겨 있으면 된다
—

이 사례들에는 또 다른 공통점이 있다. 공간을 장악하기 위해 '휘몰아치듯 청중을 압도'하지 않아도 되는 이유에 대한 훌륭한 본보기가 되어 준다는 것이다. 말을 많이 하지 않아도 되고, 심지어 약간 폐쇄적이어도 상관없다. 아마도 이에 대한 가장 흥미로운 사례는 수전 케인일 것이다. 예상대로 그녀의 강연은 내성적인 성격에 관한 것이고, 강연을 시작할 때부터 그녀는 자신이 내성적이라고 고백했다. 말인즉, 그녀는 에너지 넘치는 동기부여적인 강연자와는 대척점에 있다는 뜻이다. 물론 그녀가 (자신만의 방식으로) 리더십을 발휘할 수는 있지만, 행복하고 품격 있는 상위층에 속하는 사람은 아니다. 그녀의 힘은 절제된 표현과 신념, 그리고 프레즌스에서 나온다.

케인은 TED 강연 중에 간간이 말을 멈추고 정지한 상태로 가만히 서 있었는데, 이는 백 마디 말보다 더 효과적이었다. 또한 강연을 처음 시작한 위치에서 너무 멀리 벗어나지 않았고, 양팔을 절도 있게 사용했다. 뿐만 아니라 한 번에 하나의 아이디어에만 집중하고 다른 아이디어로 넘어갈 때는 잠시 말을 멈춤으로써 자신의 타고난 내성적인 성격을 통제했다. 이렇듯 그녀의 자세와 말하기 방식은 그녀가 말하고자 하는 것을 명확하게 보여주었다. 자신이 아닌 다른 누군가인 척 꾸밀 필요가 없었다. 즉 외향적인 사람처럼 '보이지' 않아도 되었다. 수전의 사례에서처럼 있는 그대로의 당신을 보여주어도 괜찮다. 물론 여기에는 조건이 있다. 현재에 온전히 몰입하는 프레즌스 상태여야 한다.

그렇다면 연설을 하는 상황에서 프레즌스는 어떤 모습일까? 어떤 모습과 어떤 기분이 프레즌스 상태일까? 대부분의 상황에서 프레즌스는 주어진 공간에서 편안하게 보이고 편안함을 느끼는 것과 관련 있다. 한마디로 프레즌스는 '준비가 되었음'을 의미한다. 이것은 사람들을 장악하거나 이끌 준비가 되었음을 보여주는 행복하고 품격 있는 상위층의 태도와는 명백히 다르다. 프레즌스는 좀 더 중립적이고, 모든 것에 더욱 열려 있다.

수전 케인이 TED 강연 중에 무대에서 어떤 자세를 취하는지 유심히 살펴보라. 당당하되 고압적이지 않고 소탈하다. 그녀는 커다란 무대에 홀로 서 있고, 청중은 그녀의 바로 앞에 양옆으로 둥글게 앉아 있다. 그녀는 내성적인 성격답게, 그 커다란 무대에서 어떻게 움직여야 할지 갈팡질팡 하거나 움츠려들었을 수 있다. 혹은 끊임없이 양쪽을 번갈아 쳐다보면서 모든 청중의 시선을 끌 수도 있었다. 하지만 그녀는 그렇게 하지 않았다. 자신의 위치를 고수했고, 청중이 자신에게 다가오도록 만들었다. 그렇다고 한 자리에 못 박힌 듯 가만히 있었던 것은 아니다. 약간이지만 무대를 활용했다. 이런 식으로 케인은 매순간을 장악했고, 자신이 그곳에 있는 목적을 달성했다. 그녀의 절제된 태도는 아주 강력한 효과를 발휘했는데, 역설적이게도 그녀가 그 강연을 대단한 일이 아니라고 생각하는 것처럼 보이게 만들었다. 이것은 정말 중요하다. 사람들 앞에서 말할 때 우리도 청중에게 그런 인상을 줄 수 있어야 한다.

분명 케인은 스포트라이트가 편안한 사람이 아니었다. 그녀 스스로도 그것을 인정했다. 그녀는 내성적이고, 많은 사람들 앞에서 말하는 것을 좋아하지 않으며, 우리 사회가 외향적인 사람들에게 유리한 방향으로 치우쳐 있다고 주장한다. 나는 대중 연설에 관한 우리의 인식도 그렇다고 생각한다. 예컨대, 우리는 사람들 앞에서 말할 때는 자신감이 넘치고, 대담해야 하며, 목소리는 커야 한다고 생각한다. 하지만 단언컨대, 절대 그러지 않아도 된다. 의심과 두려움에 압도당하지 않고 당신이 말하고 싶은 것을 말하면, 그것으로 충분하다.

케인에 따르면 리더십도 마찬가지라고 한다. 내성적인 사람이 다른 사람에게 힘과 주도성을 부여하는 능력이 뛰어나기 때문에 좋은 리더라는 연구 결과들이 있음에도 불구하고 내성적인 사람들은 외향적인 사람들에게 밀린다고, 그녀는 꼬집었다. 그러면서 케인은 '몸속의 뼈마디 하나하나가 아우성치며 말리는데도' 어쩔 수없이 리더십을 발휘하고 스포트라이트를 받아야만 했던 내성적인 사람들의 대한 얘기를 한다. 미국의 32대 대통령 프랭클린 루스벨트의 부인 엘리너 엘리너 루스벨트, 현대 시민권 운동의 어머니로 꼽히는 로자 파크스, 인도의 민족운동해방지도자 간디가 대표적인 인물이다. 나는 자신이 정형화된 어떤 고정관념의 틀에 맞지 않는다는 생각에 사람들을 이끌고 혹은 공개적으로 발언할 수 있는 기회에서 스스로를 배제시키는 사람들이 얼마나 많을지 궁금하다.

지금까지 소개한 여성들의 강연에서 확실히 알 수 있는 것 하나는, 청중은 정형화된 고정관념에 전혀 신경 쓰지 않는다는 사실이다. 그들이 원하는 것은 오직 하나, 현재에 충실한 화자에게 흥미롭고 진심어린 무언가를 듣고 싶어 한다는 것이다.

'공간을 장악'한다는 것은 카리스마를 발휘해 청중의 넋을 쏙 빼놓아야 한다는 뜻이 아니다. 자신의 진짜 모습이 아닌 다른 모습으로 스스로를 정형화하는 것이 아니라 조용하고 소극적일지라도 당신답게, 그리고 당신에게 어울리는 연설을 할 수 있는 방법을 찾아내는 것이다.

나는 남성 지배적인 환경에서 수백의 동료들을 앞에 두고 자신의 커리어에 영향이 될 만한 연설을 해야 했던 여성들과 꾸준히 일해 왔다. 이런 상황에서는 당연히 압박감이 하늘을 찌를 것이다. 지금까지 그런 자리에서 여성이 연설을 한 선례가 없어서 걱정이 될 수도 있고, 여성들을 '대표한다'는 사실에 부담과 불안이 느껴질 수도 있다. 그럴 때마다 나는 그녀들에게 이렇게 말한다.

"과거의 일에 연연하지 마세요. 당신의 내면을 들여다보고, 당신다운 무언가를 연설에 주입할 방법을 찾으세요."

그러면서 이렇게 덧붙인다.

"20분짜리 이번 연설을 어떻게 사용하고 싶어요? 수천 년을 이어져 온 가부장제를 없애고 싶은가요? 그건 당신에게 버거운 짐을 지우는 거예요. 그것이 정말 당신의 시간을 가장 잘 사용하는 방법일까요? 어떻게 보이든 신경 쓰지 마세요. 당당히 고개를 들고 당신 자신, 그리고 당신이 가진 지식을 가장 잘 보여주어야 하지 않을까요?"

있는 그대로의 모습으로 우리와 함께하라

——

한때 나는 광대극에 빠졌던 적이 있다. 스트레스가 크고 재미가 없어져서 그만두었지만 공연 기술을 익히는 데는 매우 유익했다. 그 과정에서 중요한 것을 배웠는데, 배우이자 작가이며 광대극의 대가인 필립 버거스에게 배운 교훈도 그중 하나다.

"당신의 있는 모습 그대로 우리와 함께하라."

이 말을 풀어보면 이런 뜻이 될 것이다. "당신의 진짜 모습이 아닌 다른 사람인 척 꾸미지 마라", "거짓되게 행동하지 마라", "관객들이 갈채를 보낼 때 흥분된다면 그 감정을 있는 그대로 드러내라", "반대로 누군가가 공연 중간에 자리를 떠서 실망감이 든다면 그 감정 또한 그대로 드러내라."

우리는 어릴 때부터 일상에서는 물론 사람들 앞에서는 정중해야 하고, 카리스마와 열의, 흥미, 열정 등을 꾸며내도록 교육 받는다. 그런데 광대 훈련은 이것들을 모두 잊어버리라고 가르친다. 지금 이 순간 있는 그대로의 자기 모습에 충실하라는 것이다. 하지만 직장에서는 이 조언을 항상 따르기가 힘들다. 일례로, 마케팅 프레젠테이션을 할 때는 거짓으로라도 열정이 있는 척 꾸며내야 한다. 그러나 당신이 그 순간에 진정한 프레즌스 상태가 되면 청중은 그것을 알아보게 되어 있다. 예컨대, 프레젠테이션을 시작하면서 "지독한 감기에 걸려 오늘 이 프레젠테이션을 정말로 하고 싶지 않았습니다"라고 운을 떼는 것은 나쁘지 않은 시작 방법이다. 하지만 솔직함이 무조건 정답은 아니다. 솔직하게 말한답시고 연설을 하고 싶지 않다고 말하는 것이 항상 좋게 받아들여질 수는 없다. 정말로 프레젠테이션을 하고 싶지 않다면 해서는 안 된다.

커디가 제안하는 강력한 자세는 자신감을 끌어올리는 데 큰 도움이 된다. 또한 현재에 온전히 몰입하는 프레즌스 상태가 되는 데도 유익하다. 뛰어난 연설, 그리고 좋은 연설은 실수하지 않으려 애쓰는 것과 관련이 없다. 오히려 모든 순간에 솔직하고 개방적인 태도로 임하고, 현재에 몰입하는 것과 더 관련이 있다. 예를 들어 바로 앞의 발표자가 당신이 하려는 말을 해서 선수를 빼앗긴 경우, 발표장의 분위기가 변한 사실을 감지한 경우, 감기로 인해 목소리가 거의 나오지 않아서 청중 앞에서 그 사실을 인정해야만 하는 경우 등과 관련이 있다. 또한 당신이 그곳에 있는 것이 불편하다고 인정한 것에 대한 후폭풍으로 행여 청중이 당신을 거부할까봐 두려워하지 않는 것과 관련이 있다. 이런 것들은 모두 당신이 기꺼이 감수해야 하는 유익한 위험이다.

뿐만 아니라 프레즌스는 행복하고 품격 있는 상위층처럼 행동하는 것이 힘들 때 사람들의 눈을 속일 수 있는 아주 유용한 가면이다. 행복하고 품격 있는 상위층처럼 행동하기가 힘든 보편적인 이유는, 그렇게 하려면 반드시 어느 정도의 카리스마가 필요하기 때문이다. 그것을 거짓으로 꾸며내는 것은 아무 의미가 없다. 그보다는 당신에게 익숙한 신분에 가장 부합하는 태도와 행동을 취하면서 프레즌스 상태에 도달하기위해 노력하라. 브레네 브라운, 에이미 커디, 엘리자베스 길버트의 TED강연들에서 이 점이 분명하게 드러난다. 그들은 모두 행복하고 품격 있는 상위층에 가까운 사람들이지만, 미셸 오바마 같은 강렬함과 역동적인 활력까지 보여주진 못한다. 오해하지 마라. 비난하려는 것이 아니라유심히 관찰한 결과 그렇다는 것일 뿐이다. 요컨대, 강연가든 연설가든사람들이 말하는 방식은 제각각이다. 결국 비결은 당신만의 말하기 스타일을 찾는 것이다.

솔직함은 유익한 무기가 될 수 있다. 수전 케인도 솔직함을 무기로사용했다. 케인은 TED 강연에서 자신이 다수를 대상으로 강연하는 것을 좋아하지 않을 뿐 아니라 강연을 잘하도록 스스로를 채찍질해야만했다고 인정했다. 혹시라도 당신이 "나는 사람들 앞에서 말하는 것에익숙하지 않습니다"라고 말한다면, 나는 당신을 한 대 칠지도 모른다.

그러나 "오늘 여러분 앞에서 말해야 한다는 생각만으로도 마음이 아주 불편했습니다"라고 진심을 담아 말하고, 그 속에 한 치의 거짓이 없으며, 솔직하게 그 이유를 설명한다면 얘기가 달라진다. 그것은 존경할 만한 유익한 행동이다.

프레즌스의 제일 규칙, 솔직함과 당당함

—

사람들에게 프레젠테이션 기술을 가르칠 때 내가 가장 먼저 하는 일 중 하나는 '마음의 신분' 혹은 마음 상태가 어떤 효과를 내는지 쉽고 확실하게 보여주는 연기 훈련이다. 먼저 눈을 감고 신경이 곤두서서 긴장되고 불안하며 겁을 먹었다고 상상하라고 주문한다. 가끔은 살아오면서 실제로 그런 감정을 느꼈던 순간을 떠올려보라고 요구하기도 한다. 그런 다음 그 감정이나 기억을 유지한 채 방을 돌아다니며 사람들에게 자신을 소개하라고 한다. 어떻게 될까? 대부분 눈맞춤을 피하고, 움츠린 자세를 취하며, 대개의 경우 당혹감과 부끄러움을 동시에 드러낸다. 이는 절대 의도된 것이 아니다. 자연스러운 반응이다. 이렇게 첫 번째 훈련이 끝나면 두 번째 훈련을 시작한다. 다시 눈을 감은 채 자부심을 느꼈던 순간을 떠올리고, 지금이 바로 그런 순간이라고 상상하라고 주문한다. 그러면 사람들은 첫 번째 훈련 때와는 확연히 구분되는 반응을 보인다. 자신도 모르게 고개를 들고 어깨를 뒤로 젖히며 가슴을 내민다.

똑바로 눈을 맞추고 미소를 짓는 것은 기본이며, 자기 확신이나 자신감, 사랑, 기쁨 등의 긍정적인 감정을 발산한다.

이것은 지극히 당연한 이치다. 그런데 우리는 프레젠테이션이나 연설을 준비할 때 이런 것들보다는 마음 상태에 집중하는 경향이 있다. 예를 들면 불안감, 프레젠테이션과 관련된 세부 사항(통계수치나 인용구), 참석자 중에 혹시 있을지 모르는 나와 불편한 사람, 학창시절 내 발표 실력이 형편없다고 혹평한 선생님 등이 그것이다. 이런 것들은 전혀 관련이 없고, 도움이 되지 않으며, 가끔은 전혀 사실이 아니다.

그렇다면 어떻게 해야 할까? 그리고 우리가 취해야 할 태도는 무엇일까? 첫째는 (비록 거짓일지라도) 긍정적인 마음 상태를 취하는 데 집중하고, 자부심을 느꼈던 순간을 떠올리며 지금이 바로 그 순간이라고 상상하는 것이다. 둘째는 (역시 비록 거짓일지라도) 그 마음 상태에 부합하는 자세를 취하는 것이다. 이렇게 하면 두 가지, 즉 마음 상태와 자세가 상호작용을 하여 현재에 온전히 몰입하는 프레즌스 상태라고 착각하게 만들 수 있다. 그리고 그 착각은 대부분 진짜 프레즌스 상태로 바뀐다. 도대체 마음속에서 무슨 일이 벌어지고 있는 걸까?

프레즌스 상태인 것처럼 행동할 때 당신의 마음은 "이봐, 지금 난 프레즌스 상태인 것 같아"라고 생각하기 시작한다. 그리고 마음마저 "내가 정말로 멋진 일을 하던 날이 생각나"라고 생각하면 당신의 몸은 움츠러들 수가 없다. "그러나 비브, 아무리 생각해봐도 난 지금까지 멋진 일을 한 적이 없어요. 그래서 그런 자세를 취할 수가 없어요"라고 말하고 싶은가? 그렇다면 그건 당신이 열심히, 적극적으로 생각하지 않았다는 핑계일 뿐이다.

프레즌스 상태가 되는 데 도움이 되는 순간은 노벨평화상을 수상하거나 테레사 수녀의 이름을 딴 고아원을 세우는 것 같은 거창한 일이 아니다. 출산의 순간이나 업무적으로 칭찬을 들었던 날을 떠올려도 좋고, 맛있는 쿠키를 구운 소소한 순간을 떠올려도 좋다. 이런 작은 자부심이 당신에게 도움이 될 수 있다. 자부심은 어디까지나 개인적인 감정으로, 사람마다 다르게 느낀다. 레몬을 넣은 빵에서 자부심을 느끼든, 올림픽 경기에서 금메달을 따고 자부심을 느끼든 상관없다.

불쾌감을 주는 사람의 프레즌스

—

개중에는 선천적으로 카리스마를 타고나거나 노력하지 않아도 행복하고 품격 있는 상위층의 분위기를 풍기는 사람들이 있다. 프레즌스도 마찬가지다. 본능적으로 프레즌스 상태가 되는 사람이 있다. 그렇다면 카리스마 혹은 행복하고 품격 있는 상위층과 프레즌스는 다른 걸까? 나는 이를 약간 다른 개념이라고 생각한다. 가령 요가 지도자는 자유자재로 프레즌스 상태가 될 수 있지만 그들에게 카리스마는 거의 필요하지 않다. 반면 정치인은 프레즌스 상태에 이르는 능력은 떨어지지만 행복하고 품격 있는 상위층이 될 가능성은 높다. 코미디언은 강력한 카리스마를 발휘할지는 몰라도, 현재에 온전히 몰입하지 않을 뿐 아니라 종종 낮은 신분에 만족하는 것처럼 보이는데, 어쩌면 이것은 연기일 수도 있다. 작가이자 영화감독이며 코미디언인 우디 앨런이 대표적인 사례다. 즉 사람마다 차이가 있고, 가끔은 동일한 사람을 두고도 보는 사람에 따라 의견이 갈리기도 한다. 가령 어떤 사람을 두고 누군가는 그가 다른 사람들을 따뜻한 눈길로 바라보고 '아우라'에 범접하는 무언가를 발산한다고 평가하는 반면 다른 누군가는 반대로 평가하는 경우가 그것이다. 이처럼 우리가 누군가를 신뢰하고 그들에게 호의를 갖게 만드는 데는 이해하기 힘든 영역이 있다.

중요한 것은, 당신에게 도움이 되는 것을 찾는 것이다. 당신이 카리스마를 타고났지만 현재에 집중하고 몰입하기 힘들다면 프레즌스 상태가 되는 데 초점을 맞출 필요가 있다. 반대의 경우도 마찬가지다. 당연한 말이지만, 이런 특성을 선천적으로 타고난 사람들은 그것에 대해 생각할 필요조차 없다. 주변 사람들을 편안하게 하고 느긋하게 하면서 소탈해 보이는 사람을 찾아라. 그런 다음 그들은 대체 주변 사람들과 어떻게 상호작용하는지 유심히 관찰하라. 이렇게 하는 것만으로도 당신에게 큰 도움이 될 것이다. 어떤 사람은 강력한 눈맞춤만으로 이런 효과를 낼 것이고, 어떤 사람은 모든 사람을 반드시 집단에 포함시키려 노력함으로써 그 효과를 낼 것이다. 하지만 핵심은, 당신에게 맞는 프레즌스 상태가 어떤 것인지를 알아내는 데 있음을 잊지 마라.

— 현재에 온전히 몰입하는 프레즌스 상태가 되고 싶다면 당신이 어떻게 느끼는지에 초점을 맞춰보라. 이렇게 하는 데 종종 명상 앱이 도움이 되는데, 개인적으로 헤드스페이스Headspace와 부디파이Buddhify를 추천한다. 가슴이 떨리거나 청중과 호흡하기 어려울 것 같은 생각이 들 때 이들 앱의 안내를 따라 명상하다 보면 어느 순간 마음이 진정되곤 한다. 이들 앱은 머릿속에서 소용돌이치는 혼란스러운 생각에서 빠져나와 현재에 다시 집중하게 해준다.

— 사람들 앞에서 자신의 생각을 솔직하게 표현하는 것은 청중에게는 힘을 북돋워주는 용기 있는 행위이고, 스스로에게는 담력이 필요한 일이다. 자신의 생각을 더욱 자주 표현할수록 현재에 더욱 몰입하는 것처럼 보일 것이다. 이런 상황에서는 "저는 그저 여러분의 관심이 제게 얼마나 큰 의미가 있는지 알려드리고 싶습니다"라거나 "지금 이 자리에 있을 수 있어서 얼마나 기쁜지 모릅니다"라고 말해도 전혀 문제되지 않는다. "오늘 이 자리에 와 주셔서 정말 감사드립니다"라고만 해도 된다. 물론 진심을 담아서 말했다는 가정에서다. 단, 이런 말을 할 때는 혼잣말을 하듯 흥얼거리지 말고 지나가는 말처럼 툭 내뱉지도 마라. 그리고 용기가 있다면 청중 가운데 누군가와 소통하는 것도 좋은 방법이다.

— 마음을 가라앉히고 침착해지는 훈련을 반복하라(1장의 '요령과 비결' 참조). 어깨를 뒤로 젖히고 가슴을 앞으로 내민 뒤 두 발을 엉덩이 너비로 벌리고 발바닥을 통해 땅을 느껴보라. 연설을 시작하기 전까지 시간이 좀 더 남았다면 숨을 들이마시고 내쉴 때마다 발바닥을 통해 호흡한다고 상상하라. 땅으로부터 공기를 들이마시고, 어떤 기분이 드는지를 느껴보라. 그것이 바로 현재에 충실할 때 경험하는 프레즌스이다. 그 감정을 마음속 깊이 각인시켜 그 감정에 익숙해지게 만들어라. 연설을 시작할 때까지 이런 마음 상태를 유지하라.

— 연설을 통해 청중과 공유하고 싶은 것을 생각해보라. 그것은 당신에게 개인적으로 특별한 의미가 있거나 당신의 취약함을 드러내는 것이어야 한다. 이전보다는 나아졌지만 그래도 여전히 불안한 것이 있는가? 당신이 극복해야 할 문제는 무엇인가? 당신처럼 다른 사람들도 힘들어하는 것은 무엇이라 생각하는가? 10가지를 골라 리스트로 만들고 필요할 때 언제든 꺼내볼 수 있도록 항상 소지하라. 그것을 주제로 연설을 할 수도 있고, 직장에서 발표할 때 이야기할 수도 있다. 당연한 말이지만, 당신이 살아온 이야기를 처음부터 끝까지 할 필요는 없다. 개인적인 경험 하나를 세 문장으로 압축해서 발표한 다음 좀 더 보편적인 이야기로 확대시키는 것도 좋은 방법이다. 수전 케인이 좋은 예다. 그녀가 TED 강연에서 이 방법을 어떻게 썼는

지 유심히 살펴보라. 먼저, 그녀는 어릴 적 경험 하나를 소개한다. 수줍음이 많았던 어린 케인이 여름캠프를 가면서 가방 가득 책을 넣어간 일화였다. 케인은 그 일화를 들려준 다음 곧바로 그것을 일반화했다. 수줍음 많은 내성적인 사람들이 사회에서 어떤 대우를 받는지에 관한 연구결과와 통계수치를 조목조목 지적하는 것이었다. 이렇듯 케인 같은 좋은 강연자는 개인적인 것과 보편적인 것 사이를 자유자재로 넘나든다.

—10가지 아이디어 중 하나를 선택한 뒤 3개월 내에 사람들 앞에서 말할 기회가 있을 때 그 아이디어를 사용하겠다고 다짐하라. 이 책을 다 읽을 즈음 어쩌면 당신은 TEDx 토크에 신청서를 낼 준비가 되어 있을지도 모르겠다(이에 대해서는 부록에 나오는 '스스로 연설 기회를 만들기 위한 지침'을 참조할 것). 혹은 당신의 아이디어를 공개할 수 있는 다른 기회를 찾고 있을 수도 있다. 만약 그 아이디어가 당신의 직업과 직접적으로 연결된다면, 왜 그것에 관해 이야기하고 싶은지 솔직하게 털어놓을 수 있는 동료가 있을까? 이 문제도 고민해보라.

4장

버지니아 울프라면 어떻게 할까

: 셰익스피어의 여동생, 집안의 천사, 자신에게 맞는 말하기 속도

Michelle Obama

Amy Cuddy

Virginia Woolf

Oprah Winfrey

Joan Rivers

Joan K. Rowling

Chimamanda Ngozi Adichie

Angela Merkel

아이디어가 복잡할수록
천천히 말하라

◆

사람들 앞에서 말할 때 어떤 속도로 말해야 할까? 이 물음에 대한 하나의 정답은 없다. 하지만 당신에게 맞는 속도로 말하기 위한 기준으로 삼을 만한 사람은 있다. 바로 버지니아 울프다. 20세기 영국을 대표하는 모더니즘 작가이자 페미니스트였던 그녀는 말을 천천히 했다. 심지어 목소리에서 아무런 활력도 느껴지지 않았다.

그러나 그녀의 말하기 스타일에 대해 이러쿵저러쿵 말하기는 힘들다. 현존하는 그녀의 육성은 8분짜리 음성 기록이 유일하기 때문이다. 안타깝지만, 영상 기록이 전무한 상태에서 그녀의 육성을 녹음했다고 알려진 음성 자료 하나만으로 화자로서의 그녀가 얼마나 강력했는지, 그리고 그것이 그녀의 전형적인 말하기 스타일인지에 대해 말하는 것은 매우 조심스러운 일이다. 내가 이렇게까지 구구절절 설명하는 이유는, 내가 음성 기록에 아주 큰 의미를 부여하고 있다는 사실을 미리 고백하기 위해서이다.

버지니아 울프의 유일한 육성 기록은 1937년 그녀가 BBC라디오 방송을 위해 자신의 에세이집《나방의 죽음: 버지니아 울프의 문학 에세이》에 포함된 〈기교〉라는 제목의 에세이를 암송한 것이다. 그 기록은 적어도 대중 강연 중에 그녀의 목소리가 청중에게 어떻게 들렸을지 대략적으로나마 짐작하게 해준다. 그녀는 느리고 신중한 어투로 또박또박 끊어 말한다. 마치 메트로놈에 맞춰 시를 낭송하는 사람들의 속도와 거의 비슷하다. 그렇다면 마이크 앞에서 에세이를 암송할 때가 아닌 일상생활에서 그녀는 어떤 화자였을까? 물론 짐작이지만, 나는 훨씬 더 느리고 더 신중하게 말했을 거라고 생각한다. 그녀의 말투는 최면을 거는 듯 나긋나긋하고 아주 고전적이다. 그녀의 목소리와 가장 대비되는 목소리를 꼽으라면, 영국 배우 데임 매기 스미스가 세상에서 가장 건조한 목소리로 성경 구절을 낭독하는 것이 싶다. 조금 과장하면, 우리의 목소리는 모두 울프와 스미스의 중간 어디쯤 위치한다고 할 수 있다.

살아생전에 버지니아 울프는 왕성하게 활동한 연설가로 알려지지 않았지만, 알고 보면 그녀는 강연을 아주 많이 했다. 대부분의 사람들이 모르고 있는 사실인데, 1929년 출판된《자기만의 방》은 사실 1년 전인 1928년에 울프가 케임브리지대학 소속 여자 대학인 거턴칼리지와 뉴넘칼리지에서 강연하기 위한 원고로 먼저 나왔다. 그리고 울프는 이 원고의 아이디어들을 수정하고 발전시켜 1년 뒤 책으로 출판했다. 또한 이 강연은, 울프로 하여금 여성이 소설가로 성공하려면 '반드시 돈과 자기만의 방이 있어야 한다'는 그 책의 주제를 미리 연습하는 좋은 기회가 되어 주었다.

울프는 그 강연 원고에서 주디스 셰익스피어, 즉 셰익스피어의 여동생이라는 허구의 인물을 창조했고, 오빠와 같은 재능을 타고난 그녀가 오빠와 같은 길을 갈 때의 성공 가능성과 그녀의 삶을 상상했다. 당연한 말이지만, 울프는 주디스가 '다른 사람들에게 방해받고 저지당했으며 자기 내면에서 상충하는 것들로 인해 고통 받고 갈가리 찢겨져 건강과 온전한 정신을 잃었을 것'이라고 생각했다.

만약 당신이 이 강연을 한다면 어떤 속도로 말하겠는가? 단언컨대, 빠른 속도로 술술 말하지 않을 것이다. 오히려 상당한 시간을 들여 차분히 풀어갈 것이다. 울프도 그러지 않았을까 싶다. 강연을 하면서 반짝이는 눈으로 학생들을 뚫어지게 바라보는 울프의 모습이 눈에 선하다.

3년 뒤인 1931년, 울프는 '여성들을 위한 직업'이라는 제목으로 일단의 여성들에게 강연을 했다. 그것은 《자기만의 방》의 후속편으로, 나중에 에세이집 《나방의 죽음》에 포함되었다. 이 강연에서 울프는 살기 위해 잘라내야 했던 자신의 일부에 대해 이야기했다. 그것은 자신을 비하하고, 자신을 희생시키며, 자신을 부정하는 그녀의 모습이었다. 그녀는 자신이 '유령'(자신의 모습)을 마주하게 된 것에 대해 말했고, 그녀는 그 유령이 "집안의 천사"라고 생각하게 되었다. 이것은 강연을 하기에도, 글로 표현하기에도 복잡한 아이디어다. 누가 봐도, 그리고 청중에게 이해할 시간을 주기 위해서라도 엄격히 절제된 속도로 말하는 것이 적절하다.

‘집안의 천사’는 울프의 일부였고, 그녀가 작가를 꿈꾸는 것도 자신의 의견을 표현하고 싶어 하는 것도 이기적이며 잘못된 것이라고 그녀를 책망했다.

“그녀는 닭고기가 있으면 다리를 먹었고, 외풍이 들어오면 자신의 몸으로 막아 앉았습니다.”(영국과 미국에서는 닭다리를 선호하지 않기 때문에 닭다리를 먹는 것이 희생의 의미로 사용된다./옮긴이)

‘집안의 천사’는 자신을 희생할 뿐만 아니라 스스로 비참해지려 하고 자신의 삶을 고달프게 만든다. 이 유령은 울프의 작품을 편향적으로 만들기 시작했고, 급기야 그녀를 마비시켰다.

“내 원고지에 그녀의 그림자가 드리웠습니다. 방에서는 그녀의 치맛자락이 사각거리는 소리가 들렸어요.”

마침내 울프는 그녀를 죽인다.

“내가 그녀를 죽이지 않았다면 그녀가 나를 죽였을 거예요.”

닭다리를 먹는 것에 신물이 난 여성의 통렬한 반격이었다.

사람들 앞에서 말할 때 우리도 그 천사를 죽일 필요가 있다. 버지니아 울프가 말하는 그 천사는 다른 말로 하면 ‘내적 비판가’이다. “너는 별로 잘하지 않아”, “너는 절대 이걸 하면 안 돼”, “너에겐 어울리지 않아”, “네가 과연 사람들 앞에서 무언가를 말할 자격이 있을까?”라고 속삭이는 내면의 목소리 말이다. 그 천사는, 당신이 솔직하게 말하려는 것을 하지 못하게 막는다. 또한 당신이 당신을 의심하게 만들고, 당신보다 다른 누군가가 그 말을 훨씬 더 잘할 수 있다고 생각하게 하며, 당신이 아닌 누군가에게 차례가 돌아가도록 하는 게 좋다고 생각하게 만든다.

그러나 '집안의 천사'를 죽이는 것은 쉬운 일이 아니다. 버지니아 울프도 이 일이 쉽지 않다고 말할 것이다. 실제로 울프는, 여성으로서 당신의 경험에 대한 진실을 말하는 것이 지극히 어렵다고 말했다. 당신이 글을 쓸 수 있는 시간을 가질 수 있도록 1년에 500파운드를 벌고 자기만의 방을 갖기 위해 싸우는 것은 물론 좋은 일이나, 그 방에 관한 질문들은 여전히 해결되지 않았다. 울프의 질문처럼 "그 방에 어떤 가구를 들여놓을 것인가?", "그 방을 어떻게 꾸밀 것인가?", "그 방을 누구와 어떤 조건으로 함께 사용할 것인가?"에 우리는 반드시 답해야 한다. 그녀가 들려주는 무언의 충고는 우리가 그 천사와 '맞장'을 떠야 한다는 것이다. 그리고 다른 무언의 충고가 하나 더 있는데, 바로 "사람들이 당신의 복잡하고 미묘한 아이디어들을 이해하기 바란다면 나처럼 말을 천천히 신중하게 하세요"이다.

속도는
사람마다 다르다
—

공개적으로 발언할 때는 일반적으로 말하는 속도를 늦출 필요가 있다. 하지만 이는 지극히 개인적인 부분이며, 맥락과도 관련이 있다.

나는 회사들의 요청으로 '말하기 워크숍'을 진행하는 경우가 많다. 이런 워크숍 자리에서 가장 많이 받는 질문 중 하나가 말하는 속도에 관한 것이다. 누군가의 언어 습관을 '고쳐달라'고 도움을 요청하는 기업 담당자도 있다. 이때 자주 듣는 말 역시 "너무 빨리 말해요"이다.

나는 지금 비난하려는 것이 아니다. 이것은 사람들이 공개적으로 발언하는 직장 내 행사에 참석해본 적이 있는 사람이라면 누구나 공감할 수 있는 문제다. 실제로 말하는 속도가 지나치게 빠른 사람들이 정말 많다. 특히 말을 잘하지 못하는 사람일수록 말하는 속도가 빠르다. 말을 천천히 하는 사람을 찾기가 힘들 정도다.

원칙적으로 당신이 필요하다고 생각하는 것보다 말을 천천히 하는 편이 좋다. 발성 코치 전문가 캐롤라인 고이더는 이를 아주 간단하면서도 기억하기 쉽게 설명한다.

"1분당 3.5회 자연스럽게 말을 멈추는 사람이 청중에게 영향을 미칠 가능성이 가장 크다."

맙소사, 1분에 3.5회나 멈추라니. 심지어 일상의 대화에서도 이렇게 하기는 쉽지 않을 것이다. 하지만 분명한 것은, 사람들 앞에서 말하는 것은 일상적인 대화가 아니라는 것이다. 그리고 청중에게 당신의 말을 '소화'할 시간을 줘야 한다. 익숙해지기 전까지 대부분은 이렇게 하기가 힘들 것이다. 하지만 입장을 바꿔 생각해보자. 당신의 말이 당신의 귀에 어떻게 들리는가보다 청중에게 어떻게 들릴지를 고민하는 것은 매우 중요한 일이다. 어쩌면 청중은 당신이 말을 멈추고 생각할 시간을 준 것을 고맙게 생각할 것이다.

화자인 당신 자신보다 청중에 더 초점을 맞추는 것은 좋은 생각이다. 예를 들면 당신이 말하는 요점이 청중에게 정확하게 전달될 만큼 충분히 천천히 말하는지, 청중 가운데 혹시 듣는 데 문제가 있는 사람은 없는지, 만약 그들이 당신과 다른 모국어를 사용한다면 어떻게 해야 할지, 당신이 다루는 주제를 그들이 전혀 이해하지 못한다면 어떻게 해야 할지 등이다.

그리고 반복하건대, 말하기 속도와 관련하여 중요한 것은 그것이 주관적이라는 사실이다. 누군가의 언어 습관을 '고쳐달라'는 요청도 마찬가지다. 도움을 요청한 사람의 눈에는 '문제의 그 사람'이 '말을 너무 빨리하는' 것처럼 보이겠지만 진짜 문제는 전혀 다른 데 있었던 것으로 밝혀지는 경우가 더러 있다. 선천적으로 말하는 속도가 빠를 뿐 그 사람은 오히려 언변이 뛰어나고 자신감과 카리스마가 있는 사람인 것이다. 이런 경우 너무 천천히 말한다면 되레 자신의 강점을 잃을 수 있다. 예를 들어 유창한 언변과 강렬한 에너지, 빠른 두뇌 회전력을 가진 사람이 있다고 치자. 이런 사람이 스스로를 지나치게 몰아붙여 말하는 속도를 늦춘다면 그는 자신의 강점을 잃고 말 것이다. 이런 사람은 자신의 발언 중 가장 역동적인 부분에서는 에너지를 분출하고, 좀 더 복잡한 내용을 다루거나 청중이 기억해야 하는 부분에서는 속도를 늦추는 것이 효과적이다. 이런 점에서 화자로서의 자신을 정확히 진단하고 자신이 다른 사람들에게 어떻게 보이는지를 아는 것은 매우 중요하다.

만약 당신이 똑똑하고 총명한 모습으로 사람들의 넋을 빼놓는 강점을 가진 사람이라면 말을 빨리 하는 것이 유리할 수도 있다. 단, 사람들이 당신의 똑똑함과 총명함에 압도되어 무조건 받아들이게 해서는 안 된다.

비결은, 청중을 유심히 관찰하고 그들의 말에 귀를 기울이는 것이다. 당신이 말하는 속도를 사람들이 잘 따라오고 있다고 생각될 때는 지금의 속도를 유지해도 좋다. 청중을 위한 모든 조건이 갖춰졌는데도 사람들이 당신의 이야기를 이해하지 못한다고 생각해서는 절대 안 된다. 조안 리버스나 마이클 매킨타이어, 리 맥 같은 코미디언들이 1분에 3.5회 자연스럽게 멈췄기 때문에 성공했다고 생각하는가? 그렇지 않다. 그들은 자신들의 타고난 활력과 속사포처럼 쏟아내는 말습관에 딱 맞는 스타일을 개발했고, 사람들이 피로감을 느끼지 않고 따라올 수 있도록 그 스타일을 의사소통 방식에 녹여냈다.

물론 이 또한 주관적이고, 맥락에 따라 다르다. 그들의 활동 무대는 영감을 주는 연설 분야가 아니고, 또 모든 사람들이 그들의 말하기 스타일을 좋아하는 것도 아니기 때문이다. 여기서 강조하고 싶은 것은, 말하는 속도는 지극히 개인적인 부분이라는 것이다.

맥락이 전부다
—

말하는 속도와 말하기 기회를 당신의 말하기 스타일과 얼마나 조화시킬 수 있을지 판단할 때는 유료 공연과 회사 행사와의 차이를 생각해 보면 도움이 된다. 유료 공연의 경우 대부분의 사람들은 그 공연을 보기로 직접 선택한다. 당연히 공연의 내용이 무엇인지 사전에 조사할 것이고, 자신이 그것을 좋아하는 이유도 가지고 있을 것이다. 하지만 회사 행사는 다르다. 그 행사에 참여하고 싶다고 적극적으로 선택한 사람은 거의 없을 것이다. 물론 이런 상황에서도 화자는 스탠드업 코미디언과 비슷한 의무를 다해야 한다. 즉 청중을 만족시켜야 하고, 스탠드업 코미디언들이 사용하는 것과 같은 기술을 사용해야 할 수도 있다. 예를 들면 '관대하라', '상황에 알맞은 방식으로 말하라', '놀라움을 선사하되 좋은 의미의 놀라움이어야 한다'와 같은 것들 말이다. 반대로 절대 따라 해서는 안 될 기법도 있다. 원하는 결과를 이끌어내기 위해 무리수를 두거나 불쾌감을 주는 대중 조작을 시도한다거나 청중을 향해 싸구려 말투로 "신사 숙녀 여러분"이라고 부르는 것이 그것이다. 당신이 어떤 일에 종사하느냐에 달렸지만 대개의 경우 공식적인 자리일수록 이런 기교가 먹힐 가능성은 낮다.

내가 이렇게 세세히 언급하는 이유가 있다. TED와 브이로그가 널리 퍼지고 라이브 행사가 증가하면서 사람들이 스탠드업 코미디 〈라이브 앳 더 아폴로〉에 출연자처럼 능숙해야 한다고 생각하는 것 같아서이다. 내 말은 연설가들이 코미디언과 같은 방식으로 청중을 웃길 수 있기를 기대한다는 뜻이 아니다. 그들의 '연기'가 코미디언처럼 아주 매끄럽고 전문적이어야 한다고 생각한다는 뜻이다.

그러나 잘 알고 있겠지만, 이것은 불가능한 일이다. 가령 〈라이브 앳 더 아폴로〉에 나오는 코미디는 즉석 연기가 아닐 것이다. 가장 좋은 20분짜리 연기를 골라서 내보내는 것일 수도 있고, 그들이 지난 5년간 계속해 왔던 연기일 수도 있다. 그리고 그런 연기는 하루아침에 완성되지도 않는다. 그간 대중에 노출되고, 무대와 조명에 익숙해지는 데 걸린 수천 시간의 결과물이다. 겨우 한 달 남짓 프레젠테이션 연습을 해놓고 그들처럼 할 수 있기를 기대하는 것은 욕심이다.

더 나은 화자가 되기 위한 효과적인 비결 중 하나는, 스스로에 대한 기대치를 낮추고 자아를 내려놓은 상태에서 프레젠테이션이든 연설이든 그것이 미칠 영향과 범위에 관해 솔직하고 현실적으로 생각하는 것이다. 가령 20명을 대상으로 하는 업무 프레젠테이션을 마치 게티즈버그 연설을 하도록 요청받은 것처럼 생각하지 마라. 나는 버지니아 울프가 이런 맥락의 중요성을 이해했을 거라고 믿어 의심치 않는다. BBC라디오의 연설 역시 그 맥락에 맞는 적절한 어조와 속도를 선택했을 것이다. 또한 나는 케임브리지대학의 여학생들은 울프가 강연을 하면서 에세이 낭독을 녹음할 때처럼 서두르지 않고 천천히 말해준 것을 고맙게 생각했을 거라고도 생각한다. 술집에서 친구들과 대화를 나눌 때는 그녀도 우리처럼 속사포처럼 말을 쏟아내는 수다쟁이가 아니었을까?

당신에게 어떤 속도가 맞는지 객관적으로 판단하라

—

사람들이 '속도를 늦추라'는 조언을 실천하기가 힘든 이유는 무엇일까? 그리고 자신의 속도가 다른 사람들의 속도와 다르게 느껴지는 이유는 무엇일까? 나는 자신이 얼마나 빠르게 말하는지 인지하지 못하는 사람들과 일할 때가 많다. 당신도 당신의 말이 다른 사람들에게 얼마나 빠르게 들리는지 전혀 인지하지 못하는 경우가 있을 것이다.

화자로서 당신이 당신의 말하기 속도를 알기 위해 쓸 수 있는 방법의 하나는, 녹음이나 녹화를 해서 들어보는 것이다. 이렇게 하면 당신이 어떤 속도로 말하는지 알 수 있다. 가능하다면 이때는 객관적인 피드백을 줄 수 있는 사람과 함께 듣는 것이 좋다. 이때 주의할 점이 있다. 대체로 우리는 자신이 얼마나 빠르게 말하는지가 아니라 그 말이 얼마나 이상하게 들리는지, 부적절한 단어를 사용하지는 않았는지, '음'이나 '어' 같은 불필요한 말을 넣지는 않았는지에 초점을 맞춘다는 것이다. 나 역시 불필요한 추임새를 습관적으로 사용하는 나쁜 버릇이 있는지라 고치기 위해 노력해왔다. 이것은 망설임이나 자신감과는 상관이 없다. 말하기 습관의 하나일 뿐이다. 그리고 TED의 최고 인기 강연자들 중에서도 '음'과 '어'를 빈번하게 사용하는 사람이 많다. 즉 별로 큰 문제가 아니라는 뜻이다. 하지만 가능하면 사용하지 않는 것이 좋다. '음'과 '어'를 말하지 않는 데 초점을 맞추는 것만으로도 말하기 속도를 조절하는 데 도움이 된다.

말하는 속도를 늦추는 것은 또한 유창하고 조리 있게 말하는 데도 도움이 된다. 말을 시작할 때 '어'라고 말하는 대신 그냥 말을 멈춘 뒤 호흡해보라.

내 말에 동의하지 않는 사람도 있겠지만, 나는 연설이나 프레젠테이션에서 너무 천천히 말해 문제가 되는 경우는 없다고 생각한다. 물론 스탠드업 코미디는 예외다. 정보를 제공하거나 축하 연설을 하거나 비즈니스 협상을 하는 과정에서 천천히 말한 걸로 후회할 일은 없을 것이다. 특히 이것은 집단을 상대로 말할 때 효과적이다. 예를 들면, 나는 발표자에게 워크숍에서 지루해서 죽고 싶다는 생각이 들 만큼 아주 천천히 말하라고 조언한다. 그리고 발표가 끝나고 난 뒤 참가자들에게 피드백을 요청한다. 과연 어떤 반응을 들을까?

"환상적이고 명쾌했습니다."

그렇다, 사람들이 말하는 속도와 관련하여 힘들어하는 이유 중 하나는 긴장되고 불안한 동시에 그런 감정을 극복하고 싶기 때문이다.

"청중이 정말로 지루하게 생각하는 것은, 화자가 그들의 시간을 낭비하고 싶지 않다는 이유로 속사포처럼 말을 쏟아낼 때다."

캐롤라인 고이더의 이 말을 명심하라. 사람들이 당신의 이야기를 듣고 싶어 하는 이상 당신은 서두를 필요가 전혀 없다.

수줍음이 많고, 파티에서 여러 사람들과 잡담하는 것을 즐기기 않으며, 집단 내에서 많은 말을 하는 것을 좋아하지 않지만 자신이 대중 연설을 아주 잘한다는 사실을 발견하는 여성들이 많다. 나도 그런 여성들을 많이 알고 있다. 물론 그 반대의 경우도 있다. 모임에서 항상 분위기 메이커 역할을 하고, 집단 속에서 편안하게 말한다고 해서 그가 대규모 연설도 편안하게 생각할 거라고 짐작해서는 안 된다. 이 둘은 아주 다른 상황이며, 그런 만큼 화자의 마음 상태와 준비 모두 확실히 달라야 한다. 대중 연설과 관련해서는 어떤 것도 함부로 가정하지도, 예단하지도 마라. 특히 수줍음이 많거나 친구들끼리 있을 때만 편안하게 말할 수 있다는 이유로 대중 연설이 힘들 거라거나 당신에게 맞지 않을 거라고 속단하지 마라. 직접 해보지 않고 당신이 대중 연설을 잘하는지 아닌지 어떻게 알 수 있겠는가?

속도는 어디까지나 개인적인 부분이다. 그리고 빠른 것이 언제나

'나쁜' 것은 아니다. 나는 말하기 속도에 대한 부정적인 비판이 다른 사람들의 발표나 연설을 '까고' 싶어 하는 사람들의 입에서 나왔다고 생각한다. 종종 나는 사람들에게 보이는 자신의 모습을 개선하고 싶어 하는 여성들의 이야기를 듣는데, 그럴 때마다 그녀들이 공통적으로 하는 말이 있다. 반드시 해야 하는 말과 절대 해서는 안 되는 말에 대해 코치와 컨설턴트에게 조언을 받았다는 얘기다. 연설과 리더십의 종류는 매우 다양한데 왜 천편일률적으로 여성들은 특정한 방식으로 행동해야 한다고 생각하는 걸까?

내가 발성 지도를 해준 여성들 중에도 관리자나 동료에게 말을 좀 천천히 하라는 지적을 받은 여성들이 있었다. 그들을 좀 더 깊이 알게 된 후 나는 뜻밖의 사실을 발견했다. 그들은 두뇌 회전이 매우 빠르고 아이디어가 무척 풍부했다. 이런 사람들에게 필요한 것은 말하는 속도를 늦추는 훈련이 아니라 청중을 '읽는' 법과 반응에 귀를 기울이고, 반응을 관찰함으로써 청중의 속도에 맞출 수 있도록 자신을 '가르치는' 법을 배우는 것이다. 이것은 매우 미묘하고 개인적인 영역이다. 그렇기 때문에 상황과 맥락을 잘 판단해야 한다. 청중이 당신의 속도를 잘 따라오고 있는지, 꾸벅꾸벅 조는 사람은 없는지, 얼굴을 찌푸리는 사람은 없는지, 그리고 당신은 어째서 말을 빨리 하는지, 빨리 말하는 것이 청중에게 긍정적인 영향을 미치는지 아니면 그들을 더 힘들게 하는지 등을 판단해야 한다.

많은 내용을 전달해야 한다는 압박감에 사로잡혀 주제에 대해 자신이 아는 모든 것을 다 알려주려는 듯 말을 무척 빨리 하는 사람들이 있다. 그러나 15분짜리 프레젠테이션을 하면서 당신의 모든 지식을 동원할 필요는 없다. 세 가지 핵심과 결론을 말하는 것으로도 충분하다. 그것은 당신이 무언가에 대해 알고 있는 것의 겨우 몇 퍼센트만 보여줄 수도 있다. 하지만 사람들이 당신에게 말하는 속도를 늦추라고 할 때 그 속에는 당신이 그토록 열심히 하지 않아도 된다는 뜻이 담겨 있다는 것을 명심하라. 내용을 줄이고 속도를 늦춰도 아무 문제없다.

실수할 준비를 하라,
실패에 대비하라
—

버지니아 울프가 우리에게 주는 또 다른 훌륭한 교훈은, 실패에 대한 태도다. 울프는 실패에 대해 극단적일 만큼 개방적이고 솔직했다. 울프는 중요한 무언가를 말하기 전에, 수없이 자신을 의심하고 돌아보며 성찰했다. 현존하는, 그녀의 유일한 육성 기록이 "말문이 막힌다Words Fail Me"라는 제목의 BBC 시리즈를 위해 암송한 에세이라는 점은 우연의 일치가 아닐 수도 있다. 울프는 "말은 우리가 어떤 목적에 말을 '사용'하기 전에 먼저 생각하고 이야기하기를 바랄 뿐 아니라 우리가 잠시 말을 멈추고 또한 무의식적으로 말하기를 바란다"고 주장했다. 물론 이 메시지는 그녀가 글과 말로 표현한 것과 관련 있다. 하지만 그게 다가 아니다. 말과 말 사이의 공간도 못지않게 깊은 관련이 있다.

당연한 말이지만, 사람들 앞에서 말하기를 준비하는 것과 글쓰기 사이에는 많은 유사점이 있고, 울프 같은 작가는 그것을 잘 보여준다. 그러므로 당신은 말하는 것과 관련해 실패할 준비를 해야 하고, 실패를 바탕으로 나아지기 위해 노력해야 한다. 이것은 상당한 위험을 동반한 커다란 도박이다. 미국 현대문학의 거장 필립 로스는 자신의 작품에 대해 이렇게 말했다.

"지난 몇 년간 당신은 스스로의 미숙함에 대한 인내심을 키워왔다. 더 정확히 말하면 당신의 헛소리에 대한 참을성을 키워왔다. 당신의 헛소리에 대한 믿음을 가져라. 이것은 '헛소리도 계속 지껄이면 나아질 것이고, 매일 계속해서 헛소리를 지껄여라'라는 뜻이다."

이런 인내심은 소설을 쓰기 위해 필요한 자질일 것이다. 하지만 더 나은 소통을 하는 데 필요한 자질이기도 하다. 그렇다면 로스가 말한 '인내심'은 무엇일까? 항상 완벽하게 해내지는 못할 거라는 사실을 참고 견디는 것이다. 말인즉, 당신은 가끔 실수를 하고, 때로는 스스로를 비참하게 만들 것이라는 의미다. 그리고 이런 방법이 필립 로스와 버지니아 울프에게 효과적이었다면, 당신에게, 그리고 우리 모두에게도 효과적일 것이다.

그러나 자신의 실수와 실패를 인내하는 것은 엄청난 스트레스를 부르는 일이다. 특히 말하기와 관련해서는 더더욱 그렇다. 당연하다. 글로 된 '헛소리'는 출판하지 않으면 그만이지만 말로 나온 '헛소리'는 세상에 드러내지 않을 수 없기 때문이다. 당신의 '헛소리'가 효과적인지 아닌지를 확인하는 방법은 딱 하나다. 사람들 앞에서 그것을 공개적으로 말해 보면 된다. 만약 소설가들이 자신의 모든 헛소리를 세상에 보여줘야 한다면 아마도 소설가의 수는 지금보다 훨씬 적을 것이다. 정확히 계산해 보지는 않았지만, 나는 생전 처음 스탠드업 코미디를 시도하는 사람보다 일 년 동안 출판되는 소설의 수가 훨씬 더 많을 거라고 생각한다. 정말이지 이것은 흥미로운 일이다. 노력의 측면에서 보면 소설을 쓰는 것보다 스탠드업 코미디를 시도하는 것이 훨씬 쉽기 때문이다. 하지만 내가 위험 부담이 크다고 말한 의미를 잘 생각해봐야 한다. 우리는 사람들 앞에서 공개적으로 실패하는 것을 두려워한다. 두려움이 너무 큰 나머지, 공개적인 장소에서 5분간 연설을 하느니 3년간 남몰래 소설 쓰는 일을 택할 것이다.

이 문제의 핵심은 우리가 과정보다 결과를 훨씬 더 많이 두려워한다는 데 있다. 이런 두려움은 투쟁-도피 반응 상태에서 아드레날린이 분비되는 것과 비슷한 상황이다. 어떤 사람들은 두려움이 너무 큰 나머지 목숨이 위험에 처한 것처럼 느끼기도 한다. 내 경험을 통해 볼 때 청중은 당신에게 무관심하거나 가끔은 노골적으로 적의를 드러낼지는 몰라도 당신을 죽이려는 사람은 없다. 어쨌든 의도적으로는 그러지 않을 것이다. 세계적인 동기부여 코치인 브렌던 버처드는《두려움이 인생을 결정하게 하지 마라》에서 이렇게 말했다.

"오늘날 우리가 경험하는 거의 모든 두려움은 물론이고 그 두려움에 겁을 먹은 소심한 생각과 행동은 통제되지 않는 정신 과정과 조건화가 만들어낸 상상의 드라마에 불과하다. 우리는 거절당하거나 소외되기니 혹은 버려질까봐 두려워한다. 그러나 산 채로 잡아먹힐까봐 겁내지는 않는다."

이런 통제되지 않은 두려움은 버지니아 울프의 '집안의 천사'와 매우 비슷하다. "어차피 능력의 한계를 극복할 수 없으니 괜히 힘 빼지 말라고, 다른 사람들이 우리를 판단할 거라고, 상상조차 할 수 없는 끔찍한 일이 발생할 거라고" 속삭이는 우리 내면의 목소리 말이다. 이에 대해 울프는 "텅 빈 원고지를 보고 느낀 불안감 혹은 다른 원인으로 얼이 빠져버린 내 마음은 마치 길을 잃은 아이 같아요. 집안을 배회하며 계단에 앉아 훌쩍이는 아이요"라고 썼다.

우리는 이런 불안감과 두려움을 떨쳐버리고 눈앞의 일에 초점을 맞춰야 한다. 연설문의 원고를 쓰고, 연설할 기회를 찾아 붙잡고, 그것을 해내야 한다. 그렇게 할 수 있는 방법은 버지니아 울프처럼 행동하는 것이다. 말하는 속도를 늦추고, 호흡을 하며, 연설과 하나가 되어 연설을 즐겨라.

◆ 요령과 비결 ◆

— 말하는 속도는 주로 호흡에 의해 결정된다. 호흡을 무시하는 것은 스스로를 위험에 빠뜨리는 무모한 짓이다. 느긋한 마음으로 편안하게 말하는 중간중간 자연스럽게 잠시 말을 멈추는 것은 말을 잘하기 위한 효과적인 방법이다. 사람들 앞에서 말하기 전에 혹은 말을 시작하면서 호흡에 잠깐 집중하는 것만으로도 긴장이 풀릴 것이다. 말하는 중간에 이 방법을 사용해보라. 청중은 당신의 생각을 받아들이고, 당신이 한 말을 이해하기 위한 시간이 필요하다. 당신이 말을 멈추고 숨을 쉴 때 그들에게 그런 시간을 줄 수 있다. 말하는 속도는 종종 불안감에 의해 좌우되고, 그 불안감은 다시 호흡으로 통제될 수 있다. 당신이 말을 빠르게 하는 편이라면, 이 사실을 염두에 두고 잠시 말을 멈춰라. 똑바로 서서 땅을 밟고 있는 발바닥을 느끼며 뇌를 위장에 넣는다고 생각하며 발로 호흡하라. 긴장을 풀어라. 생각을 정리한 다음 다시 시작하라.

— 말을 시작하고 어느 정도 지나서 속도가 너무 빠르다는 사실을 깨달았다면 과감히 그것을 인정하고 말을 멈춰라. "제가 지금까지 말한 내용을 소화할 수 있게 여러분께 시간을 드릴게요"라고 말하면 된다. 그런 다음 심호흡을 두어 번 한 뒤 청중이 좀 더 쉽게 이해일 수 있는 속도로 말을 이어가라.

108

— 당신의 말하기 속도는 청중이 몰입하게 하는 데 큰 영향을 준다. 뿐만 아니라 당신이 청중에게 얼마나 귀를 기울이고 있으며, 그들이 당신을 잘 따라오는지 확인하는 것과도 연관이 깊다. 문학 강연에서 청중의 몰입도가 이후의 판매 부수에 영향을 미치는 것이 좋은 예다. 이 말은 작가가 천천히 말할수록 책이 더 많이 팔린다는 뜻이 아니라 청중의 몰입도를 주의 깊게 관찰해야 한다는 뜻이다. 버지니아 울프도 강연을 통해 이런 상관관계를 발견하지 않았을까 싶다.

───────── ♦ 실전 훈련 ♦ ─────────

— 휴대전화로 당신이 말하는 것을 녹음하라. 일상적인 상황보다는 어떤 것이든 행사에서 발언할 때의 목소리를 녹음하는 것이 좋다. 만약 그렇게 할 수 있는 기회가 없다면, 가상의 1분짜리 연설을 하면서 녹음하라. 그리고 시간이 날 때마다 그것을 들어보라. 이렇게 하면 크게 두 가지 이점이 있다. 첫째, 당신의 목소리를 듣고 스스로를 분석하는 훈련을 할 수 있다. 둘째, 말하는 속도를 조절하는 데 효과적이다. 충분히 천천히 말하는가? 속도를 늦추거나 속도를 올릴 수 있었던 부분이 있지는 않았는가? 말하기에서 중요한 요소 가운데 하나는, 사람들에게 당신의 말이 어떻게 들리는지 직접 들어보고 그들에게 어떤 인상을 주는지 객관적으로 분석하는 것이다. 이 능력은 연습을 통해 좋아질 수 있다.

— 다음번에 회의에 참석하거든 당신의 말하는 속도는 물론이고 다른 참석자들의 속도도 유심히 살펴보라. 당신이 천천히 말할 때 사람들이 더욱 귀를 기울이는지, 억지로라도 불편할 만큼 천천히 말할 수 있는지 확인하고, 그것이 어떤 차이를 가져오는지도 살펴라.

— 회의나 취업 면접 혹은 중요한 대화를 나눌 때는 결론 부분에서 명확히 하거나 말하는 도중에 정말로 언급하고 싶은 것을 정하라. 그리고 그것을 기억하기 쉽도록 간결하게 요약하라. 또한 그것을 느리고 신중하게 말하는 연습을 하라. 어떤 대화에서건 청중에게 반드시 이해시키고 싶은 메시지가 있을 것이다. 그런데 당신은 그것을 툭 내뱉거나 중얼거리듯 불분명하게 말할 수도 있다. 이제부터는 그러지 마라. 그것이 당신에게 어떤 의미가 있는지 초점을 맞추고, 천천히 말하겠다고 다짐하라. 이런 식으로 질문 형태로 물어볼 수도 있다. "제 말은 여기까지입니다. 당신의 대답은 언제 들을 수 있을까요?", "제가 거기에 동의할 수 있을까요?", "그 임금 인상 제안을 받아들일 수 있습니까?"(이건 정말 중요한 문제이며, 버지니아 울프가 원했을 만한 질문이다.)

5장

오프라 윈프리라면 어떻게 할까

: 시간이 다 됐다, 입이 마른다, 신념의 힘

Michelle Obama

Amy Cuddy

Virginia Woolf

Oprah Winfrey

Joan Rivers

Joan K. Rowling

Chimamanda Ngozi Adichie

Angela Merkel

열정과 지혜,
경험을 보여줘라

◆

강력한 신념은 커다란 힘을 발휘한다. 이에 대한 모범사례는 오프라 윈프리다. 강한 신념은 그냥 주어지지 않는다. 오프라 역시 오랜 시간에 걸친 노력 끝에 그것을 얻었다. 그녀는 위대한 연설가다. 또한 전 세계에 울림을 주는 경이로운 순간을 많이 경험했다. 그중에서도 2018년 1월 골든글로브 시상식에서 세실 B. 데밀상을 수상한 순간이 가장 특별했다. 평생 영화와 엔터테인먼트 산업에 기여한 사람에게 수여하는 공로상의 주인공이 된 그녀의 수상 연설은 순식간에 전 세계로 퍼졌고, 그녀의 유튜브 영상은 1,000만이 넘는 조회수를 기록했다.

사람들이 그녀의 영상을 이토록 사랑하는 이유는 무엇일까? 그녀가 그날 입은 아틀리에 베르사체의 검은색 벨벳 롱드레스 때문일까? 아니면 그녀가 착용한 캣츠아이 안경에서 뿜어져 나오는 '난 지금 진지한 연설을 하는 중이에요'라는 효과 때문일까? 그것도 아니면 반세기 동안 자신의 마음을 솔직하게 표현하고, 마침내 누가 자신을 어떻게 생각하든 신경 쓰지 않게 된 시간에서 비롯한 강한 신념 때문일까?

당연한 말이지만, 그녀의 영상이 인기 있었던 이유는 내용 때문이다. 그것은 미투와 타임즈업이 시작된 이후 여성의 입을 통한 첫 번째, 그리고 중요한 대중 연설이었다. 도널드 트럼프가 백악관의 주인이 되고 1년이 흐르는 동안 그를 공격하며 그에게 각을 세운 여성은 한 명도 없었다. 이 부분에 대해서는 반문하는 사람도 있을 것이다. 2017년 미국 전역에서 벌어진 여성들의 행진에서 마돈나와 여성인권운동가 글로리아 스타이넘을 포함한 많은 여성들이 트럼프 대통령을 성토하지 않았냐고 따질 수 있다. 그러나 이런 연설과 발언들은 적절한 오디오 시스템이나 녹화 시스템이 전혀 갖춰지지 않은 상태에서 대규모 청중이 지켜보는 가운데 현장에서 진행되었다. 또한 이 중 어떤 것도 발언자와 연설가들이 바라는 효과를 내지 못했다. 어느 모로 보나 오프라의 수상 연설은 작심하고 한 발언이 분명했다. 오프라는 골든글로브 시상식 무대가 이런 주제를 다룰 절호의 기회라 판단했고, 자신이 할 수 있는 최대한의 영향을 미치고 싶었던 것이 분명했다.

내용은 차치하고라도 (사실 내용도 정말 훌륭했지만) 연설 자체가 최상급의 연설 수업이었다. 행복하고 품격 있는 상위층, 현재에 온전히 존재하는 프레즌스, 그리고 말하는 속도의 완급을 조절하는 뛰어난 능력이 전부 녹아 있었다. 게다가 그녀의 연설은 현장 관객들에게 영향을 미치는 것을 넘어 TV프로그램 제작에 평생을 바치고 카메라 앞이 제 집만큼 편안한 사람만이 보여줄 수 있는 것이었다. 다시 말해 그녀의 연설은 현장 관객들에게는 물론 이후 영상을 본 사람들에게도 똑같은 감동을 주었다. 개인적인 것과 보편적인 것을 이상적으로 결합한 결과였다. 오프라는 연설에서 이런 '황금 레시피'를 명백히 보여주었다. 한편으로는 그녀가 평생 일궈온 개인적인 성취와 관련해서, 다른 한편으로는 그 모습을 통해 사람들에게 전달하려는 메시지와 관련해서였다. 오프라는 골든글로브 시상식에서 흑인 여성 최초로 공로상을 받았는데, 이는 흑인 문화가 축하 받는 기념비적인 순간이자 오프라 개인에게도 매우 중요한 의미였다.

이제 오프라 윈프리의 연설 영상을 보자. 평생 공로상 수상자로 호명된 오프라가 박수갈채를 받으며 무대에 오른 뒤 시상자인 리즈 위더스푼을 향해 다가간다. 이 순간부터 오프라는 '공간을 장악'하는 살아 있는 화신이 된다. 그녀는 분위기에 휩쓸리지 않고 자신의 속도에 맞춰 천천히 움직인다. 관객들의 우레와 같은 박수와 쏟아지는 환호에 압도당하기는커녕 온전히 즐기는 모습이다. 그녀는 기립박수를 보내는 관객들에게 몇 번이나 감사 인사를 한다. 그럼에도 박수가 끊이질 않자 관객들을 진정시키고 자리에 앉게 만들 방법을 찾는다.

"알았어요, 알았어요. 고마워요, 리스."

마치 교사가 학생들에게 이제 흥분을 가라앉히고 수업에 집중할 시간이라고 말하는 듯하다. 그리고 신기하게도 그것이 먹힌다. 그녀가 두 번째 손가락을 세워 이제는 조용히 귀를 기울일 시간이라는 신호를 보내자 드디어 관객들이 자리에 앉는다. 곧 교훈적인 이야기가 시작된다는 신호였다. 오프라는 내가 '표지판signposting'이라고 부르는 무언가의 달인이다. 그것은 화자가 청중에게 어떻게 행동해야 하는지를 보여주는 정서적이고 신체적인 단서를 말한다. 그녀는 그런 단서를 간단하면서도 아주 강력하게 제시한다.

잘 보세요
내가 보여드릴게요
—

오프라 윈프리는 우리의 주의가 지속되는 시간을 컨트롤하고, 우리의 감정을 마음대로 주무르며, 만족을 지연시키는 데 있어 독보적인 능력을 발휘한다. 그녀는 신중한 어조로 천천히 말하고, 서두르지 않으려 매우 조심한다. 그리고 메시지를 강조하고 긴장감을 자아내기 위해 손동작을 사용한다. 청중석에서 수차례 박수가 터져 나오지만, 오프라는 손을 들어 자신의 말이 끝나지 않았으니 박수를 멈추라는 신호를 보내는 등 모든 순간을 완벽히 통제한다. 청중이 스스로 멈출 때까지 박수를 치게 내버려두는 연설가들이 얼마나 많은지 생각해보라. 그것은 공간을 장악하는 것이 아니다. 오프라의 행동은 "당신들이 아닌 내가 이곳의 주인이다. 내 지시에 따라서 박수를 쳐야 한다"는 메시지를 확실히 보여준다. 게다가 연설하는 내내 그녀는 자신의 톰을 입격히 통제하며 거의 움직이지 않는다. 또한 연단 뒤에서 말하는 것이 아니라 스탠드 마이크를 사용한다. 연단을 사용하지 않으면 화자는 청중에게 더 많이

'노출'되고, 당연히 청중의 눈과 귀가 더 많이 쏠린다.

특히 오프라는 연설 중에 사람들의 관심을 돌리고 자신의 생각을 연결시키기 위해 '담화 표지(marker, 전후 관계, 명확한 표현, 화자의 감정을 드러내는 표현 등 이야기를 전개하는 데 도움을 주는 특정한 표현들을 말한다./옮긴이)' 문구를 많이 사용한다. 예를 들면 "저는 이렇게 생각합니다", "확신하건대"와 같은 것들이다. 이는 청중에게는 그녀의 말을 받아들이고 이해할 시간을 주고, 그녀에게는 숨을 쉴 수 있는 시간을 벌어준다. 오프라는 9분짜리 수상 소감을 발표하는 내내 스스로 속도를 조절하고, 관객들이 흥분할 때도 자제력을 발휘했다.

눈여겨볼 점은 또 있다. 오프라는 연설 중 두 군데 지점에서 분위기가 고조하기를 바라면서도 너무 일찍 절정에 다다르지 않도록 능숙하게 조절했다. 첫 번째 지점은 그녀가 "이제 그들의 시간은 끝났습니다 Time's up"라고 힘주어 말한 다음 잠시 말을 멈춘 순간이다. 이 단순한 문장은 시상식장을 가득 채운 관객들이 하나둘 자리에서 일어나는 시간을 벌어주었다. 그리고 박수 소리가 점점 커지는 동안 오프라는 이 말을 두 번 반복했다. 이것은 박수소리를 끊고 말을 이어가기보다, 박수소리가 저절로 가라앉기를 기다리고 싶을 때 어떻게 하면 좋을지를 보여주는 매우 좋은 예다. 말을 반복하거나 침묵하며 기다려라. 여기서 우리는 오프리가 이 말을 하면서 목소리를 높여 "이제 그들의 시간이 끝났습니다"라는 메시지의 힘을 어떻게 강화하는지 주목해야 한다.

두 번째 지점은 관객들이 클라이맥스라고 생각하는 순간에 진짜 클라이맥스를 보여준 순간이었다. "새로운 날이 동트고 있습니다." 정치적인 구호인 이 부분에서 그녀는 의도적으로 목소리를 크게 높였다. 그리고 바로 이 순간 오프라는 지금까지 고수해온 자중자애하고 TV프로그램 진행자 위치에서 벗어나 마치 복음전도사와 같은 모습으로 완벽하게 변신했다. 정말이지 롤러코스터를 탄듯 짜릿했다.

오프라 윈프리의 연설을 듣고 보는 것은 현장에서 설교자의 설교를 직접 듣는 것과 매우 흡사하다. 오프라는 마이크나 스크린이 전혀 필요하지 않은 사람이다. 그녀에게는 내면 깊숙한 곳으로부터 뿜어져 나오는 강인함과 자신감, 그리고 힘이 있기 때문이다. 마치 빌리 그레이엄 목사가 환생한 듯하다. '복음주의의 대부'로 불리며 여러 미국 대통령의 영적 지도자로 칭송받던 빌리 그레이엄은 세계 최초 TV복음전도사로 널리 알려진 인물이다. 브이로그가 세상에 나오기 훨씬 전에 활동한 일종의 종교인 유튜버라고 볼 수 있다. 논란이 분분하긴 하지만 그에게는 분명 매력적인 무언가가 있었다. 1940년대부터 유튜브와 TED 토크가 탄생하기 수년 전인 2005년 설교자 활동을 그만두고 은퇴할 때까지, 그는 미국인들에게 대중 연설에 관한 한 뛰어난 역할 모델이었다. 이 부분에 대해서는 부정하지 못할 것이다. 당신이 복음주의 기독교에 대해 어떻게 생각하든, 그의 설교 스타일과 매력은 믿기 힘들 만큼 대단하다. 그와 비슷한 스타일을 본 적이 있는데, 바로 해리 왕자와 메건 마클의 혼배미사를 진행한 마이클 커리 주교이다. 그러나 종교인이 아닌 데다 여성에게서 이런 식의 연설을 보고 듣는 것은 극히 드문 경험이다. 오프라 윈프리가 딱 이런 경우에 해당한다.

불굴의 신념을
보여주는 법

―

이런 '설교자' 스타일의 사람들은 청중의 관심을 이끌어내고 유지할 줄 아는 능력을 가지고 있다. 그중에서도 특히 오프라가 가진 비장의 무기는 '극단적인 신념'이다. 오프라는 라이브 행사에서도 최소 한 시간은 대본 없이도 너끈히 진행할 수 있는 능력을 가지고 있다. 이러한 능력은 어디서 나올까? 확실한 근거를 토대로 말하는 데서 나온다. 사실 대부분의 사람들은 근거를 성공적으로 전파하기는커녕 그런 근거를 정립하는 것조차 불가능하다. 2018년 골든글로브 수상 연설에서 졸업식 연설에 이르기까지 자타가 공인하는 그녀의 연설 무기는 견고하고 명확한 아이디어를 표현하는 능력에 있다. 그렇다면 그 비결은 무엇일까? 바로 고도의 집중력과 강렬한 눈맞춤을 유지하는 것이다. 나는 이런 특성이 어느 정도는 선천적인 것이라 생각한다. 그리고 이것은 그녀의 경험과 극단적인 솔직함, 행복하고 품격 있는 '최상위층'의 태도가 결합된 결과물이기도 하다.

나는 이것을 가까이에서 직접 경험했다. 2011년 10월 조지아 주 애틀랜타에서 열린 〈오, 더 오프라 매거진〉 컨퍼런스에 참석한 자리에서였다. 나는 수백 명의 여성들과 함께 오프라의 1시간짜리 '설교'를 들었다(설교라는 말 외에 달리 표현할 길이 없다.). 그날 '설교'의 주제는 '당신의 힘에 접근하는 방법'에 대한 것이었다. 그날 강연에서 가장 흥미로웠던 것 중 하나는, 오프라가 청중을 거의 무아지경 상태로 만들었다는 점이다. 그녀는 지극히 정적인 자세와 세심하게 연출된 동작을 조화롭게 섞어가며 청중이 자신에게 온전히 몰입하게 만들었는데, 얼마나 대단했는지 최면술사도 울고 갈 지경이었다. 그녀는 통제된 방식으로 사람들의 관심이 자신을 향하게 만들기 위해 신체를 적절히 활용했다. 어렵고 까다로운 얘기를 할 때는 목석처럼 거의 움직이지 않은 반면 격식을 벗어던지고 조금 편안하게 말하거나 농담을 할 때는 무대를 왔다 갔다 했다. 덕분에 청중은 자신이 마치 강연의 일부가 된 듯한 기분을 느꼈다. 여담이지만, 나는 내 의자 아래에 자동차 키가 붙어 있지 않다는 사실을 확인한 순간 크게 실망하고 말았다. (오프라는 언젠가 자신이 진행하는 TV쇼에서 방청객 전원에게 자동차를 1대씩 선물한 적이 있는데, 의자 아래에 테이프로 열쇠를 붙여 놓았다.)

마치 어제 일인 듯 그날의 강연을 기억하게 하는 두 가지가 있다. 첫째, 오프라는 논란의 여지가 다분한 복잡한 이야기를 아주 간단명료하게 전달했다.

"나는 근원에서 나왔고, 근원으로 돌아갈 겁니다."

느리지만 신중했던 그녀의 목소리가 지금도 귀에 쟁쟁하다. 이때 오프라는 목회자가 복음교회에서 설교할 때나 사용할 법한 투로 말했다. 이에 강연장 곳곳에서 사람들이 동요했고, 동시에 "음, 음" 하면서 웅얼거리는 소리가 들렸다. 마치 마이클 커리 주교가 해리 왕자와 메건 마클의 결혼식 연설을 하는 동안 오프라가 보여준 반응과 같은 것이었다. 그래도 아이디어 자체가 매력적이었고, 또 그날의 주제는 다른 장소에서 다루기 어려운 것이었다.

그녀가 말하고자 한 핵심은, 우리는 모두 똑같은 곳에서 태어났고 똑같은 곳으로 돌아간다는 것이었다. 이는 곧, 우리는 모두 평등하고 우리 중 누구도 특별하지 않다는 뜻이었다. 그럼에도 불구하고 우리 모두는 위대한 일을 할 수 있는 능력이 있다는 의미이기도 했다.

둘째, 오프라는 그 말을 한 직후에 강연을 마무리했다. 그런데 바로 이때 예상치 못한 행동을 했다. 구두를 벗은 것이다. 그녀의 구두는 특허 받은 빨간색 밑창으로 유명한 크리스찬 루부탱의 하이힐로, 그날도 어김없이 빨강색 밑창은 무대 조명을 받아 반짝거렸다. 사실 그녀는 강연 중 언제라도 구두를 벗음으로써 자신이 전달하고 싶은 메시지를 표현할 수 있었다. ("나도 여러분과 똑같아요. 명품 구두를 살 만한 여유는 충분하지만 이렇게 굽 높은 구두를 신으면 정말 괴로워요.") 어쨌든 그 돌발 행동으로 그녀는 그녀가 전달하고자 한 메시지를 효과적으로 강조했다.

"우리 모두는 자신이 멋지고 특별하다고 생각하죠. 하지만 그렇지 않아요. 그저 우리는 멋진 구두를 신고 있을 뿐이에요. 그리고 원할 때면 언제라도 구두를 벗어버릴 수 있어요."

이것은 또한 그녀가 보여주는 아주 친밀한 순간이었다. 화장을 지운 그녀의 민낯을 보거나 개인적인 공간에서 그녀를 만난 것처럼 말이다. 그것이 보여주기 위한 행동이었음은 두말할 것도 없다. 하지만 그녀는 의도한 목적을 충분히, 그리고 훌륭히 달성했다. 이것이 바로 그녀가 대중에게 신념을 납득시킬 때 사용하는 방법이다.

"나는 정말 진심이에요. 이 모든 게 정말 진짜예요. 이건 내 전부예요. 나는 여러분을 위해 여기에 있어요."

오프라를 싫어하고 내 말에 동의하지 않는 사람도 분명 있을 것이다. 오프라 역시 모두를 위해 사는 사람이 아니다. 그러나 그녀를 직접 보고도 그 매력에 빠지지 않을 자신이 있다면, 어디 한번 해봐라. 이것이 바로, 행복하고 품격 있는 최상위층의 살아 있는 화신인 오프라의 전형적인 모습이다. 솔직히 나는 오프라보다 더 행복하고 품격 있는 상위층이 있을 거라고 생각하지 않는다.

또한 그녀는 현재에 온전히 존재하며, 말할 때 결코 서두르는 법이 없다. 그날 강연에서도 극단적일 만큼 천천히 말했고, 하나의 아이디어를 말한 다음에는 한참 동안 말을 멈추었다. 그녀가 자신의 모든 연설에 덧붙이는 깜짝 이벤트는 친밀함을 보여주기도 하지만 그녀의 약점을 드러내기도 한다. 하지만 이를 통해 그녀는 청중에게 자신의 진정한 신념을 보여준다. 근원으로 돌아간다는 이야기나 그녀가 그것을 표현한 강력하고 과장된 방식은 보는 사람에 따라 자칫 지나치게 느껴질 수도 있다. 부와 권력, 영향력을 다 가진 지금도 여전히 겸손하고, 사람들이 보는 앞에서 맨발로 걸을 수 있음을 보여주기 위해 일부러 허리를 굽혀 구두를 벗는 '쇼'를 한다고 생각할 수 있다. 그러나 오프라에게 있어 그것은 의미 없는 몸짓이 아니었다. 마음속 깊은 곳에서 우러나온 진심이었다.

이것이 바로 오프라가 우리에게 주는 훌륭한 교훈이다. 이것은 쉽게 배울 수 있는 것이 아니다. 그 누구도 하룻밤 새에 오프라가 될 수는 없다. 오프라 역시 하룻밤 새에 오늘날의 오프라가 된 것이 아닌 것처럼 말이다. 또한 극단적인 신념이 없는 이상 "나는 근원에서 나왔고, 근원으로 돌아갈 겁니다"라고 당당히 말할 수도 없다. 오프라와 같은 신념을 갖지 못하는 이상 그 누구도 무대에서 아무렇지 않게 루부탱 구두를 벗지 못할 것이다.

스스로를
특별한 존재로 만드는 방법
—

오프라 윈프리가 강력한 신념으로 무장할 수 있었던 데는 세 가지 이유가 있다. 첫째, 그녀는 대중 앞에서 말하는 것이 편안하기 때문이다. 둘째는 그녀가 사용하는 수사적 기법들 덕분이다. 그리고 세 번째는 그녀가 이야기라는 장치를 사용하기 때문이다.

먼저 오프라가 수사적 기법들을 어떻게 사용하는지 살펴보자. 그녀는 청중에게 아주 많은 질문을 던진다. "제가 ⋯⋯라고 한 말이 무슨 뜻인지 이해하세요?", "혹시 ⋯⋯같은 기분이 들었던 적이 있나요?" 또한 오프라는 직접적으로 호소하며, 자신이 1인칭일 때는 청중을 2인칭으로 부른다. "제가 여러분에게 ⋯⋯라고 말할 때 그게 무슨 뜻인지 여러분은 잘 압니다", "여러분이 그런 것을 볼 때 여러분은 무엇을 해야 하는지 잘 알죠", "여러분은 제가 무슨 말을 하는지 잘 알고 있어요"처럼 말이다. 이런 표현은 청중에게 지금 우리는 같은 경험을 공유한 친구 사이처럼 친밀한 대화를 하고 있다는 느낌을 줄 수 있다. 즉 일방적인 연설이 아니라 '우리 모두'가 함께하는 연설이라는 느낌을 줄 수 있다.

오프라의 20~30년 전 영상을 보면 지금의 연설 스타일이 그녀가 배워 다듬고 발전시킨 것이라는 사실을 단박에 알 수 있다. 내 말을 오해하지 않기 바란다. 30년 전의 그녀가 방송인으로서나 인터뷰 진행자로서 훌륭하지 않았다는 말이 아니다. 그녀는 언제나 훌륭했다. 다만, 1980년대에는 종종 의욕이 넘치다 못해 과하고, 때로는 그녀가 불편해한다는 인상을 준다. 그러나 오프라가 누구인가. 그녀가 누구보다 잘하는 일이 자신의 스타일을 매 순간에 맞추는 것 아닌가. 그녀가 배우이자 공인인 이유도 바로 여기에 있다. 가령 인터뷰를 하면서 질문을 하되 전면에 나서지 않고 뒤로 물러나는 역할이 적절하다면 그녀는 그렇게 할 수 있다. 반대로 청중을 휘어잡고 강력한 힘을 보여주면서 마치 대통령처럼 보일 필요가 있을 때도 그녀는 그 역할을 훌륭히 해낼 수 있다. 오프라는 모든 순간에 '생생히 살아 있고', 모든 청중의 말에 귀를 기울인다. 2011년 내가 그녀의 '설교'에 참석했을 때 거기 모인 청중만 해도 2,000명은 되어 보였다. 나는 이제껏 어떤 연설가에게서도 오프라처럼 '그 사람이 오직 나한테만 이야기한다'는 기분을 받아본 적이 없다.

나는 오프라가 '말하기에 관한 교본 같은 존재'라고 생각한다. 그만큼 배울 점이 아주 많다는 뜻이다. 그중에서도 가장 중요한 교훈을 꼽으라면 '노출'과 '끈기'라고 말할 것이다. 그녀는 수많은 사람들과 인터뷰했고, 그 경험을 바탕으로 위대한 인터뷰어가 되었다. 그녀가 TV 생방송을 진행한 시간을 다 합쳐 보면, 전 세계를 통틀어 그녀보다 많은 사람은 거의 없을 것이다. 이것은 수백만 명이 지켜보는 가운데 실수를 하고 일을 망쳤어도 다음날 같은 일을 반복해야 한다는 뜻이기도 하다. 그녀가 성공적인 연설을 할 수 있었던 일등공신으로 강한 투지를 꼽는 것은 당연한 일이다.

언젠가 오프라는 자신의 가장 큰 자신감에 대해 "기꺼이 취약해지고자 하는 의지에서 나온다"고 말했다. 그런 의지는 어느 날 갑자기 사람들 앞에 나가 말한다고 해서 저절로 생기는 것이 아니다. 경험이라는 비옥한 토양이 있어야만 가능하다. 취약함이란 사람들 앞에서 처참히 무너지고, 그 실패를 인정하며, 실패에 대한 책임을 받아들이고, 다시 열심히 파헤칠 수 있다는 뜻이다. 오프라는 이를 자신의 업으로 삼았다.

나는 말하기 워크숍을 진행하면서 자신의 취약한 부분을 불편하게 생각하는 사람들을 많이 보았다. 취약함은 연설 중 몸을 사리게 만드는 가장 큰 원인이다. "연설을 망치면 어쩌지?", "내가 바보란 걸 사람들에게 들키면 어쩌지?", "사람들이 내가 무능하다고 생각하면 어쩌지?"

집단 활동을 할 때 내가 시도하는 것이 있다. 사람들은 누군가가 실수할 때 되레 아주 좋아한다는 사실을 직접 보여주는 것이다. 단, 조건이 있다. 실수를 하되 그것을 대수롭지 않게 여기면서 자연스럽게 행동하면 사람들은 무척 좋아하는데, 이걸 보여주는 것이다. 예를 들면 무대로 올라오다가 발을 헛딛거나 마이크를 떨어뜨리거나 멍청한 질문을 하는 것이다. 일부러 실수를 해야 한다는 말이 아니다. 누구도 당신이 완벽하기를 기대하지 않는다는 사실을 알라는 것이다. 그래, 실수했다. 그런데, 그게 뭐 어때서? 그래, 말 좀 더듬었다, 그게 뭐 대순데? 정말 아무 일도 아니다. 실수에 관대해지고 편안해져라. 그러면 사람들도 당신을 좋아하고, 이전보다 더 당신의 연설을 즐기게 될 것이다.

기꺼이
취약한 모습을 드러내라

―

오프라가 자신의 힘을 강화하고 신념을 강조하기 위해 사용하는 또다른 방법이 있다. 바로 움직임을 통제해 정적인 자세를 취하는 것이다. 오프라는 무대 위를 이리저리 움직임으로써 무대를 '휘어잡으려' 하지 않는다. 몸을 가능한 적게 움직이고 청중이 자신에게 다가오도록 만들어 무대를 '장악'한다. 뿐만 아니라 오프라는 손의 움직임을 최소화하고 손을 신중하게 사용한다. 그녀가 극단적인 부동자세를 유지하는 것은 아니지만 머리와 손을 움직이는 방식에는 상당한 자제력과 절도가 녹아 있다. 다시 말해 그녀가 머리와 손을 사용하는 것은 의도하는 목적이 있다. 청중의 주의와 관심을 끌고 자신의 메시지를 강조하기 위함이다. 오해하지 마라. 그녀가 머릿속으로 철저히 계산해서 그렇게 한다는 말이 아니다. 적어도 나는 그렇지 않다고 생각한다. 물론 그녀가 많은 연설을, 특히 골든글로브 수상 소감 같은 연설들을 예행연습 없이 즉흥적으로 했다고 보지는 않는다. 결론부터 말하면, 그녀는 이 모든 것을 무의식적으로 한다.

어떻게 그럴 수 있을까? 자신이 연설에서 주장하는 메시지는 물론 그 이면의 생각이나 감정들과 유기적으로 긴밀하게 연결되어 있기 때문이다. 이것은 우리 같은 일반인이 배우기엔 어려운 측면이다. 우리 중 그 누가 오프라의 골든글로브 수상 소감처럼 의미 깊은 연설을 할 수 있겠는가. 예를 들면 오프라가 1964년 시드니 포이티어(주로 흑인 차별을 정면으로 비판하는 영화들에 출연한 미국 배우/옮긴이)가 아카데미 시상식에서 흑인 최초로 남우주연상을 수상하는 장면을 보고 있는데 때마침 청소부로 일하던 어머니가 일을 마치고 파김치가 된 몸으로 퇴근하던 기억을 떠올린 것처럼, 우리도 그렇게 할 수 있을까? 아니면 미셸 오바마가 흑인 노예들이 지은 백악관에서 그들의 후예인 자신의 딸들이 성장하는 모습을 지켜보는 기분을 설명하는 연설을 할 수 있을까?

당신을 안심시키기 위해 말하는데, 우리 중 누구도 이렇게 유의미한 연설을 반드시 해야 할 필요는 없다. 그러나 우리는 오프라가 위험을 감수한 것과 같은 방식으로 위험을 감수할 수는 있다. 한편으로는 그녀이기에 위험을 감수하기가 쉬워 보이는 것도 사실이다. 그녀는 엄청난 부자인 데다 막강한 힘과 권력을 가지고 있으니 말이다. 하지만 그런 그녀도 지금껏 수없이 많은 실패를 경험했고, 심지어 2010년대 초반 자신의 이름을 내건 TV방송국을 설립하려다 실패한 뒤에는 신경쇠약에 걸렸었다고 고백하기도 했다. 또한 그녀는 맡은 배역을 연기하느라 자신의 안전지대에서 억지로 나올 수밖에 없었을 때 무대공포증을 앓았다고도 솔직히 말했다. 그녀는 자신이 제작하고 HBO에서 방영한 〈헨리에타 랙스의 불멸의 삶〉에 출연할 당시를 이렇게 회고했다.

"무대에 오를 때마다 주변의 모든 사람이 나보다 더 많이 아는 것 같았어요. 그런 기분이 들 때는 사람들이 무엇을 하고 있는지를 잘 아는 누군가에게(즉 감독에게) 믿고 맡기는 수밖에 없죠. 내가 딱 그 짝이었어요."

이것은 정말 좋은 충고다. 당신이 무엇을 하고 있는지 모를 때는 그것을 잘 아는 사람에게 운전대를 넘기면 된다.

훗날 오프라는, 골든글로브 연설을 앞두고 평소답지 않게 신경이 매우 날카로웠다고 말했다.

"내가 생각했던 것보다 훨씬 더 긴장했던 게 틀림없어요. 예전에는 입이 바짝 말랐던 적이 한 번도 없었거든요. 한창 연설을 하고 있는데 더는 입술을 움직일 수 없을 거 같다는 생각이 들었죠. 어떻게든 입술을 떼야 했기 때문에 한 자 한 자 똑똑히 발음했어요."

그녀의 연설을 다시 본다고 한들 당신은 그녀가 언제 이런 상황이었는지 찾아내지 못할 것이다. 그녀가 또박또박 말하는 것을 알아차린다 한들 당신은 그녀가 자신의 메시지를 알리고 싶은 마음이 그렇게 한다고 생각하지 입이 바짝 말랐기 때문이라고는 생각하지 않을 것이다. 그러니 너무 긴장되고 불안해서 아무것도 할 수 없다는 생각이 들거나 입 안이 바짝 마른다는 생각이 들 때는 오프라 윈프리와 그녀의 바짝 마른 입술, 그리고 그녀의 연설 영상이 유튜브에서 1,000만 번이나 재생됐다는 사실을 떠올려라.

우리는 스스로에게 터무니없이 높은 잣대를 들이댄다. 그러지 말자. 그렇게 하지 않아도 된다. 정말이다.

— 오프라 같은 사람을 따라하고 싶거나 그녀의 골든글로브 수상 연설처럼 강한 신념을 드러내야 하는 상황에서 '기대 관리'가 도움이 되는 것은 틀림없는 사실이다. 이처럼 화자의 강력한 신념은 연설 효과에도 커다란 영향을 미친다. 오프라의 골든글로브 연설이 세상에 미친 영향력 중 하나는 그곳을 가득 메운 채 뜨겁게 환호하고 박수갈채로 응원하며 기꺼이 눈물을 흘리고 기립박수를 보내는 유명 인사들의 뜨거운 반응에서 나왔다. 또 다른 하나는 겉으로 보여지는 그녀의 모습이었다. 온몸에서 뿜어져 나오는 지극히 고급스러운 아름다움 말이다.

이를 다른 상황에 적용시키지 못할 이유가 전혀 없다. 나는 여러 시상식에서 수상자들이 사람들의 인생을 변화시키는 훌륭한 연설을 하는 것을 많이 보았다. 그들은 자신에게 상을 안겨준 그 일을 왜 하게 되었는지, 그리고 왜 사람들이 그 일을 중요하게 생각해야 하는지를 간단명료하게, 하지만 감정을 실어 명확히 전달했다.

성공의 순간을 자신의 신념을 널리 알리기 위한 기회로 삼는 것은 언제나 도움이 된다. 사람들은 이미 당신을 응원하고 있고, 당신과 함께 축하하고 싶어 하기 때문이다. 그 일이 당신에게 왜 중요한지를 보여줄 수 있다면 전율을 불러오는 감동적인 순간을 연출할 수 있다. 개인적인 기억을 들려줘라. 당신의 일로 인생이 바뀐 누군가의 이야기를 소개하라. 당신이 하는 일에 대해 어떤 생각이 드는지를 솔직하게 알려줘라. 당신의 감정을 자극하는 무언가에 대해 말하는 것을 피하지 마라. 말하기 어렵다고 생각하는 그 무언가를 선택하는 것이 중요하다.

— 오프라의 골든글로브 수상 연설에는 우스갯소리도, 웃음기도 전혀 없다. 이것은 의도된 것이다. 그녀는 진지하게 알려야 하는 메시지가 있고, 그래서 그 메시지를 손상시킬 만한 행동은 아무것도 하고 싶지 않았을 것이다. 그녀는 자신의 어릴 적 이야기를 들려주면서 꼬마 여자아이가 집에서 아카데미 영화제 방송을 보던 중 깜짝 놀라 두 눈을 크게 뜬 채 화면을 응시하는 그림을 떠올리게 만든다. 어떤 매개체를 사용해도 좋으니 청중이 각자 마음의 눈으로 볼 수 있는 개인적인 '그림들'을 제공하라. 따뜻함과 공감을 불러일으킬 수 있을 것이다.

— 당신의 아이디어에 동참하도록 청중에게 호소할 작정이라면 그들을 설득할 만반의 준비를 해야 한다. 지레 겁먹고 꽁무니 빼지 마라. 오프라의 메시지가 단순히 '타임즈업' 운동을 재탕했더라면 그녀의 연설은 '선한' 영향력을 미치기는커녕 참담히 실패했을 것이다. 만약 연설에서 사람들에게 무언가에 관심을 가져달라고, 기부를 해달라고, 행동을 바꾸라고 요청할 생각이라면 반드시 100퍼센트 진심이어야 한다. 이와 함께 강력한 어조와 큰 목소리로 진심을 보여주어야 한다.

— 당신이 정말로 큰 관심을 기울이는 10가지를 적어보라. 일상에서 관심을 쏟는 주제일 수도 있고, 당신의 일과 관련된 것일 수도 있다. 너무 깊게 생각하지 마라. 가능한 신속하게 10가지를 적어보라. 그중 일부가 어리석은 아이디어처럼 보여도 당신 스스로 판단하지 마라. 판단은 다른 사람들에게 맡겨라.

— 이제 10가지 중에서 가장 관심 있는 3가지를 선택하고 연설문 원고를 쓸 만큼 특히 관심이 가는 하나를 결정하라. 길지 않아도 되고, 반드시 원고가 있어야 하는 연설이 아니어도 된다. 다섯 문장으로 말할 수 있는 감사 인사여도 상관없고, 시상식이나 사무실 파티에서 1분 안팎으로 간단히 말하고 싶은 아이디어여도 되며, 소셜 미디어에서 링크를 통해 특정 페이지로 연결하기 위한 주제여도 상관없다.

— 한 가지 주제, 예를 들면 "이제 그들의 시간은 끝났습니다"를 선택했다면 이제 그 주제를 완벽히 대변하는 문장 5개를 적어보라. "이것이 바로 여러분의 도움이 필요한 이유입니다", "이것은 제게 세상 전부와 마찬가집니다", "너무 늦기 전에 지금 당장 무언가를 해야 합니다", "제 말을 믿어 주십시오. 여러분은 행동해야 합니다", "제가 여러분에게 한 가지를 설득할 수 있다면, 지금 당장 줄 수 있는 것을 주라고 말하고 싶습니다."

— 이 주제로 사람들 앞에서 말할 수 있는 기회를 찾으려고 최선을 다하되 스스로에게 정확한 기한을 부여하라. 가령 연설 장면을 녹화해 '다음 주'에 소셜 미디어에 게시할 수도 있고, 지금부터 '24시간 안'에 페이스북 라이브를 통해 생방송을 할 수도 있다.

기회는 스스로 만들지 않으면 생기지 않는다. 골든글로브에서 평생 공로상을 받기를 기다리는 게 아니라면 말이다. 심지어 그런 꿈을 꾸더라도 미리 준비하고 기다리며 연습한다면 실제로 상을 받게 될 때 더 좋은 연설을 할 수 있을 것이다.

6장

조안 리버스라면
어떻게 할까

: 진정성, 미운털마저 강점으로 승화시키기

Michelle Obama

Amy Cuddy

Virginia Woolf

Oprah Winfrey

Joan Rivers

Joan K. Rowling

Chimamanda Ngozi Adichie

Angela Merkel

사람들이 좋아해주지 않아도
좋은 화자가 될 수 있다

◆

온라인상에 '조안 리버스의 마지막 방송'이라고 알려진 2014년의 동영상 하나가 떠돈다. 영상을 보면, 조안은 공항처럼 보이는 장소 바깥에서 TV카메라를 향해 열변을 토한다. 하지만 그녀가 말하는 모습은 공항 바깥에서 인터뷰하는 보통 사람과는 사뭇 다르다. 말 그대로 범상치 않다. 그래서 무대가 아닌데도 마치 무대에 서 있는 것 같다. 도대체 어떠하기에 그러냐고? 말 한 마디, 표현 하나가 모두 과하고 부풀려져 있다. 그녀는 눈이며 입이며 온 얼굴의 근육을 크게 써서 말하고, 몸짓도 무척 크다. 양손을 엉덩이에 올리고, 어깨를 으쓱거리며, 특히 "도대체 이건 또 뭐냐?"는 식으로 말할 때는 양팔을 넓게 벌린다. 보통 사람이라면 그런 식으로 말하고 싶지 않을 것이다.

그런데 희한한 것은, 그녀의 이런 방식이 먹힌다는 데 있다. 심지어

2014년 그녀가 세상을 떠날 즈음 그녀가 말하는 방식의 가치는 무려 1억 5,000만 달러나 됐다(2014년 9월 타계한 조안은 유산으로 1억 5,000만 달러를 남겼다./옮긴이).

이런 방식이 관심을 불러일으키는 하나의 방법임은 틀림없다. 그러나 이런 행동을 함부로 따라해서는 안 된다. 훈련이 잘되어 절도가 있어야 한다. 리버스를 잘 관찰해보라. 그녀는 자신의 의견을 주장할 때 손을 사용하지만 다른 부분은 전혀 움직이지 않는다. 이것 자체는 오프라의 행동과 다르지 않다. 그러나 리버스의 행동에는 더 많은 분노가 묻어나고, 더 많은 에너지가 담겨 있으며, 더 무례하다. 분노와 에너지는 그런대로 눈감아줄 만하다. 자제력과 통제력을 발휘해 수위를 조절하고 자신이 원하는 방식으로 표현하기 때문이다. 하지만 무례함은 차원이 다르다. 그 자체가 조안이다. 그녀의 발언은 터무니없고 논란의 여지가 있다(2014년 문제의 영상에서 러시아계 유대인 출신인 그녀는 중동의 대표적인 앙숙인 이스라엘과 팔레스타인에 대해 발언한다.). 여기서 주의할 점이 있다. 그녀의 행동을 보이는 그대로 받아들여서는 안 된다는 것이다. 사람들이 자신의 말에 귀를 기울이도록 만들기 위해 그녀가 분노를 연기하고 있으며, 이것은 철저히 계산된 행동이기 때문이다.

사람들의 관심을 끌고 싶다고 해서 모두가 조안 리버스의 전술을 사용하지는 않을 것이다. 하지만 그녀에게 배울 점도 많다. 일례로 좀 전에 말했듯 그녀의 방식은 1억 5,000만 달러의 가치를 지녔다. 내가 돈 이야기를 하는 것은, 혹시라도 그녀의 성공을 의심하는 사람들에게 그녀가 자신만의 방식으로 얼마나 성공했는지를 강조하기 위해서이다.

그리고 미리 고백하건대, 나는 단 한 순간도 조안 리버스를 좋아해본 적이 없다. 여기서 중요한 핵심은, 각기 다른 유형의 여성에게서 각기 다른 행동의 선택지를 찾는 것이다. 왜 그래야 하는지는 명백하다. 누구라도 사람들 앞에서 발언할 수 있다는 사실을 보여주고 싶기 때문이다. 중요한 것은 자신에게 맞는 스타일을 찾는 것이다. 리버스는 자신에게 딱 어울리는 스타일을 찾았고, 그것이 매우 효과적이었다. 영국의 여성 코미디언 세라 밀리컨의의 말마따나 "코미디는 주관적이고 성공은 객관적이다."

나는 리버스의 방식이 동전의 양면 같다고 생각한다. 한편으로 보면, 성격이 유별나고 자신의 방식대로 행동하는 사람들에게 리버스는 뛰어난 역할 모델이 된다. 하지만 다른 한편으로 볼 때 조안 리버스의 스타일은, 너무 싫어서 절대 따라하고 싶지 않다. 생기라곤 없는 무미건조한 행위도 그녀를 통해 표출되면 (그렇다고 리버스가 그런 식으로 행동한 적이 있다는 말은 아니다.) 신랄한 독설이 되고, 역동적으로 보이며, 신경증적인 에너지가 느껴진다. 그래서 거의 모든 여성, 아니 성별을 떠나 거의 모든 사람들은 감히 그녀를 따라할 엄두를 내지 못한다.

스탠드업 코미디언에 대해 대부분의 사람들은 정형적인 고정관념을 가지고 있다. 건방지고, 과격하고, 배려 없고, 부주의하고, 무례하고, 심술궂고, 안하무인격으로 자신만만하다는 고정관념이다. 많은 사람들의 눈에 리버스는 정형적인 스탠드업 코미디언으로 비춰진다. 하지만 이런 특성을 마음 편히 드러내기는 쉽지 않고, 무엇보다 주변에 보는 눈이 있을 때는 절대 그렇게 하지 않는 사람들도 많다. 그렇다면 리버스는 본인을 어떻게 생각할까? 그녀는 자신이 스탠드업 코미디언을 완벽히 흉내 내는 훌륭한 배우라고 말했다. 그녀가 무슨 행동을 하든지 실제보다 과장되었고, 그것은 호감을 살 만한 행동으로 보이지 않았다. 그래도 우리가 인정해야 할 점은, 그녀의 행동에는 언제나 진정성이 있었고, 그녀의 모습을 충실하게 반영했다는 사실이다. 바로 이 점 때문에 조안 리버스가 여성들에게 훌륭한 역할 모델인 것이다.

그녀가 타고난 코미디언이라는 데는 이견이 없다. 그리고 그녀가 아무 준비 없이 무작정 무대에 올라 자신이 하고 싶은 대로 한 것 같지는 않다. 오히려 수천 시간에 달하는 생각과 준비, 그리고 실패가 그녀의 행동에 고스란히 녹아들었다. 그녀의 삶과 경력을 다룬 다큐멘터리 영화 〈조안 리버스: 어 피스 오브 워크〉를 보면 이 점이 잘 드러난다.

영화를 보면 그녀가 자신의 사무실에 놓인 서류 캐비닛을 뒤적이는 장면이 나온다. 그녀의 서류 캐비닛은 아주 유명했는데, '추악함', '벙어리', '쇼 비즈니스' 같은 표제어에 따라 정리된 수많은 주제에 관한 색인 카드가 보관되어 있었다. 이 모든 문구와 아이디어들을 자신의 머릿속 서류철에 저장하는 것은 결코 쉬운 일이 아니다. 그녀는 보통 사람들은 엄두도 내지 못할 만큼 엄청나게 노력했다. 조안 리버스는 서류 캐비닛 어딘가에 모든 것에 대한 농담 소재가 보관되어 있다는 것을 알았고, 그런 농담 소재를 상황에 맞춰 새로운 농담으로 만들어낼 수 있었다. 정확히 말하면, 온전히 그녀 혼자의 힘으로 그렇게 된 것은 아니었다, 오랫동안 막후에서 그녀를 위해 일하는 많은 전담 작가들이 있었다.

여기에 들어가는 노력은 상상을 초월한다. 그러나 우리가 간과해서는 안 되는 더 중요한 사실은, 당신이 그녀처럼 하겠다고 마음먹고 최선을 다한다면 당신도 그렇게 할 수 있다는 사실이다. 당연한 말이지만, 그녀가 아무 준비 없이 무대에 올라 즉흥적으로 그런 식으로 행동한다고 생각하는 것보다 그녀가 엄청난 노력을 했다는 것이 우리에게는 긍정적인 자극을 준다. 마찬가지로 그녀 혼자 모든 대본을 썼다는 것보다 여러 사람의 도움을 받았다는 사실이 더 긍정적인 자극을 준다. 요컨대, 리버스는 우리 모두가 도움이 필요하고, 훈련이 필요하며, 엄청난 연습이 필요하다는 사실에 대한 확실한 증거다. 피나는 노력 없이 사람들을 웃기는 일, 그리고 성공하는 것은 불가능하다.

'속임수'일지라도 필요한 모든 수단을 동원하라

———

자신의 목소리를 찾고 싶어 하는 사람들이 리버스에게 배울 수 있는 더욱 긍정적이고 유익한 교훈이 있다. 조안 리버스는 천연덕스럽게 '속임수'를 쓰고 허세 부리는 법을 배워야 했다는 사실이다. 사실 리버스뿐만 아니라 많은 연기자들이 그렇다. 이것은 그녀의 전문성을 조금도 깎아내리지 않는 사실이다.

나는 그녀가 세상을 떠나기 전 몇 년간 그녀의 공연을 보기 위해 런던의 로열 앨버트홀을 여러 번 찾았다. 현장에서 나는 가장 저렴한 좌석에서도 무대 전면을 가로질러 꼼꼼하게 테이프로 붙여놓은 거대한 큐 카드를 볼 수 있었다. 관객 중 누가 그것을 신경이나 썼을까? 아무도 신경 쓰지 않았을 것이다. 큰돈을 들여 입장권을 구해 공연을 보러 온 관객 그 누구도 그것을 언짢게 생각하거나 불평하지 않았을 것이다. 어쨌든 당시 그녀는 79세의 노인이었다.

진실은 이랬다. 그녀의 공연은 아주 수준이 높았고, 또 그녀가 무대에서 지극히 태연하게 행동했기 때문에 큐 사인이 있다는 사실을 눈치챈 관객이 거의 없었다. 이것이 바로 우리가 그녀에게 배워야 하는 커다란 교훈이다. 그녀는 아마도 무대에 오를 수 없게 되니 차라리 큐 카드의 도움을 받겠다고 생각했을 것이다. 이것은 오바마 행정부에서 백악관 홍보국장을 지내고 2016년 미국 대통령 선거에서 힐러리 클린턴 후보의 선거 홍보를 도왔던 제니퍼 팔미에리의 조언과 일맥상통한다. 팔미에리는 저서 《친애하는 여성 대통령께》에서 빌 클린턴 행정부의 대변인이자 언론 담당 비서를 지낸 에벌린 리버먼에게 들은 조언을 소개했다.

"사람들은 당신의 행동을 보고 거기서 힌트를 얻어 그대로 따라하죠. 바로 그거예요. 당신이 특정한 공간에 소속된 사람처럼 행동하면 사람들은 실제로 그렇다고 믿을 거예요. 당신의 의견이 중요한 것처럼 행동하면 사람들도 그런 것처럼 행동할 거예요."

말인즉 당신이 무대에서 어떻게 행동해도, 당신이 특정한 공간에서 어떤 위치에 있어도, 당신이 사람들에게 어떤 기대를 심어줘도 사람들은 그것을 액면 그대로 받아들일 것이다. 조안 리버스는 큐 카드를 사용하는 것을 대수롭지 않게 생각했고, 또한 자신에게 큐 카드가 필요하다는 사실을 조금도 기분 나빠하지 않았다. 오히려 그녀는 큐 카드를 필수적인 보조 장치로 받아들였고, 공연에만 초점을 맞추었다. 이것은 어지간한 배짱으로는 할 수 없는 대담한 행동이다.

이것은 색인 카드와 거대한 서류 캐비닛에도 똑같이 적용된다. 여기서 거대하다는 말은 절대 과장이 아니다. 영화를 보면 알 것이다. 서류 캐비닛이 사무실 한쪽 벽면을 가득 채우고 있다. 그 캐비닛은 말 그대로 수많은 땀과 노력의 결과물이다. 어떤 사람들은 그것이 자료를 정리하는 고전적인 방식이라며 큰 의미를 부여하지 않을 수도 있다. 너무나 자유분방해서 어디로 튈지 모르는 탁구공 같은 그녀가 무대에 오르기 위해 학자 수준의 체계화 작업을 했다는 사실에 배신감을 느끼는 사람도 있을 수 있다. 나는 어떻게 생각하느냐고? 그 자체가 나에게 지극한 해방감을 안겨주었다. 자신에게 맞는 스타일을 찾고, 그것을 고수할 수 있는 근거를 보여주었기 때문이다. 입이 떡 벌어지게 만드는 충격적이고 대단한 공연이 하늘에서 그냥 떨어진 것이 아니라는 사실을 증명해주었기 때문이다. 그녀의 공연은 수십 개의 색인 카드로 분류되고, 부단히 반복해서 외워 기억에 저장되며, 다듬고 수정해서 파일로 정리되었다가 몇 년 뒤에야 비로소 빛을 볼 수 있게 된 것이다.

많은 사람들이 공연에 대해 갖는 편견이 있다. 아무 노력 없이 자연스럽게 나오고, 조안 리버스가 되려면 조안 리버스로 태어나야 한다고 생각하는 편견이다. 물론 약간은 타고날 필요가 있다. 그러나 당신은 당신이 해야 할 몫을 반드시 해야 한다.

비판에 대한 태도:
포용할 것인가, 무시할 것인가
—

조안 리버스는 가혹하리 만치 스스로에게 매우 엄격한 사람이었다. 또한 그녀는 자신의 공연에 대한 평가에 확실한 입장을 취하는 것이 얼마나 중요한지도 잘 알았다. 나는, 자발적으로 비판을 요청하고 비평을 읽는 것이 좋다고 생각하는 사람이다. 딱 한 가지 이유만 빼고 말이다. 그 딱 한 가지는 아직 다른 사람들의 관점을 받아들일 준비가 되지 않았을 때로, 그 관점이 당신에게 야금야금 영향을 미치는 경우다. 절대 이렇게 해서는 안 된다. 우리가 비판에 대해 취할 수 있는 태도는 둘 중 하나다. 비판을 무시하기 위해 무던히 노력하거나 아니면 조직적인 방식으로 그것을 포용하는 것이다. 조안 리버스는 수첩의 흰 공백을 생각만 해도 공포에 사로잡힐 만큼 지독한 일 중독자였을 뿐 아니라 비판에 대해서는 거의 가학적인 접근법을 선택했다. 아무리 고통스러운 비판일지라도 항시 눈과 귀를 열어놓고 그것을 포용했다.

코미디언, 연기자, 작가들 중에는 좋은 것이든 나쁜 것이든 비판과 비평을 적극적으로 회피하는 사람들이 많다. 좋은 비평은 칭찬을 믿게 해 자의식이 강해지게 만드는 반면 나쁜 평가는 스스로를 싫어하고 포기하고픈 마음이 들게 만든다는 이유에서다. 조안 리버스는 좋은 것이든 나쁜 것이든 모든 비판과 비평을 알기를 원했다. 나쁜 평가는 그녀에게 에너지원이었다. 가령 사람들이 그녀를 이해하지 못하거나 그녀에게 가혹한 상황에서 리버스는 그것을 역으로 이용했다. "내가 어떻게 하나 두고 보라지"라며 의지를 불태운 것이다. 그만큼 자신의 행위에 대한 대가를 치러야 하는 일도 많았다.

〈조안 리버스: 어 피스 오브 워크〉를 보면 비서가 조안 리버스에게 신문에 실린 비평을 읽어주는 장면이 나온다. 좋은 내용이 아니었고, 리버스의 얼굴에는 실망한 기색이 역력하다. 그녀가 자신의 성공을 즐기는 것처럼 보이는 경우는 거의 없고, 또한 그녀는 무엇에도 충분히 만족하지 못하는 듯 보인다. 성공의 사다리를 더 높이 올라갈수록 더 많은 비판이 따라왔다.

그녀가 자신의 성공에 따라온 물질적인 보상에 대해 약간의 만족감을 느낀 것은 틀림없다(그녀는 수백만 달러에 달하는 고가 아파트의 벽 전체를 호피 무늬 카펫으로 장식했다.). 그러나 그녀는 죽음을 눈앞에 둔 순간까지도 손에서 일을 놓지 않았다. 그녀는 수술 도중 혼수상태에 빠졌다가 깨어나지 못하고 결국 사망했다. 그녀는 은퇴를 최대한 뒤로 미뤄줄 변화를 만들기 위해, 즉 성형 수술을 받기 위해 수술실을 마치 집 드나들 듯했다(그녀는 700번 이상의 성형 수술을 받았다고 고백했다./옮긴이). 그런 그녀가 결국 수술대에서 생을 마감한 것은, 정말이지 얄궂은 운명의 장난이지 싶다.

조안 리버스를 역할 모델로 삼는 데 반대하는 논거는 쉽게 짐작이 된다. 많은 여성들이 "나는 그녀와 조금도 닮은 데가 없어. 게다가 어떤 면에서도 그녀를 닮고 싶지 않아"라고 말하는 목소리가 들리는 듯하다. 또한 리버스 자신이 자칭 반反 페미니스트였다는 점도 도움이 되지 않는다. 리버스는 자신이 개척한 새로운 영역에 대해 젊은 여성들이 별로 고마워하지 않는다며 대놓고 비난했다. 게다가 사람들이 자신의 공연을 보러 오는 이유가, 그녀가 친한 자매처럼 다정하고 관대해서가 아니라 '또라이'이기 때문이라는 사실도 잘 알았다. 여기서 또라이는 좋은 의미다.

리버스의 자기 실현 방식은 가장 페미니스트적이었다. 그녀는 다른 누군가의 잣대로 자신을 측정하지 않았고, 스스로의 피나는 노력으로 공연가가 되었으며, 자신에게 가장 유리한 금전적 보상을 얻어내기 위해 치열하게 투쟁했다. 그녀의 삶과 연기는 사람들이 모방할 만큼 명백하거나 심지어 합리적이지 않을 수도 있다. 그러나 그녀의 삶과 연기에 깃든 정신은 커다란 영감을 주고, 지극히 긍정적인 자극이다.

스탠드업 코미디에서 배우는 삶의 교훈

—

코미디 세계에 발을 담근 직후의 일이다. 운 좋게도 나는 영국에서 가장 유명한 여배우 중 한 사람인 주디 덴치 여사를 인터뷰할 기회가 있었다. 인터뷰 중에 나는 스탠드업을 살짝 언급했고, 그녀가 점잖게 고개를 끄덕이며 "아, 맞아요, 나도 스탠드업을 한 번 해봤어요. 정말 재미있었어요."라고 말해주기를 내심 기대했다. 물론 내 기대는 보기 좋게 빗나갔다. 그녀는 스탠드업이라는 말에 눈이 휘둥그레지며 그것에 대해 생각만 해도 겁이 난다는 표정을 지으며 말했다.

"세상에, 젊은 아가씨가 배짱이 두둑하네요."

그녀는, 스탠드업 코미디는 오금이 저릴 정도로 무서워서 그것을 한다는 생각은 죽어도 못했을 거라고 말했다. 그녀의 말이 맞다. 스탠드업 코미디는 의미 그대로의 배짱과 용기가 필요하다. 미국 출신의 코미디언이자 배우이며 연극 연출가인 루실 볼은 이런 말을 자주 했다.

"나는 재미있는 사람이 아니에요. 대신 용감하죠."

배짱으로 말하면 조안 리버스를 따라올 사람이 없다. 그녀는 대부분의 여성 연기자들이 무대에서 시도조차 하지 않는 방식으로 공연했다. 그녀가 활발히 활동하던 시절에는 당연히 아무도 그녀처럼 하지 않았다. 심지어 그녀의 화법은 보이스 코치와 감독들이 뜯어말릴 만한 것들로 가득하다. 빠르게 말하기, 호통 치기, 목이 쉴 정도로 큰소리로 말하기, 무대 위에서 많이 움직이기, 손동작 심하게 사용하기 등.

리버스 같은 스탠드업 코미디언들은 규칙을 무너뜨리기 위해 규칙을 사용하는 것을 보여주는 현실적인 스승이다. 다시 말해 그들은 당신에게 유리하게 규칙을 사용하는 방법을 알려준다. 절대 따라하고 싶지 않은 스타일일지라도 그녀가 우리에게 주는 교훈은 분명 있다. 자신의 길을 찾고 개척하며, 다른 사람들의 행동을 신경 쓰지 않고, 사람들에게 호감을 주는 것에 대해 고민하지 않는 것에 관한 한, 러비스만 한 모델을 찾기는 힘들다.

나보다 한참 젊은 여성들이 성차별에 직면하고 성공 가능성에 대해 불평하는 모습을 더러 본다. 그들의 생각이 틀렸다고 말하는 것이 아니다. 그럴 때면 나는 종종 조안 리버스와 스스로를 희생자로 묘사하지 않으려는 그녀의 강력한 의지를 떠올리곤 한다. 스탠드업 코미디계의 일원이 되었을 때 그녀는 말 그대로 천덕꾸러기 신세였다. 관객들은 물론이고 그녀와 함께 일하던 사람들, 사회, 심지어 가족마저도 그녀를 외면했다. 시간이 흘러서도 마찬가지였다. 자신의 이름을 걸고 진행하던 TV쇼에서 강제로 하차 당하는 일도 있었다. 그녀의 남편은 자살로 삶을 마감했고, 그녀는 사업상 사기를 당해 수백만 달러의 빚을 갚아야 했다. 이런 상황은 누구에게나 엄청난 시련이다. 하지만 리버스는 굴하지 않았다. 80대까지 악바리처럼 쉬지 않고 일했다.

한 사람의 인생이라는 측면에서 그녀의 삶에 우리가 따라하고 싶은 긍정적인 무언가가 반드시 있다고 말할 수는 없다. 영화 〈조안 리버스: 어 피스 오브 워크〉만 봐도 리버스는 일에 중독되지 않고는 살아갈 수가 없어서 일에 파묻혀야만 했던 지극히 불행한 사람처럼 보인다. 그러나 커리어를 통해 자신의 정체성을 확립하고 성공을 획득하는 모습, 사람들이 받아줄 때까지 불도저처럼 밀어붙이는 그녀의 모습은 타의 추종을 불허할 만큼 매우 교훈적이다.

대중 연설과 관련해 내가 배운 교훈 중 많은 부분은 스탠드업 코미디에서 나왔다. 당연한 말이지만, 스탠드업 코미디는 내가 아는 세상의 많은 부분을 차지한다. 그러나 꼭 하고 싶은 말이 있다. 스탠드업 코미디에 대한 사람들의 인식을 이해하는 것은 특히 여성에게 유익할 수 있다. 코미디 세계에서 여성의 비중은 아직도 크게 부족하고, 여성 코미디언에 대해 색안경을 쓰고 보는 사람들도 아직 많다. 물론 남성 역시 스탠드업 코미디를 할 때 불안하고 떨릴 수 있지만 여성들과는 정도가 다르다. 일단 '무서워' 보이는 무언가에 대한 생각이 사람마다 다를 수 있다는 사실을 인정하고 나면 우리는 그것을 다른 상황에도 적용할 수 있다. 당신이 스탠드업 코미디에 관심을 가져야 한다거나 스탠드업 코미디를 하고 싶어 해야 한다는 말이 아니다. 스탠드업 코미디에서 나온 메시지가 다른 분야로도 전파될 수 있다는 의미다. 즉 스탠드업 코미디가 주는 교훈은 당신이 사람들 앞에서 진지하게 말할 때 도움이 될 수 있다.

다른 모든 사람들이 그렇듯 경험이 많은 스탠드업 코미디언들도 사람들 앞에서 말하는 것을 두려워한다는 사실을 알았을 때 나는 마음이 날아갈 듯 가벼워졌다. 심지어 수년간 TV프로그램에 꾸준히 출연해온 유명인들도 긴장하거나 가벼운 몸 떨림이 있거나 입이 마르거나 손이 떨리는 증상으로 힘들어한다.

이런 증상은 특정 개인에게만 나타나는 것이 아니다. 누구나 겪을 수 있는 아주 일반적이고 보편적인 반응이다. 사람들 앞에서 말을 하고, 말을 잘하거나 완벽하게 하기 위해 시간과 노력을 투자하기로 했다는 것은, 그 일이 쉬워서 혹은 그런 상황에 놓이는 것이 힘들지 않기 때문이 아니다. 그럼에도 불구하고 우리는 그것을 감수하며, 또 잘하기 위해 노력한다. 예를 들어 당신이 매우 진지한 회의에서 발표를 해야 하는 상황이라면 나는 당신에게 '가짜'로 눈을 맞추는 방법(실제로는 누구와도 눈을 맞추지 않고 방 안을 죽 훑어보는 것) 가르쳐주고 싶다. 아니면 맨 앞줄에 앉은 누군가가 졸리고 지루해 보일 때, 당신을 싫어하는 것처럼 보일 때, 당신이 하는 말에 전혀 몰입하지 않는 것처럼 보일 때의 '특효약'도 처방해주고 싶다. 이런 실용적인 기법은 스탠드업 코미디에서 배워야 하는 것들이다.

또한 당신은 궁극의 회복력도 배워야 한다. 조안 리버스는 거절을 당해도 오뚝이처럼 금방 회복하는 능력과 뒤로 내빼지 않고 꿋꿋이 버티는 능력에 있어서는 타의 추종을 불허했다. 모든 스탠드업 코미디언들은 이 점을 배워야 한다. 이것은 스탠드업 코미디의 일부다. 관객 중 누구든 어느 때고 당신을 거절할 수 있다. 사실 끊임없이 퇴짜 당하는 것이 스탠드업 코미디언의 숙명이다.

격주로 발행되는 뉴욕 지역의 시사 잡지 〈뉴욕〉이 언젠가 사진작가 민디 터커의 작가 데뷔 10주년을 기념해 그녀의 작품을 실은 적이 있다. 터커는 뉴욕에서 활동하는 코미디언들의 사진을 찍는 작가로 유명하다. 터커는 코미디언들에게 10년 전에 찍은 각자의 사진을 전하고는 찬찬히 살펴본 다음 그 사진 속에 있는 10년 전 자신에게 무슨 말을 하고 싶은지 말해달라고 요청했다. 그들의 대답은 정말이지 환상적이었다.

"오르막도 있고 내리막도 있어. 그런 좋은 기억, 나쁜 기억을 네 머릿속에 꽁꽁 싸매 가둬두지 마. 머리가 숨 쉴 작은 공간을 줘."

"치료를 받아. 괴짜가 되는 걸 마다하지 마. 무엇이든 너무 지나치게 많이 생각하지 마."

"넌 지금도 충분히 잘하고 있어. 끈기를 가져. 친절을 베풀어. 지금처럼 계속하면 돼."

"갈수록 어려워질 거야. 특히 2009년 어느 밤에는 다시는 일어날 수 없을 거라는 생각이 들 거야. 그래도 일어나게 될 거야."

"좀 더 많이 울고 좀 덜 생각해."

"예전에 난 코미디에 대해 어렵게 느껴질 때만 가치가 있고 관객이 그 노력을 알아볼 수 있을 거라고 생각했어."

"불안감은 잘 사용하면 창의성의 원천이 되지만 네 자신을 책망할 때는 무기가 될 거야."

내가 무슨 말을 하고 싶은지 알겠는가? 사람들 앞에서 말하는 것은, 이런 일에 단련된 사람에게도 매우 힘들고 어려운 일이란 말이다. 반복하건대, 이것은 지극히 정상적인 반응이다. 무언가가 어렵다고 해서 당신이 그것을 하지 않을 이유는 어디에도 없다.

스탠드업 코미디의 말하기
vs. 일반적인 말하기
—

사람들 앞에서 말할 때 명심해야 할 또 다른 중요한 요소는 맥락이다. 우리가 쉽게 인지하지 못하는 사실이 하나 있는데, 바로 업무와 관련한 행사에서 발언할 때 발언자가 실패하기 쉽거나 어려운 상황에 놓여 있다는 사실을 생각하지 못하는 것이다. 하지만 스탠드업 코미디나 무대 공연에서는 코미디언과 연기자들을 최고로 빛나게 해줄 장치와 기법들이 총동원된다. 주인공을 가장 빛나게 해줄 아름답고 부드러운 조명이 비춰지고, 이것은 그들이 쉽게 집중할 수 있게 해준다. 입장을 바꾸어 음향 기기의 상태도 확인하지 않고 도대체 그가 누구인지 아무도 소개해주지 않으며 조명도 없는 삐걱거리는 무대 위에 올라갈 주인공은 없을 것이다. 장담컨대, 조안 리버스는 그런 조건에서는 절대로 무대에 오르지 않았을 것이다.

게다가 극장에서는 관객들이 무대 위 연기자들에게 복종할 만반의 준비가 되어 있다. 먼저 관객들은 휴대전화를 꺼야 한다. 그리고 객석은 어두컴컴하다. 이것은 관객과 연기자 모두에게 도움이 된다. 관객 입장에서는 자신의 모습이 아무에게도 보이지 않고 누구도 자신을 주의 깊게 보지 않는다고 생각하기 때문에 편안함을 느끼고, 연기자 입장에서는 관객들을 또렷하게 볼 수 없기 때문에 주의가 흩어질 염려 없이 연기에 더욱 집중할 수 있다. 이제 적절한 순서에 따라 공연이 진행되고, 관객들은 집중한다.

하지만 업무상 무대에 오르는 상황에서 이런 '호사'는 말 그대로 언감생심이다. 이 중 하나도 기대할 수 없다. 행여 연설을 위한 괜찮은 환경이 제공된다고 해도 런던의 유명 극장 팔라디움에서 열리는 코미디 쇼 〈라이브 앳 더 팔라디움〉과 같은 분위기일 가능성은 거의 없다. 기껏해야 길쭉한 형광등 아래 커다란 회의 탁자가 놓인 정도일 것이다. 이런 조건에서 30분간 사람들의 주의를 사로잡아야 한다면 어떻겠는가? 나는 종종 프레젠테이션 중에 일부 참석자가 꾸벅꾸벅 졸거나 휴대전화를 만지작거리는 상황에서 더 많은 관심을 끌어낼 수 있는 방법을 가르쳐달라는 요청을 받는다. 이 요청에 내가 해줄 수 있는 대답은 딱 한 가지다. "맥락을 바뀌라." 이를테면 회의장에 휴대전화를 가지고 들어오는 것을 금하고, 참석자들의 컨디션을 고려하여 회의 시간을 정하고, 더 나은 장소를 마련하는 것이다. 예를 들어 친구들과 술을 마시고 있는데 일단의 연기자들이 들어와 갑자기 셰익스피어의 희곡에 나오는 장면들을 연기하기 시작했다고 치자. 당신은 그들에게 조금이라도 관심을 기울일 수 있을까? 관심은커녕 그들이 분위기를 망치지 않고 빨리 나가주기를 바랄 것이다. 그렇다면 조안 리버스는 어떻게 했을까? 한창 공연 중인데 맨 앞줄에 앉은 관객 하나가 휴대전화를 사용한다면? 관객들이 꾸벅꾸벅 졸고 있다면? 대답은 당신의 상상에 맡기겠다. 한 가지 확실한 것은, 업무상 발표를 해야 하는 상황에서는 그녀와 똑같은 방식으로 반응할 수 없다는 것이다.

이렇게 사정이 다른데도 업무상 발표를 해야 하는 상황에서 이런 문제들이 전혀 고려되지 않는 것은 매우 안타까운 일이다. 그리고 이보다 더 안타까운 상황이 있는데, 잘못된 기대로 이어지는 것이다. 누군가가 발표해야 하는 자리를 마련하면서 그것이 TED 토크 수준의 행사가 되기를 기대하는 사람들이 너무나 많다. 심지어는 스탠드업 코미디에 버금가는 행사가 될 거라고 기대하기도 한다. 이는 그야말로 우물 가서 숭늉 찾는 격이다. TED 토크나 스탠드업 코미디 급의 공을 들여 준비하지 않고 그런 기대를 한다는 것 자체가 한 편의 코미디다.

내 말은 모든 것을 할리우드 제작 방식 수준으로 준비해야 한다는 말이 아니다. 다만 현실적일 필요가 있다는 뜻이다. 예를 들어 사람들의 출입이 자유로운 장소에서 행사를 진행한다면 발표자에 대한 청중의 관심이 낮아진다는 사실 정도는 미리 알고 있어야 한다. 여기에 최고위자가 15분 늦게 도착해 가운데 있는 자리를 찾아 앉는 상황이 겹친다면 누구도 발표자의 말에 집중하지 않을 것이다. 대면 회의뿐만 아니라 화상 회의에서도 마찬가지다. 머리카락이 얼굴을 다 가릴 정도로 고개를 푹 숙인 채 아래만 쳐다보고 말한다면 누가 당신에게 귀를 기울이겠는가? 이것은 기본 중의 기본이다. 그런데 우리는 이 사실을 간과하고 있다.

이런 상황과 관련하여 내가 바라는 것은 두 가지다. 첫째, 사람들이 이들 상황에 대해 구체적으로 행동을 취하고, 그것을 변화시키는 모습을 보고 싶다. 둘째, 사람들이 이런 상황을 인정하기 바란다. 그래야 기업들은 자신들이 발표자에게 비현실적인 기대를 했다는 사실을 깨달을 것이고, 발표자 역시 회사가 자신에게 비현실적인 기대를 품었다는 사실을 알 수 있다. 이것을 이해하면 사람들 앞에서 말해야 하는 상황에 놓였을 때 매우 큰 도움이 된다.

"이것은 애초에 충족시킬 수 없는 기대다. 맥락이 완전히 잘못됐다. 최선을 다하고 끝까지 해내는 것이 내가 할 수 있는 전부다."

조안 리버스가 생전에 그랬듯 당신은 로열 앨버트 홀을 빌릴 수 없다. 상사의 송별회 자리에 반짝이 재킷을 입고 참석할 수도 없다. 그렇다고 당신이 할 수 있는 일이 전혀 없는 것은 아니다. 좀 더 쉽게 말할 수 있도록 업무 환경에 대해 명확하게 말하는 것은 충분히 할 수 있다.

한번은 어떤 기업에서 트레이닝 프로그램을 진행하고 1년 정도가 지난 뒤에 당시 수업을 들었던 수강생이 나를 찾아와 이렇게 말했다.

"모든 회의와 행사장에 휴대전화를 가지고 들어오지 못하게 했어요. 그러자 상황이 몰라보게 좋아졌어요."

이것은 내가 지금까지 들은 최고의 찬사 중 하나였다. 그녀는 내 수업을 듣기 전까지는 지나치게 강압적이거나 고압적으로 보일까봐 회의 전에 참석자들에게 휴대전화를 내라는 요청을 하고 싶지 않았다고 한다. 참석자들이 그녀의 요청을 무시하여 자신의 권위가 손상될까봐 걱정했다고 한다. 이럴 땐 스스로에게 물어보라.

"조안 리버스라면 어떻게 했을까?"

그녀라면 모든 사람의 휴대전화를 바다에 던져버렸을 것이다.

·

또라이가 되는 것을 두려워 마라
—

조안 리버스는 '공개적으로 말하기', 그리고 '또라이 되기'와 관련해서도 매우 훌륭한 화자다. 그녀는 여성들이 '더 좋은 인상을 주기' 위해 따라야 한다고 배우는 많은 통념을 거부한다. 일반적인 통념의 잣대로 보면 리버스의 말하기 속도는 너무 빠르다. 게다가 입안에서 웅얼거리고 같은 말을 계속 반복하는 등 말 자체도 명확하지 않다. 어렵게 느껴지거나 사회적으로 받아들일 수 없는 말도 거리낌 없이 하며, 스스로를 성질 고약한 여자로 묘사하고, 미움 받을 짓을 골라하며, 일부러 얼굴을 찡그려 보기 싫은 표정을 만들기도 한다. 맞다, 이 모든 것이 관행적인 코미디의 방식이다. 여성 정치인이나 '진지한' 비즈니스 리더는 절대 하지 않을 행동이다. 그러나 조안 리버스에게는 이런 열정 넘치는 기이한 행동들이 중요하다. 그녀가 햇병아리 코미디언이던 시절 여성이 그런 식으로 행동하는 것은 사회적 규범에 어긋났다. (지금도 그렇다는 사실이 놀라울 정도다. 오늘날 조안 리버스 같은 코미디언, 특히 여성 코미디언이 경솔하고 퉁명스럽게 행동한다면 말썽쟁이로 낙인찍힐 것이다. 그녀는 정치적 올바름 political correctedness을 정말 싫어했다. 이렇게 볼 때 오늘날의 환경에서라면 그녀가 과연 직업을 가질 수나 있을지 모르겠다.)

또한 그녀는 일반적인 통념에 귀를 기울이지 말아야 함을 알려주는 아주 좋은 사례다. 리버스를 둘러싼 모든 것이, 그녀가 스스로 선택한 길을 따르는 것이 나쁘다고 손가락질 했을 것이다. 여기에는 그녀의 경력뿐만 아니라 그녀가 자신의 얼굴과 몸을 끊임없이 성형하는 것도 포함된다. 그녀는 연기와 외모로 인해 수많은 조롱을 당했다. 이것은 분명 그녀에게 상처를 주었다. 리버스는 모든 비난과 미움이 동전의 양면처럼 성공의 또 다른 얼굴이라고 생각했을 것이다. 미움도 관심의 표현이라는 말처럼 그녀에 대한 비난과 미움이 커질수록 스타로서 그녀의 명성은 더 높아졌다. 확신하건대, 이런 우스꽝스러운 관계가 그녀로 하여금 성형수술에 집착하게 만들었을 것이다.

그녀에게 성형수술은 경력을 쌓는 수단의 하나였다. 성형수술은 그녀를 헤드라인의 단골손님으로 만들고 '성괴'라는 욕을 듣게 했지만 사람들로 하여금 그녀의 외모에 끊임없이 흥미를 갖게 만들었다. 그녀가 성공하기 위해 선택한 방법은 다소 비상식적이었지만 그녀가 부와 세상의 관심이라는 두 마리 토끼를 거머쥐게 하는 데는 일조했다. 여든한 살의 나이에도 세상의 관심을 갈구했을 만큼 그녀는 이른바 '관종'이었다. 모든 것을 종합해볼 때, 그녀는 그녀와 같은 사람을 전혀 떠올릴 수 없게 할 만큼 자신의 분야에서만큼은 독보적인 존재였다.

조안 리버스와 관련하여 놀라운 진실이 하나 있다. 이 중 그 무엇도 그녀에게 쉽지 않았다는 사실이다. 물론 그녀에게는 '기본 소재'가 있었고, 그 덕분에 독보적인 캐릭터로 자리 잡을 수 있었다. 하지만 초창기부터 꼬리에 꼬리를 물고 따라다닌 수많은 장애물들은 그녀를 끊임없이 괴롭혔다.

나는 개인적으로 우리가 조안 리버스에게서 배울 만한 중요한 교훈 중 하나는, 자신의 정체성과 경력을 일치시킬 때 어떤 효과가 나타나는지를 보여주는 것이라고 생각한다. 리버스는 분명 무대에서의 삶이 없다면 자신이 아무것도 아닌 존재라고 생각했을 것이다. 그녀는 은퇴 후 친구들과 많은 시간을 보내기를 바라는 사람이 아니었다. 솔직히 말해 그녀와 좋은 관계를 이어갈 수 있었던 사람은 딱 한 명뿐이었다. 배우이자 TV 진행자인 그녀의 딸 멜리사 리버스이다. 그나마도 둘이 함께 일했기에 그런 관계가 가능했을 것이다. 한 사람의 인생을 놓고 볼 때 무언가 비극적이긴 하지만 그럼에도 확실히 영감을 주는 부분은 있다. 그녀는 자신이 얼마나 기이하고 유별난 사람인지, 그리고 자신의 한계가 무엇인지 잘 알고 있었고, 그것을 수용했다. 그녀의 방식이 우리 모두에게 유익한 것은 아니지만 이처럼 깊은 자기 인식은 배울 만하다.

혹시라도 "글쎄, 조안 리버스 같은 사람에게 그런 것쯤은 식은 죽 먹기였겠죠. 대담한 데다 할 말은 해야 직성이 풀리는 사람인 건 천하가 다 아는 사실이잖아요"라고 말하고 싶다면 이렇게 생각해보자. 남편이 자살한 직후에 TV쇼를 위한 사전 회의를 하고 무대에 올라 농담을 하는 그녀의 심정은 과연 어땠을까? 온 마음을 다해 몰두한다면 그 어떤 어려움이 닥쳐도 결국에는 목표를 이뤄낼 수 있다는 것에 대한 확실한 증거로 그녀만 한 사람은 없다. 그녀는 자신이 얼마나 지독하게 노력했는지, 자신이 얼마나 과소평가되는지에 대해 툭하면 넋두리를 쏟아냈다. 동시에 그녀는 기회가 있을 때마다 스스로 자신의 성공을 깎아내리고, 어찌 보면 자신이 쉬운 길을 찾았다고 말했다.

"내가 성공할 수 있었던 원동력은 간단하다. 다른 모든 사람이 속으로 생각하는 것을 말로 표출한 것이다."

아아, 그것이 말처럼 쉽다면 얼마나 좋을까.

— 당신이 어떤 사람인지를 솔직하고 정확하게 파악하라. 가끔 보면, 조직 생활에 맞지 않는 사람인데 자신을 억지로 조직에 밀어넣으려 애쓰는 사람들이 있다. 조안 리버스가 내년도 마케팅 목표에 관한 프레젠테이션을 했다고 가정해보자. 잘했을까, 못했을까? 당연히 못했을 것이다. 이제 이것이 당신의 상황이라고 해보자. 잘했을 수도 있고 못했을 수도 있다. 직업을 잘못 선택했으니 다 포기하고 조안 리버스처럼 스탠드업 코미디언이 되거나 유람선 가수가 되어야 한다고 말하는 것이 아니다. 내가 말하고 싶은 것은, 사람들 앞에서 말해야 하는 지금의 상황이 한 사람의 인간으로서 당신의 진정한 모습과 완벽하게 일치하지 않는다는 사실을 인정할 필요가 있다는 것이다. 그리고 인정했다면, 자신의 한계를 뛰어넘고 업무 프레젠테이션에 얼마나 최선을 다할 수 있는지 알아보고 연습하는 기회로 삼아라. 당신은 어디에 있고 싶은지, 당신에게 무엇이 더 잘 어울릴지를 깊이 생각하라. 당신이 되고 싶은 화자가 되기 위해 여정을 시작하는 것은 힘들 수 있다. 스스로에게 너그럽고 관대해져라. 우리는 모두 무언가를 변화시킬 수 있지만 그것을 하룻밤에 해낼 필요는 없다.

— 특정한 업무 환경이 다른 사람의 옷을 입은 것처럼 잘 맞지 않을 때는 그 환경에 새로운 바람을 일으킬 수 있는 새로운 사람이 필요하다. 항상 사람들이 꾸벅꾸벅 조는 프레젠테이션을 하거나 아무도 집

중하지 않는 회의를 진행하는 것이 속임수처럼 느껴질 때 그런 사실을 솔직하게 털어놓을 수 있는 대상이 있는가? 이런 상호작용을 더욱 의미 있게 만들려면 어떻게 해야 할까? 바로 여기서 당신의 진정성이 중요한 역할을 한다.

— 가끔은 정해진 규칙을 따라야 하는 상황에 처할 수도 있다. 조직의 일원으로써 조직의 발전에 기여해야 하는 임무가 있기 때문이다. 그렇더라도 스스로를 책망하지 마라. 본래 업무의 목적은 인생을 바꿀 수 있는 열정적인 무대를 제공하는 것이 아니다. 이 점을 고려해 기대치를 정하라.

────────── ◆ **실전 훈련** ◆ ──────────

— 사람들 앞에서 말힐 기회가 있다면, 힘들더라도 끝날 때와 시작할 때 농담을 시도해보라. 당신이 경험한 의미 있는 무언가에 대한 재미있고 짧은 일화일 수도 있고, 당신을 웃음 짓게 만든 속담이나 격언도 상관없으며, 해당 주제에 관한 유명인의 말을 인용해도 좋다. 여기서는 구글이 좋은 정보원이 된다. 예를 들면, 구글 검색창에 캐나다 출신의 배우이자 영화감독이며 음악가인 '라이언 고슬링의 인터뷰 문구'를 입력해보라. 아니면 등장인물이 했던 영화 대사를 빌릴 수도 있다.

"위대한 배우 라이언 고슬링이 많은 사랑을 받은 작품 〈노트북〉에서

네 번이나 물었던 말이 있죠. '넌 뭘 원해?'"

사람들이 웃지 않는다면 좀 더 맛깔나게 표현할 방법을 고민해보라. (세상에, 라이언 고슬링이 했던 말 중에 쓸 만한 것을 찾느라 내가 얼마나 고생했는데……. 간신히 하나를 찾았는데 반응이 영 신통찮다. 그러고 보니 고슬링은 인용구로 쓰기에 적절한 말을 그다지 많이 하지 않았다. 고슬링보다는 헬렌 미렌을 검색하는 편이 낫겠다. 그러나 고슬링인지 미렌인지가 중요한 것이 아니다. 핵심은 영감을 주거나 즐거움을 준다고 생각하는 누군가를 선택하는 것이고, 그 인용구가 재미만 있으면 된다.)

— 조안 리버스에게서 배울 수 있는 교훈 중 하나는 자신감, 다른 말로 자기 확신을 키우는 것과 관련 있다. 그리고 내가 아는 한, 이렇게 할 수 있는 가장 좋은 방법은 종이에 적는 것이다. 타이머로 2분을 설정하라. 그리고 당신이 잘했다고 생각되는 것, 즉 자랑스러운 점 10가지를 적어라. 어떤 것이어도 상관없다. 예를 들면 이런 식이다.

"나는 자연분만으로, 특히 자연주의 출산으로 아이를 낳았다."

"오늘 아침에 무사히 일어났다."

"고아들을 위해 노력한 일로 상을 받았다."

2분이 지났으면 자신이 적은 10가지를 보면서 자긍심을 느껴라.

이제 타이머를 20분으로 맞추고 그 목록에 40가지를 추가하라. 그러니까 총 50가지가 된다. 가능한 신속하게 써내려가라. 자긍심을 느꼈던 작고 소소한 순간들을 전부 떠올려보라. 50가지를 채우기가 쉽지 않겠지만 있는 힘껏 노력해보라. 목록을 완성한 뒤에는 어디를 가든 항상 지니고 다녀라. 그리고 자기 의심이 슬며시 고개를 들 때마다 꺼내어 읽어보라. 조안 리버스가 이 방법을 사용했다는 증거는 없지만 그녀는 항상 자신이 이뤄낸 성과를 기록한 책 10권을 들고 다니는 것처럼 행동했다.

7장

조앤 K. 롤링이라면
어떻게 할까

: 졸업식 축사, 개인적인 이야기의 중요성

Michelle Obama

Amy Cuddy

Virginia Woolf

Oprah Winfrey

Joan Rivers

Joan K. Rowling

Chimamanda Ngozi Adichie

Angela Merkel

말을 잘하지 않아도
좋은 연설을 할 수 있다

◆

최근 몇 년간 입소문을 타고 유명해진 최고의 연설은 졸업식 축사의 일부이거나 미국의 코미디언이자 TV진행자이며 배우인 엘런 드제너러스의 말마따나 "공용 시멘트common cement"이다(엘런은 2009년 툴레인 대학교의 졸업식 축사에서 졸업식이 영어로 commencement인데 common과 cement가 결합된 말이라면서, 보도의 갈라진 틈을 잘못 밟으면 척추가 삐끗할 수 있는데 시멘트가 그 틈을 메워 그런 위험을 방지해주는 역할을 하는 데 빗대어 졸업식을 공용 시멘트라고 말했다./옮긴이). 졸업식 축사는 말 그대로 대학 졸업식 날 외부인을 초청해 새로운 출발을 하는 학생들에게 앞으로 삶을 어떻게 살아갈지 조언해주는 연설이다.

대개의 경우 졸업식 축사의 연사는 대중 앞에서 말하는 모습을 자주 볼 수 없는 사람들이다. 심지어 팔을 비틀어 억지로 무대 위에 세워야만 마지못해 마이크를 잡는 사람들이다. 비록 그가 연기자일지라도 졸업식 연설에서는 유명 인사라는 페르소나(외적 인격)나 연기 뒤에 숨을 수 없다. 좀 더 심하게 말하면, 그 자리에서는 모든 외적인 것들을 거둬내고 본질적인 존재로 돌아가야 한다.

"이것이 바로 저의 진짜 모습입니다. 저는 여러분이 앞으로의 삶을 스스로 개척하기 위해 이것이 꼭 필요하다고 생각합니다."

최고의 졸업식 축사는 종종 아주 원초적이어서 날것 그대로를 보여주고, 또 오래도록 깊은 울림과 여운을 준다. 그래서 졸업식 축사 연사들을 연구해보면 여러 모로 도움이 된다. 비단 축사의 내용 때문만은 아니다. 그들은, 사람들 앞에서 말을 잘하기 위해 직업적인 전문 연설가가 될 필요가 없다는 사실을 명확히 보여준다. 당신이 아는 무언가에 대해 이해하기 쉽고 청중의 관심을 이끌어내는 방식으로 말하면 그것으로 족하다.

최고의 TED 강연 중 상당수가 작가나 과학자, 학자들의 강연인 것처럼 졸업식 축사도 말하기 실력을 공개적으로 뽐내는 자리가 아니다. 솔직히 말하면, 졸업식 축사가 연설에 관한 이상적인 특징과 모순되는 경우가 더러 있다. 대부분의 졸업식 축사는 원고를 보며 읽는 것도, 말을 버벅대거나 더듬거리는 것도 허용된다. 참고로 TED 토크의 경우 일부 강연자들이 보조 장치로 오토큐를 사용하는 것처럼 보일지 모르지만 원칙적으로는 원고를 보며 읽지 않는다. 요컨대, 졸업식 축사는 완벽할 필요가 없다. 그러나 충족시켜야 할 조건은 있다. 연사가 어떤 사람인가와 관련하여 무언가를 보여주는 이야기 형식이어야 한다.

만약 당신이 엘런 드제너러스 같은 사람이라면 목욕 가운을 입고 무대에 올라도 문제가 되지 않는다(실제로 엘런은 2006년 툴레인대학교 졸업식 축사 당시 목욕 가운을 입고 나왔다./옮긴이). 이 자체가 당신이 어떤 사람인가에 대한 이야기를 들려주기 때문이다. 여담이지만, 나는 드제너러스만큼 목욕 가운을 멋지게 소화하는 사람은 없다고 생각한다.

온라인상에서 좋은 반응을 얻는 축사들의 공통점 가운데 하나는 내용이 매력적이라는 점이다. 이는 당연한 말이다. 좋은 삶의 조건이 무엇이라고 생각하는가? 여기서 연사가 들려주어야 할 중요한 메시지를 주지시키지 못한다면 내용이 아무리 훌륭해도 청중들에게 감동을 줄 수 없다. 즉 연사가 지금껏 어떤 삶을 살아왔는지를 청중에게 확실히 인지시켜야 한다.

그리고 종종 코미디언이 연사로 서는 경우가 있는데, 청중의 기대와 달리 우스갯소리와 웃음기를 싹 뺀 축사로 청중을 의아하게 만드는 경우가 더러 있다. 이 모든 것을 종합해볼 때 졸업 연설은, 진실하고 자연스러운 무대 매너로 자신의 직업과는 전혀 무관한 무언가를 할 수 있음을 사람들에게 보여주는 자리다.

조앤 K. 롤링은 이에 대한 가장 훌륭한 본보기다. 그녀가 대중 앞에서 연설을 하는 경우는 극히 드물다. 그러나 그녀의 대중 연설은 강력한 영향력을 발휘한다. 아니, 솔직히 말하면 그녀의 대중 연설은 강력한 영향력을 발휘할 필요가 있다. 어쨌든 그녀가 누군가. 《해리 포터》시리즈를 탄생시킨 조앤 K. 롤링이 아닌가. 그러니 사람들이 그녀가 굉장한 연설을 들려주기를 기대하는 것은 당연하다. 하지만 그런 기대가 그녀에게 얼마나 큰 부담일지 생각해보라. 그녀는 오직 집필에만 몰두하며 '은둔'의 삶을 살기로 선택했다. 그런 그녀가 많은 사람들 앞에서 우스꽝스러운 모자를 쓰고 졸업 가운을 입은 채 좋은 삶을 사는 방법에 대해 연설하는 것을 과연 좋아할까? 나는 그렇지 않을 거라고 본다. 그럼에도 그녀는 힘든 기색 없이 품위 있고 편안하게 그 일을 해냈다. 물론 약간 주저하는 모습을 보이긴 했지만 그런 모습조차 그녀의 연설이 선물이라는 느낌을 강화하고 진정성을 더해주었다. 요컨대, 롤링은 연설을 하는 것이 불편함에도 중요한 무언가를 말하기 위해 그 자리에 섰고, 그런 감정을 극복했다.

당신이 어떤 사람인지 보여줘라

—

유명 인사의 졸업식 축사에서 사람들이 기대하는 것 중 하나는 스포트라이트가 비추지 않는 삶, 그러니까 공인이 아닌 사람으로서의 삶에 대한 통찰이다. 말인즉, 청중은 유명인의 겉모습이 아닌 그들의 내면의 모습과 지난 삶의 여정에 대해 알고 싶어 한다. 좀 더 나아가자면, 디너파티에서 그 사람의 바로 옆자리에 앉은 것 같은 기분을 느끼고 싶어 한다. 조앤 K. 롤링은 2008년 하버드대학교 졸업식 축사에서 청중의 이런 욕구를 성공적으로 충족시켜 주었다. 롤링의 축사 영상은 곧 하버드대학교 웹사이트에서 가장 많이 열람한 연설이 되었고, 그 인기를 업고

책으로 출판되기도 했다.

청중은 당신이 매 순간 자신들에게 얼마나 진실하게 반응하는지를 알고 싶어 한다. 롤링의 경우 그녀가 무대에 올랐음에도 청중의 박수가 잦아들지 않았고, 이로 인해 말을 시작할 타이밍을 잡는 것이 힘들어 보였다. 이에 분명 누군가가 박수를 멈추라는 신호를 보냈으리라 짐작된다. 롤링은 자신의 신분에 걸맞게 (품격 있는 높은 신분임에는 분명하나 행복한 상위층은 아니다.) 연설을 시작하면서 자신을 깎아내리기 위한 적절한 무언가를 했다. 청중은 그녀가 말 한 마디 하지 않아도 그녀를 아주 사랑했고, 그녀가 말할 때는 그녀를 더욱 사랑했다. 특히 "저는 여러분과 똑같아요. 솔직히 이 연설을 하고 싶지 않았어요"라고 말했을 때 그녀에 대한 청중의 사랑은 더욱 커졌다.

졸업식 축사는 준비한 원고를 읽든, 외워서 말하든, 아니면 즉흥적으로 애드리브를 하든 연사가 직접 그 방식을 선택할 수 있다. 조앤 K. 롤링은 미리 원고를 준비해 와서 읽었다. 그래도 청중은 그것을 문제 삼기는커녕 너무나 매력적이고 호소력 있으며 온화한 그녀를 그대로 용서해주었다. 내가 굳이 '용서'라고 표현한 것은, 연설은 언제나 메모나 원고 없이 할 때 더 강력한 힘을 발휘한다고 생각하기 때문이다.

그런 다음 그녀는, 비록 내용은 하나도 기억하지 못하지만 자신의 대학 졸업식에서 들었던 축사가 연설을 준비하는 데 큰 도움이 되었다고 말했다. 롤링은 "그 사실을 깨닫자 마음이 가벼워졌고" 덕분에 자신이 하고 싶은 대로 연설문 원고를 쓸 수 있었다고 했다.

여기서 그녀가 깨달았다는 사실은 무엇일까? 그녀가 그 연설의 내용을 전혀 기억하지 못하는 것처럼 지금 자신이 무슨 말을 하든 사람들이 이내 잊어버릴 거라는 깨달음이었다. 이 말을 할 때의 롤링을 자세히 보면 흥미로운 점을 발견할 수 있다. 그녀가 스스로를 아주 세심하게 통제하고 있다는 사실이다. 그녀는 그 농담이 서서히 효과를 발휘하도록 자신을 통제하면서 침착한 자세로 청중이 그 말의 의미를 이해하기를 기다렸다. 그녀는 절대 서두르는 법이 없었고, 자신의 농담에 정작 본인은 웃지 않았다.

나에게 롤링의 연설에서 가장 강력한 것 중 하나를 꼽으라고 한다면, 그녀가 그 시간을 아주 즐긴다는 점이라고 할 것이다. 롤링은 자신이 연설을 싫어하고, 또 연설을 하고 싶지 않았다고 말했지만 빈말인 게 틀림없었다. 원고를 수시로 들여다보며 읽었지만 절대로 집중력을 잃지 않았고, 중간중간 틀리고 더듬거렸지만 그 누구의 관심도 잃지 않았다. 요컨대, 롤링의 연설은 완벽하지 않아도 완벽한 연설을 할 수 있다는 사실을 인깨워주는 훌륭한 사례다.

하지만 우리가 롤링의 하버드 졸업식 연설에서 정말로 주목해야 할 사실은 따로 있다. 그녀의 연설이 이토록 감명을 주는 가장 큰 이유는, 조앤 K. 롤링이 조앤 K. 롤링의 이야기를 본인의 입으로 들려주었기 때문이다. 그녀의 개인적인 이야기는 정말이지 그 자체로 매혹적이다. 그녀와 같은 삶을 살지 않았고 그녀와 같은 성공을 거두지 못한 누군가가 그녀와 비슷한 이야기를 한다고 가정해보자. 누구도 그녀만큼 울림을 주지도 못할 것이고, 매력적이지도 않을 것이다. 솔직히 말해 금세 지루해질 것이 분명하다. 한 번도 이름을 들어본 적 없고 대표작도 없는 무명의 작가가 작가로서의 삶을 시작하면서 얼마나 고전했는지를 말한다고 생각해보라. 그 이야기가 입소문을 타고 널리 퍼질 가능성은 거의 없다고 봐도 된다.

이런 '특혜'는 비단 조앤 K. 롤링에게만 적용되는 것이 아니다. 알고 보면, 이 책에서 소개하는 연설가 중 상당수가 이런 특별한 경우에 해당된다. 다만 이것은 기억할 가치가 있는 연설의 한 단면일 뿐이다.

연설가의 성별을 떠나 우리가 아는 위대한 연설의 대부분은 이미 사회에서 특정한 지위나 영향력을 획득한 사람들이 자신의 지난 경험이나 자신의 생각에 대해 말하는 것들이다. 말인즉슨, 그들은 우리의 마음을 얻기 위해 별다른 노력을 할 필요가 없다. 뿐만 아니라 그들은 우리의 관심을 이끌어내기 위해 크게 걱정하거나 신경 쓸 필요도 없다. 우리는 그들이 어떤 사람인지 익히 잘 알고 있고, 그들에게 이미 관심이 있기 때문이다. 형편없는 헛소리를 지껄이지 않는 이상 말 그대로 무사통과다. 이것은 기대 관리와 관련하여 기억해야 할 매우 중요한 교훈이다. 아울러 이것은 조앤 K. 롤링과 같은 이점을 갖지 못한 사람들이 뛰어난 연설을 했던 사례들을 찾는 게 우리에게 훨씬 도움이 된다는 사실을 일깨워준다.

유명 인사들의 훌륭한 연설을 공부하고, 거기에서 영감을 받는 것은 더할 나위 없이 좋은 일이다. 그러나 때로는 평범한 직장인의 프레젠테이션이 눈을 뗄 수 없을 만큼의 훌륭한 영감을 줄 수도 있다. 그런 연설이나 발표 영상을 접할 기회가 있다면 발표자가 어떻게 그런 영향력을 발휘하는지 세심하게 메모하는 것도 좋은 방법이다.

완벽하지 않아도
'충분히 좋으면' 된다

─

조앤 K. 롤링은 하버드 대학교 졸업식 축사에서 어떤 연극적 기법도 사용하지 않았다. 오프라 윈프리 스타일의 "이제 그들의 시간이 끝났습니다" 같은 극적인 순간도 없었다. 롤링은 자신이 직접 작성해온 원고를 읽었다. 라디오로 방송되어도 청중 앞에서 직접 연설하는 것만큼 효과적일 거라는 생각도 들었다. 그러나 그녀의 축사가 이상적인 연설이라고 보기는 힘들다. 무엇보다도 극적인 요소나 몰입의 순간이 거의 없었고, 처음부터 끝까지 잔잔했다. 그럼에도 그녀의 연설이 좋은 이유는 연설 방식보다 내용이 훨씬 중요하다는 것을 증명해주기 때문이다. 이는 충분히 이해가 되는 대목이다. 롤링은 작가이기 때문이다.

그녀의 어조에서도 우리가 배울 점이 있다. 그녀는 진실하고 매우 중립적이며, 시종일관 겸손했으며, 어떤 극적인 공연보다 더 많은 울림을 주는 방식으로 한마디 한마디를 표현했다. 이는 그녀의 어조가 내용과 완벽히 일치했다는 의미다. 예를 들면 "우리는 그저 존재한다는 사실만으로도 다른 사람들의 삶에 영향을 미칩니다"라는 말을 할 때 그녀에게는 그 어떤 부가적인 연설 장치도 필요가 없었다.

나는 졸업식 축사 같은 연설은 완벽할 필요가 없다고 생각한다. 이에 대한 또 다른 좋은 예는, 2018년 밴더빌트대학교 졸업식에서 했던 아말 클루니의 축사다. 그날 연설에서 그녀가 잘한 점은 무엇일까? 그녀는 천천히 그리고 신중하게 말했고, 청중이 그녀의 말을 반드시 이해할 수 있도록 청중의 상태와 반응을 수시로 확인했다. 또한 그녀는 명쾌하고 자신감이 넘쳤으며, 하나의 중요한 메시지를 끝낼 때마다 손동작으로 강조했다. 그렇다면 반대로 그녀가 그 연설에서 부족했던 점은 무엇일까? 그녀도 롤링처럼 미리 준비한 원고를 읽었다. 그러나 롤링과는 달리 가끔씩 주의가 흩어지고 때로 시큰둥해 보였다. 이런 태도는 연사의 직업적인 모습이 아닌 인간적인 무언가를 보고 싶어 하는 학생들보다는 법정에서 더 잘 어울리는 모습이다. 변호사인 그녀가 사람들 앞에서 주로 말하는 공간이 법정이니 이런 모습이 이해되기도 한다.

하지만 그녀는 머리카락이 흘러내릴 때마다 손으로 걷어 올리고, 심지어 머리카락이 얼굴을 가리는 바람에 일부 청중은 그녀의 얼굴을 볼 수 없었다. 특히 그녀의 오른편에 앉은 청중은 그녀의 얼굴 표정을 거의 보지 못했다. 이것은 연설 중에 절대 해서는 안 될 중대한 실수의 하나로, 뒤집어 말하면 청중은 당신의 얼굴을 온전히 볼 수 있어야 한다. 절대로 머리카락이 얼굴을 가리게 하지 마라. 역시나 이에 대한 좋은 사례가 있는데, 야외에서 열린 2015년 하버드대학교 졸업식 날이다. 그날은 바람이 약간 세게 불었고, 축사의 연사로 나선 영화배우 내털리 포트먼은 바람에 머리카락이 날리자 머리카락을 귀 뒤로 완전히 넘겨 청중이 그녀의 얼굴을 볼 수 있게 해주었다.

결과적으로 아말의 졸업식 축사는 주목할 만한 성공을 거두었다. 그러나 반드시 짚고 넘어가야 할 것이 있다. 그녀는 연설이 잘해야 본전이고, 못하면 '쪽박'일 수 있음을 보여준 좋은 본보기다. 조앤 K. 롤링이 아니라면, 졸업식 축사를 청중의 혼을 쏙 빼놓는 멋진 순간으로 만들기가 지극히 어렵다. 만약 당신이라면 어떨까? 연단 뒤에 발이 묶인 초조하고 불안한 포로와 같은 심정이거나 어떤 방식을 선택해야 할지 결정하지 못해 무척 걱정스러울 것이다. 원고나 메모를 준비해서 읽는 것이 나을까, 외워서 하는 게 나을까? 물론 졸업식 축사인 만큼 학생들에게 초점을 맞춰야겠지만 같은 자리에 있는 교수나 학부모들을 소외시켜서는 안 된다. 한마디로 모두를 만족시키기도 어렵고, 잘하기도 힘든 것이 연설이다. 이런 이유로 평소 위험을 기꺼이 감수하는 성향의 사람도 이런 상황에서는 준비한 원고나 메모를 큰소리로 읽는 안전한 길을 택한다.

중요한 것은, 어떤 방식을 택하든 정답은 없으며 당신이 원하는 방식을 선택하면 된다. 2009년 툴레인대학교 졸업식에서 축사를 맡은 엘런 드제너러스가 이것을 잘 보여준다. 이는 2006년에 이어 그녀가 툴레인대학교에서 하는 두 번째 졸업식 연설로, 첫 번째 연설 때는 목욕 가운을 입고 등장해 깊은 인상을 남겼다. 먼저 한 남성이 대본도 없이 농담으로 분위기를 띄우며 따뜻한 말로 그녀를 소개했다. 이에 카메라가 엘런을 비추었는데, 그녀의 표정엔 긴장감이 역력했다. 엘런의 모습만 보아도 연설과 불안은 불가분의 관계임을 알 수 있다. 이제 내 말이 믿기는가? 자신의 이름을 내건 토크쇼를 진행하는 천하의 엘런도 이처럼 연설에 대해 불안해한다.

이제 그녀가 무대에 오르는데, 이번에는 우스꽝스러운 졸업 가운 차림이다. 그녀는 축사 내내 가운의 목 부분을 헐렁하게 풀어놓았다. 다들 알겠지만 졸업 가운을 입으면 덥기도 덥거니와 매우 불편하다. 그녀는 연단에 기댄 채 청중을 똑바로 쳐다보며 말했다. 그녀의 연설을 찬찬히 들어보면 이번 연설을 위해 원고를 작성해서 외운 티가 확연히 났다. 생각과 아이디어가 가득하고, 하나의 생각과 아이디어가 다음 생각과 아이디어로 자연스럽게 이어졌다. 이것은 원고를 작성해 외우지 않으면 힘든 일이다. 그녀가 익살을 떨어 청중을 웃길 때 하는 행동도 매우 흥미로웠다.

"나는 대학을 나오지 않았어요. 여러분이 시간이나 돈을 낭비했다는 말이 아니에요. 그렇지만 저를 보세요. 대학을 나오지 않았어도 엄청난 유명인사가 되었잖아요."

그런 다음 그녀는 기다렸다. 웃지도 않고, 자만한 기색도 없었다. 그저 기다릴 뿐이었다. 조앤 K. 롤링과 마찬가지로 엘런 역시 자신의 개인적인 이야기를 들려주었다. 그녀의 이야기가 흥미로웠던 것은 롤링처럼 엘런 본인의 이야기였기 때문이다. 정말이지 기가 막히게 흥미로운 이야기였다. 심지어 엘런은 한 술 더 떴다. 축사를 마친 뒤 연단을 내려가 청중 속에서 춤을 춘 것이다. 나는 이런 돌출 행동을 딱히 권장하지는 않는 편이지만 이것은 지극히 엘런다운 행동이고, 희한하게도 그녀에게는 이런 돌발 행동이 아주 잘 어울린다.

이쯤에서 다시 졸업식 축사 연사의 어머니인 조앤 K. 롤링의 이야기로 돌아가자. 그녀의 연설이 성공할 수 있었던 진짜 원동력은 무엇일까? 맞다, 자신의 개인사를 포함해 여러 이야기를 들려준 점이다. 단순히 이야기를 나열하는 것이 아니라 몇몇 이야기를 적절히 혼합했다. 그 중에는 이혼이나 실직처럼 널리 알려진 이야기도 있고, 그녀가 비영리

인권단체에서 일한 적이 있다는 얘기처럼 대중들에게 별로 알려지지 않은 이야기도 있었다. 그녀는 자신의 이야기와 우리 같은 일반인들의 이야기를 영리하고 조화롭게 균형을 맞추었다. 그러면서도 모든 이야기의 끝은 눈을 반짝이며 귀를 기울이는 학생들과 이제 첫발을 떼는 그들의 인생 여정으로 돌아갔다. 롤링은 학생들의 불안감에 대해 아주 많이 고민했고, 자신도 그들과 똑같은 불안감을 경험했다는 사실을 명확하게 드러냈다.

그녀가 자신의 개인사를 들려준 이유는 목적하는 바가 뚜렷했다. 자신의 지혜와 경험을 그 자리에 모인 학생들과 나누는 것이었다. 일례로 롤링은 어떤 난민과의 만남에 대한 소회를 들려주었다. 그 난민은 고국에서 겪은 잔인한 고문의 후유증으로 정신 질환을 앓고 있었다. 그런데도 그는 그녀를 만나는 내내 평정심을 잃지 않았고, 심지어 그녀에게 친절하고 상냥했으며 정중했다고 그녀가 전했다. 롤링은 그와의 만남을 평생 잊지 못할 거라고 했다. 여기서 우리는 어떤 교훈을 얻어야 할까? 사람들의 이목을 집중시키기 위해 대단한 순간을 생각해내거나 역사적인 만남을 강조하지 않아도 된다는 것이다. 당신에게 정말로 의미 있었던 순간을 떠올리고, 그것을 당신의 나머지 이야기와 연결시켜 잘 녹여내는 것으로 충분하다. 예컨대, 롤링은 그 만남을 자신의 실패 경험과 더불어 삶에서 정말로 중요하다고 생각하는 가치와 자연스럽게 연결시켰다. 바로, 진실과 타인에 대한 배려와 친절이다. 강조하건대, 작은 것으로도 충분하다.

당신다워져라!
당신은 다른 사람이 될 수 없다

눈여겨볼만 한 조앤 K. 롤링의 공개 행사가 또 있다. 이번 행사에서 보여준 롤링의 태도와 하버드대학교의 졸업식 축사에서 보여준 침착한 태도를 비교해보면 아주 흥미롭다. 앞에서도 말했듯 그녀는 공개적인 장소에서 연설을 자주 하지 않는다. 온라인상에서 그녀의 연설 영상이 손에 꼽을 정도인 것만 봐도 분명하다. 그녀가 공개 석상에 모습을 드러낸 몇 안 되는 사례 중 하나는, 졸업식 축사와는 사뭇 다른 종류의 연설에서였다. 바로 〈해리 포터와 죽음의 성물 2부〉의 공개 시사회장에서였다. 그날 연설은 비공식적인 것으로, 런던 트래펄가 광장에 모인 구름 관중 앞에서 사전 준비 없이 즉흥적으로 진행되었다. 만약 그 두 연설을 이어서 본다면 롤링이 두려워하지 않는 한 가지가 자신의 모습 그대로를 보여주는 것임을 단박에 알 수 있을 것이다. 방식은 달랐지만 두 행사에서 모두 '공간을 장악'했다는 결과는 같았다. 먼저, 졸업식 축사에서 그녀는 흠잡을 데 없이 완벽한 원고를 미리 준비함으로써 공식적인 상황을 통제했다. 한편 영화 시사회에서는 압도적인 상황이었음에도 순전히 자신다워짐으로써 비공식적인 상황을 능숙하게 컨트롤했다.

시사회에서 롤링은 연설을 시작하면서부터 이미 울고 있었다. 현재에 온전히 충실한 '프레즌스' 상태가 되는 것과 '있는 모습 그대로 함께하는 것'이 좋은 아이디어라는 교훈을 체득한 것이 분명했다. 그녀는 눈물을 흘리는 자신의 모습을 개의치 않는 눈치였고, 오히려 그 감정에 흠뻑 빠져들기 위해 고삐를 푼 것처럼 보였다. 내가 내린 결론에 의하면, 사람들 앞에서 연설하기를 좋아하지 않는 그녀는 그날 마이크를 잡고서도 지극히 편안했고, 늘 하는 일인 양 청중을 들었다 놨다 마음대로 주물렀다. 그날의 연설에서 흥미로웠던 점은 그녀가 《해리 포터》 시리즈의 제작진 모두에게 감사 인사를 하는 것 말고는 아무런 말도 하지 않았다는 점이다. 그리고 그런 인사말이 환상적일 만큼 재미있지도 않았다. 게다가 그녀는 연설 중에 두어 차례 실수를 했다. 첫 번째는 한창 말을 하다가 "으으, 침착해"라는 혼잣말이 불쑥 튀어나와 침착하고 평온하다는 인상을 깨뜨린 것이다. 이제까지 아주 잘하고 있었던 만큼 불필요한 말이었다. 다른 하나는 〈해리 포터와 죽음의 성물 2부〉를 연출한 데이비드 예이츠 감독이 실제로는 《해리 포터》 시리즈 중 4편을 제작했음에도 3편을 제작했다고 틀리게 말하는 바람에 실수를 바로잡은 것이다. 이번 연설은 하버드의 졸업식 축사에 비해 살짝 어수선하고, 강요에 의해 마지못해 마이크를 잡은 것처럼 느껴졌다. 그렇지만 그녀가 무대에 오르기 전 몇 문장을 서둘러 준비했음이 분명했다. 아마 그녀 본인도 평생 잊지 못하지 싶다.

"듣고 싶어 하는 사람이 없다면 어떤 이야기도 생명력을 갖지 못하는 법이에요."

"호그와트는 언제까지나 그곳에 있으면서 여러분이 집에 돌아온 걸 반겨줄 거예요."

이것은 예상치 못하고 있다가 사람들 앞에서 말을 해야만 하는 상황에 몰렸을 때 쓸 수 있는 아주 요긴한 기술이다. 첫 문장과 중간 문장, 그리고 마지막 문장을 준비하라. 첫 문장은 즉흥적으로 재치 있게 말해도 되고, "정말이지 감동적이어서 목이 메어 말이 나오지 않을 지경이에요"라고 감정을 그대로 드러내도 된다.

여기서 호그와트 발언은 조앤 K. 롤링이 연설을 마치면서 마지막에 했던 문장이다. 어쨌든 간단히 말할 필요가 있을 때 처음과 중간 그리고 맨 마지막에 사용할 문장 서너 개를 머릿속에 담아두었다가 꺼내면 효과적이다. 이런 문장은 배를 단단히 고정시키는 닻과 같은 역할을 하기 때문에 앞뒤에 살을 덧붙이고 강한 울림을 주는 마지막 말로 피날레를 장식하면 효과적이다. 시사회 연설에서 롤링에게 조언한 사람이 누구였든간에 어쨌든 그는 소임을 훌륭히 완수했다. 어쩌면 롤링 본인이었을 수도 있다.

이날의 연설에서 내가 바꾸고 싶은 유일한 대목은 자신의 감정을 통제하기 위해 혼잣말을 한 부분이다. 청중의 눈에는 그마저도 사랑스러워 보이고 즐거웠겠지만 말이다. 한편 연설 중에 눈물을 흘린 것과 관련해 궁금한 사람들도 있지 싶다. 울음을 멈출 수 없다면 어떻게 해야 할까? 가장 이상적인 방법은 그냥 그대로 밀고 나가는 것이다. 눈물이 흐를 때는 흐르는 대로 그냥 내버려둬라.

이 책에서 소개하는 모든 연설 가운데 대부분의 여성들이 일상에서 직면할 가능성이 가장 높은 연설은 무엇일까? 나는 조앤 K. 롤링의 영화 시사회 연설이 이 질문에 가장 근접할 것이라 생각한다. 물론 그것은 트래펄가 광장에 모인 수천의 청중 앞에서 하는 연설도 아닐 것이고, 자신의 커리어에 정점을 찍는 수백만 파운드짜리 시리즈 영화에 관한 내용도 아닐 것이다. 또한 롤링만큼 감정이 북받치지 않을 것도 확실하다. 그러나 그 연설의 구조는 고려해봄직하다. 애드리브와 "오, 세상에"라는 감탄사와 "일관성 있게"라고 말한 부분을 제외하면 롤링이 말을 한 시간은 4분 남짓했고, 전체 문장이라야 27개가 전부였다.

나는 대부분의 사람들이 27개의 문장으로 이뤄진 감사의 말 원고 정도는 능히 쓸 수 있다고 생각한다. 게다가 당신이 롤링이 아니고, 당신의 이름을 연호하는 수천의 사람들 앞에서 연설하는 경우가 아니라면 10개 문장으로도 충분하다고 생각한다.

청중의 기대에 대해 조앤 K. 롤링만큼 잘 아는 사람이 있을까 싶다. 작가로서 롤링은 이야기를 구성하는 수천 개의 단어를 적절히 사용하는 타이밍의 예술을 익혀야만 했다. 롤링은 하버드대학교의 졸업식 축사를 하던 중 어느 시점에서 연설이 어디까지 진행됐는지 청중에게 알려주어야 하는 필요를 느낀 듯싶다. 이 순간 그녀는 "제 말이 거의 끝나갑니다"라고 말했다. 이 말 역시 아주 인간적이고 소탈해서 연설을 더 감미롭게 만들어주었다. 누가 봐도 연설 실력이 뛰어나거나 오만한 연설가가 할 만한 발언이 아니었다. 그녀 본인에게나 ("연설이 끝나가서 정말 다행이야.") 청중에게나 (행여 롤링이 서둘러서 연설을 끝내주길 바라는 사람이 있다면) 똑같이 달콤한 순간이었다. 이 또한 우리가 기억해야 할 아주 훌륭한 말하기 비결이다.

그녀가 그날의 축사를 성공적인 경험으로 이끌 수 있었던 비결은 단순함이다. 이야기를 시작하고, 그것을 또 다른 이야기와 결합하고, 청중에게 연설이 곧 끝나간다고 안심시킨 뒤 마지막에는 로마시대의 철학자이자 극작가였던 세네카의 말을 빌려 기억에 남을 만한 강력한 여운을 준 단순함 말이다.

"이야기는 길이가 아니라 내용이 중요하다. 사람의 인생도 같다. 얼마나 오래 사느냐가 아니라 얼마나 알찬 삶을 사느냐가 관건이다."

한편 롤링은 연설 후반부에서 자신의 깨달음을 강조하기 위해 그리스 철학자 플루타르크의 유명한 말을 인용했다.

"우리가 내면에서 성취하는 일이 우리의 바깥 현실을 바꿀 것이다."

'바깥 현실'이라는 말에서 나는 이번 장의 마지막 문장을 떠올린다. 영화 시사회 연설에서 롤링이 피할 수 있었던 큰 실수가 하나 있었다. 연설하는 내내 그녀가 손에 클러치 백을 들고 있었던 것이다. 좀 더 정확히 말하면, 클러치 백과 마이크를 함께 잡고 있었다. 이것은 정말이지 악몽이었다. 사랑하는 롤링, 다음번에는 누군가에게 클러치 백을 맡기기로 해요.

— 우리가 졸업식 축사를 요청받는 일은 없겠지만 그런 연설의 특징은 다른 상황에 대입해도 매우 유용하다. 무엇보다 졸업식 축사 같은 연설을 하려면 개인적인 경험과 보편적인 지혜를 결합해야 한다. 이는 사람들 앞에서 말해야 하는 모든 상황에서 참고해야 할 부분이다. 당신이 배운 인생의 가장 중요한 교훈은 무엇인가? 당신이 자라면서 들은 가장 좋은(나쁜) 조언은 무엇인가? 당신은 실패를 통해 어떤 교훈을 얻었는가? 지금 당신이 알고 있는 것 중에 21살 때의 (혹은 13살 때나 30살 때의) 당신은 무엇을 알고 싶었는가?

— 졸업식 축사가 깊은 울림을 주는 이유 가운데 하나는, 특별한 순간이라는 기분을 느끼게 해주기 때문이다. 축사의 이런 특성을 전하기 위해 노력하라. 이 순간이 당신과 청중에게 어떤 의미가 있을까? 당신과 청중의 공통된 경험은 무엇일까? 예컨대, 졸업식 축사에는 이런 숨은 의미가 있다. "이제 여러분은 창창한 미래가 기다리고 있는 세상으로 첫발을 뗍니다. 저도 예전에 그랬던 적이 있었죠."
일이 성격상 영업 회의에 축사 연설의 이런 특성을 적용하기는 어렵다고 생각할 것이다. 하지만 그렇지 않다. 당신과 참석자 모두가 공통적으로 맞닥뜨리는 도전은 무엇인가? 당신이 느끼는 감정 가운데 참석자들도 경험할 감정은 무엇인가? 당신이 아는 정보나 지식, 경험 중에 참석을 줄 수 있는 것은 무엇인가?

─우리는 조앤 K. 롤링이 될 수 없고, 롤링처럼 무대에 오르는 순간 청
중의 사랑과 환호를 한 몸에 받을 수도 없다. 그러나 우리는 롤링에
게서 여러 교훈을 얻을 수 있고, 또 그래야 한다. 첫째, 사람들 앞에
서 말하는 것을 싫어해도 괜찮다. 둘째, 그런 마음을 사람들 앞에서
솔직하게 인정해도 아무 문제없다. 뿐만 아니라 사람들 앞에서 말하
다가 실수를 하거나 눈물을 흘려도 상관없고, 당신의 실패담을 들려
주어도 괜찮다. 내 간곡한 바람은, 골든글로브나 민주당 전당대회에
서 연설의 수준을 크게 끌어올릴 수 있는 사람보다는 롤링과 같은
연설가에게 눈을 돌리는 것이다.

─조앤 K. 롤링의 클러치 백을 잊지 마라. 클러치 백이든 무엇이든 공
개적으로 말하는 상황에서는 소지품을 다른 누군가에게 맡겨라. 혹
시 상패나 트로피 같은 것을 받았다면 그것도 내려놓아라. 말을 하
는 동안 무언가를 만지작거리지 마라. 화자로서 내가 당부하는 행동
들이다. 반대로 청중의 입장에서 당부하고 싶은 것도 있다. 술이나
음료를 손에 들고 있는 행사에서 감사 인사를 하는 경우 잔을 내려
놓지 않으면 박수를 칠 수 없다는 사실을 반드시 염두에 두어라. 이
럴 때는 연설을 마치면서 박수를 요청하지 말고 건배를 제안하라.
"자, 이제 모두 잔을 들어주세요." 그렇지 않으면 박수 소리가 찔끔
찔끔 나올 것이고, 그런 반응을 보고 당신은 당신의 연설이 실패했
다고 생각하게 될 것이다.

— 조앤 K. 롤링이 영화 시사회에서 27개 문장으로 감사 인사를 했던 사례를 기억하라. 당신도 동일한 상황에 대해 세 종류의 감사 인사 원고를 작성해보라. 먼저 세 문장, 다음에는 일곱 문장, 마지막으로 열세 문장으로 만들어라. 각 원고를 소리 내어 읽어보고, 시간이 얼마나 걸리는지 재어보라. 세 종류 중 어떤 것을 가장 편하게 말할 수 있는가? 이 중 하나를 외워두었다가 실전에서 앞뒤에 살을 붙일 수 있겠는가? 이 훈련을 통해 실제 상황에서 감사 인사를 하겠다고 자청할 수 있겠는가?

— 이른바 '죽여주는' 문장을 말하고 감사 인사를 해야 할 사람들의 이름을 전부 언급하긴 했지만 조앤 K. 롤링은 시사회 연설에서 준비가 부족한 듯 보였다. 당신도 그녀처럼 마이크를 잡을 계획이 없던 행사에서 짤막한 연설을 하라고 스스로에게 미션을 주라. 이런 기회는 생각보다 쉽게 찾을 수 있다. 파티에서 건배를 제안하고, 행사에서 주최 측에 공개적으로 감사 인사를 하고, 기금모금 행사에서 '만세 삼창'을 주도하는 등. 그리고 실제로 했을 때는 일종의 축하 선물로 스스로에게 보상을 하라. 누군가에게 부탁해 당신의 영상을 찍는 것도 잊지 마라. 그러면 둘 중 하나의 결론이 나올 것이다. 첫째, 나 스스로가 정말 대견스럽다. 둘째, 다음번에 더 잘할 수 있는 방법을 찾게 될 것이다.

8장

치마만다 응고지 아디치에라면
어떻게 할까

: 치미창가, 조용한 열정, 연설문에 생명력 불어넣기

Michelle Obama

Amy Cuddy

Virginia Woolf

Oprah Winfrey

Joan Rivers

Joan K. Rowling

Chimamanda Ngozi Adichie

Angela Merkel

원고를 보며
읽어도 괜찮다

◆

치마만다 응고지 아디치에의 수많은 연설 가운데 가장 전설적이라는 평가를 받는 두 개의 연설이 있다. 이 두 연설 영상은 입소문을 타고 퍼져 각각의 조회 수가 1,500만이 넘는다. 이 두 연설보다 명성은 약하지만 그녀의 나머지 연설들도 충분히 들어볼 가치가 있다. 특히 최근의 어떤 연설에서 그녀는 '의도'의 중요성에 대해 말하면서 자신이 '치미창가chimichanga'라고 소개된 일을 설명했다. 치미창가는 토르티야 속에 여러 재료를 넣어 기름에 튀긴 멕시코 전통 요리를 말한다.

그녀의 주장을 요약하면 이렇다. 그녀의 이름을 정확히 발음하려고 애쓴다는 가정 하에 실수로 치미창가라고 불러도 괜찮다. 그러나 너무 게으른 탓에 그녀의 이름을 정확히 발음하려 애쓰는 것조차 귀찮아서 혹은 그녀를 조롱할 목적으로 그렇게 부르는 것은 옳지 않다. 그러면서 아디치에는 그런 일쯤은 대수롭지 않다고 덧붙였다. 이유인즉, 그녀의 모국어인 이보어(Igbo, 나이지리아 서남부 지방에서 사용하는 언어/옮긴이)로 그녀의 이름은 "내 정신은 어떤 일에도 무너지지 않을 것이다My personal spirit will not be broken"라는 뜻이기 때문이라고 했다. 나는 당신이 그녀를 실수로라도 함부로 대하지 않기를 바란다.

우리는 큰 성공을 거둔 아디치에의 연설들을 면밀히 탐구해볼 가치가 있다. 자기만의 방식대로 연설하기 때문이다. 그녀는 즉흥적인 연설가가 아니다. 또한 감정에 휩쓸리는 사람도 아니다. 오히려 그녀는 매우 체계적이고 조직적이다. '아니면 말고'라는 식의 막연한 추측을 하고 싶지는 않지만 일련의 연설들에서 보여준 그녀의 태도와 습관, 그리고 그녀가 자신의 성격에 대해 언급한 내용들을 통해 판단하건대, 아마도 그녀는 통제광일 것이다. 그리고 이런 그녀에게 동질감을 느끼는 여성들이 많을 것이다. 중요한 연설을 운에 맡겨야 하는 이유가 있을까? 오작동을 일으킬지도 모르는데 중요한 연설을 하면서 오토큐에 의존할 이유가 있을까?

먼저, 아디치에의 TED 강연들을 찬찬히 뜯어보며 그녀가 어째서 통제광인지부터 알아보자. 다른 많은 TED 강연자들과는 달리 아디치에는 무대에서 이리저리 움직이는 대신에 강연대에 원고를 올려놓고 가만히 시시 읽는다. 이것은 우리에게 '공간을 장악'하는 것의 의미에 관해 깊이 고민해봐야 할 숙제를 안겨준다.

화자가 청중과 '연결'되는 방식은 다양하다. 에너지와 흥분을 발산하면서 무대를 이리저리 돌아다니는 것도 하나의 방법이다. 물론 움직이지 않고 한 자리를 꿋꿋이 지킴으로써 청중과 연결될 수도 있다. 그렇다면 많은 연설가들은 어떤 충고를 할까? 원고든 메모든 미리 준비한 무언가를 눈앞에 두고 읽는 것은 청중과 '연결'하는 데 있어 의미 있는 방법은 아니라고 말할 것이다. 말인즉, 원고나 메모를 외워야 하거나 오토큐가 필요하고 혹은 즉흥적으로 연설할 준비를 해야 할 필요가 있다는 의미다. 하지만 치마만다 응고지 아디치에는 이들의 주장을 보기 좋게 뒤엎는다.

그녀의 연설은 준비한 원고를 읽어도 그 메시지를 청중과 연결되도록 만들 수 있다는 사실을 단적으로 보여준다. 그것도 믿을 수 없을 만큼 아주 강력한 방식으로 말이다. 예를 들면 "단편적인 이야기의 위험성The Danger of a Single Story"이라는 제목의 강연에서 아디치에는 한껏 몸을 낮추고 겸손한 태도로 조용히 말을 시작했다.

"저는 이야기꾼입니다."

제목이 말해주듯 강연의 내용은 심각한 것이었고, 강연 초반 그녀는 청중을 적극적으로 웃기려 하지도 않았다. 그치만 청중이 웃음을 터뜨렸을 때는 아주 편안해 보였다. 그녀는 강연대 뒤에 서서 미리 준비한 원고에 의지해 말을 이어갔고, 연설에 관한 많은 암묵적인 규칙들을 처음부터 깨뜨렸다. 몸을 가만히 두지 못하고 빌빌 꼬았으며, 눈맞춤도 일관되지 않았고, 약간 서두르는 느낌마저 있었다. 단언컨대, 그녀는 단단히 긴장했고, 몇 문장을 말하고 나서야 비로소 긴장이 풀려 여유 있게 자신의 이야기를 풀어갈 수 있었다. 이게 뭐 어떻단 말인가. 이 TED 강연의 조회 수는 1,500만이 넘고, 엄청난 파급 효과를 불러왔는데 말이다.

이것은 어째서 연설이 완벽하지 않아도 되는지에 대한 또 다른 교훈이다. 이런 모든 '실수'에도 불구하고 그녀의 방식은 지극히 매력적이다. 그녀가 강연에서 말해야 하는 것이 본인에게 아주 중요하다는 사실이 명백히 드러났기 때문이다.

그녀는 자신이 전달하려는 메시지가 위험하다는 것을 알고 있었다. 하지만 그녀에게는 그 메시지가 아주 중요했기 때문에 주눅이 들기는커녕 도리어 자신감이 충만했다. 또한 아디치에는 자신의 아이디어들에 적절한 '표지판'을 붙이는 일을 아주 잘했으며, 그 아이디어들을 명확하게 설명했다. 그녀의 말마따나 이 또한 이야기꾼이기에 가능한 기술이다. 대체로 그녀는 "이것을 통해서 저는 이것을 알게 되었습니다" 식의 구조로 말한다. 이 또한 다른 해석의 여지가 없을 만큼 아주 명확하게 설명한다. 그리고 강연을 끝내면서는 "마지막으로 이 말을 전하며 마칠까 합니다"라고 했다. 이 말 덕분에 그녀의 강연에서는 사람들이 "이게 끝인가?"라고 생각하는 어색한 순간이 없었지 싶다. 오히려 그녀는 사람들에게 강연이 끝나간다는 사실을 미리 알려주었다. 물론 사람들 앞에서 말하는 모든 상황에서 반드시 이렇게 해야 하는 것은 아니다. 하지만 통제광이라면 이렇게 함으로써 일석이조의 효과를 거둘 수 있다. 통제광인 본인이 상당히 만족하고, 청중도 연설이 어디까지 진행되었는지 명확히 알 수 있기 때문이다.

그녀는 다음 이야기로 넘어갈 때 잠시 말을 멈추었다. 메시지 하나가 끝나갈 즈음 원고를 들여다보며 다음에 전할 메시지를 확인할 때는 지체 없이 행동으로 옮겼다. 이것은 진짜 기술이며, 우리 모두 연습할 가치가 있다. 하나의 이야기나 메시지가 끝날 때 화자가 잠시 말을 멈추는 것은 좋은 방법이다. 그리고 청중에게는 이런 시간이 필요하다. 이 시간에 그들은 화자가 다음 이야기나 메시지를 이어가기를 그냥 기다리는 것이 아니다. 그들에게는 이 시간이 화자가 방금 말한 내용을 이해하는 시간이다. 이렇게 볼 때 이 방법 역시 화자와 청중 모두에게 유익하다. 화자는 차분히 원고를 보며 다음에 말할 내용을 확인할 수 있고, 청중은 화자의 메시지를 소화할 수 있으니 말이다.

다시 아디치에 이야기로 돌아가서, 그녀는 미리 작성한 원고를 가지고 극단적인 편안함을 보여주었다. 그녀는 자신이 원고에 의지한다는 사실에 조금도 거리낌이 없었다. 심지어 자신이 원고에 의지한다는 사실을 사람들이 어떻게 생각하든 조금도 상관하지 않았다. 그저 자신의 속도로 무대를 이끌었다. 이런 점에서 그녀가 통제광이라는 생각이 드는 것이다.

'차분한 권위'야말로 아디치에의 강연을 대표하는 가장 큰 특징이다. 치마만다 응고지 아디치에는 애써 깊은 인상을 주려고 하지 않는다. 대신에 그녀는 설명하고, 자신의 메시지를 명확하게 하는 데 집중한다. 화려하거나 요란한 것은 전혀 없다. 입으로는 차이, 다름, 편견 등에 관한 심오한 메시지를 전하고 있지만 정작 그녀에게는 겸손함이 가득하다. 그녀는 자신의 메시지를 자랑하듯 강하게 내세우지 않고, 솔직하고 개방적인 태도로 명쾌하게 설명할 뿐이다. 강하게 밀어붙이지 않되 끈기 있게 차분히 설명한다. 이런 아디치에의 모습은 높은 자긍심을 가진 사람의 훌륭한 표본이다. 특히 강연을 시작하면서부터 이번 강연을 하는 것이 완벽히 편안하지는 않다는 사실을 숨기지 않았는데, 이것이 되레 그녀를 겸손한 사람으로 보이게 만들었다. 정직함에서 비롯된 참된 자신감과 자신의 겸손함이 빛나게 만드는 능력은 우리가 화자로서 진정 갖추어야 할 자질이다.

청중을 열광시키기 위해
폭죽을 터뜨릴 필요는 없다

—

치마만다 응고지 아디치에가 두 번째 TED 강연인 "우리는 모두 페미니스트가 되어야 합니다"를 할 즈음 그녀는 이미 연설가로 꽃을 피운 상태였다. 조회 수가 증명해주듯 첫 번째 강연은 무척 훌륭했다. 그리고 두 번째 강연에서는 그녀가 그 순간을 온전히 즐기고 있음을 느낄 수 있었다. 첫 번째보다 두 번째 무대가 더 컸지만 그녀는 강연을 시작하자마자 무대를 완전히 장악했다. 첫 번째 강연 때보다 청중과 눈을 훨씬 더 많이 맞추었고, 결과적으로 강연이라는 느낌이 더 강하게 들도록 만들었다. 또한 두 번째 강연은 더 친밀하고 더 편했다. 첫 번째 강연과의 공통점도 있었는데, 이번에도 그녀는 강연대 뒤에 서서 준비해온 원고에 의지했다. 하지만 이번 강연에서는 원고가 별로 필요하지 않은 것처럼 보였다.

나는 개인적으로 두 번째 강연이 정말 마음에 든다. 그녀가 강연 자체를 무척 즐기고 있다는 느낌을 받은 데다 자주 웃었기 때문이다. 아디치에는 곳곳에 개인적인 일화를 섞어 메시지를 전했는데, 특히 "제 어릴 적 이야기를 하나 들려드릴게요"라고 말하는 순간에는 순수한 기쁨이 그대로 드러났다. 이런 식으로 그녀는 자신이 중요하게 생각하는 이론을 소개할 때 그것에 관한 무언가를 드러내는 추억으로 부드럽게 청중을 인도했다. 뿐만 아니라 아디치에는 자신이 지금 강연 중이라는 마음 상태를 초월했으며, 청중 역시 그녀가 강연 중이라는 사실을 잊게 만들었다. 마치 청중과 얼굴을 맞대고 허물없이 말하는 것처럼 느껴질 정도였다. 물론 그 강연은 공식적인 무대였고, 그녀는 시종일관 엄격한 통제력과 자제력을 발휘했다. 하지만 이런 사실들에도 불구하고 "우리는 모두 페미니스트가 되어야 합니다" 강연은 마치 일 대 일 대화처럼 느껴지는 특징만 남았다.

이것이 바로 사람들 앞에서 말을 잘하기 위한 요령이다. 우선 당신은 사람들 앞에서 말하고 싶은 마음이 들어야 하고, 당신에게 사람들과 나눌 가치가 있는 무언가가 있다고 믿어야 한다. 또한 그것을 사람들과 나누는 기대감에 설레야 한다. 이런 감정은 크게 두 가지 효과를 가져온다. 첫째, 이런 감정을 키우면 화자로서 당신이 하고 싶은 아이디어를 발굴할 수 있으며, 긴장감을 극복할 수 있고, 연설이 화자가 아닌 청중과 관련 있다는 사실을 깨달을 수 있다. 둘째, 이런 감정은 당신의 열정과 흥미에 불을 붙이는 이야기 소재를 찾도록 만드는 훌륭한 안내자 역할을 한다. 사람들 앞에서 말하는 것에 대한 긴장과 불안감, 의구심을 떨쳐버릴 수 있다는 가정 하에 사람들과 나누고 싶은 것은 무엇인기? 생각만으로도 가슴이 설레는 것은 무엇인가?

어떤 사람들은 당신을 이해하지 못할 것이고, 어떤 사람들은 당신의 말을 거부할 것이다. 하지만 어떤 상황에서든 사람들 앞에서 말하는 것은 어렵다는 생각은 머릿속에서 깨끗이 지워라. 오히려 모든 일이 순조롭게 돌아간다고, 분위기가 갈수록 좋아진다고, 사람들이 당신의 연설을 좋아한다고 상상하라. 그리고 정말로 이런 상황이라면 당신은 청중에게 무슨 말을 하고 싶은가? 페미니즘에 관한 강연에서 아디치에가 사용한 문장으로 보건대, 그녀는 이렇게 다짐했던 것으로 보인다.

"저들을 만족시켜야 해. 네가 할 일은 그게 다야. 저들을 만족시켜. 저들에게 설명해줘. 단, 즐거운 마음으로 해야 해."

아디치에가 이번 강연을 얼마나 즐기는지를 단적으로 보여주는 행동이 있다. 청중이 몇 차례 크게 웃었을 때였다. 이에 그녀는 그들도 자신과 비슷한 경험을 했다는 사실을 알아채고는 즉흥적으로 원고에 없는 말을 했다. '통제광'인 아디치에가 말이다. 나이지리아에서 여성과 남성이 함께 식당에 가면 웨이터가 남성에게만 아는 척을 한다는 이야기가 그랬다. 하지만 아무리 편안하고 느긋해도 그녀는 한 치의 흐트러짐조차 보이지 않았다. 그녀는 강연장을 완벽히 통제했고, 모든 청중을 부드러운 시선으로 훑어보았다. 그리고 시종일관 두 손을 앞으로 공손히 모으고 원고 페이지를 넘길 때만 간간이 손을 풀었다. 청중 쪽으로도, 연단 쪽으로도 몸을 숙이지 않았다. 그저 온몸의 체중을 뒤꿈치에 실은 채 꼿꼿이 서 있었다. 그녀의 이런 태도는 청중을 그녀에게로 향하게 만들었다.

뿐만 아니라 아디치에는 20분에 걸친 강연 시간 내내 마음속 감정을 있는 그대로 표출하고, 웃음이 나오면 거리낌 없이 웃었다. 심지어 아디치에는 감정을 바로바로 바꾸는 것도 두려워하지 않았다. 청중에게 농담을 하고 비꼬다가도 비행기 사고로 죽은 친구 이야기를 하는 식이었다. 그녀는 청중이 긴장의 끈을 놓지 않게 만들었는데, 이 모습은 마치 자신이 긴장을 늦추지 않으려고 애쓰는 것 같았다. 어찌 보면 그녀가 청중에게 도발하는 동시에 자신에게 도발하는 것처럼 보이기도 했다.

그런데 아디치에 같은 대단한 연설가를 볼 때 우리 모두가 저지르는 실수가 있다. 연설가에게 깊은 감명을 받은 나머지 그의 어떤 행동이 그토록 깊은 감명을 주는지 알아내려는 노력을 하지 않는 것이다. 하긴 강연의 내용이 아주 중요하고, 그것에 온전히 혼을 빼앗긴 상태일 테니 이해할 수 있다. 하지만 사람들 앞에서 말하는 법을 배우고 영감을 얻으려면 강연의 내용을 넘어 강연을 이끌어가는 화자의 모습을 살피는 것이 더 중요하다.

어차피 우리는 강연의 내용을 좋아하게끔 되어 있다. 우리가 그렇게 하도록 그녀가 가르치기 때문이다. 어떻게 하는 걸까? 정자세로 똑바로 서서 몸을 움직이지 않는 것이다. 물론 각자가 진심으로 무언가를 느끼는 방식을 가짜로 꾸며낼 수는 없다. 아디치에의 첫 번째 강연("단편적인 이야기의 위험성")과 두 번째 강연("우리는 모두 페미니스트가 되어야 합니다")가 그 증거다. 두 강연은 3년의 시간차가 있었고, 그 기간 동안 아디치에에게 어떤 변화가 있었던 것임이 분명하다. 자신이 아주 좋은 사람이고, 세상이 자신의 말을 들을 준비가 되었으며, 이것이 자신에게 아주 쉬운 일이라는 사실을 온전히 받아들이게 된 것이 확실하다.

고민하지 말고
쉽게 하라

치마만다 응고지 아디치에가 강연하는 모습은 몇 번이고 되풀이해서 볼 가치가 있다. 그 이유 중 하나는 그녀의 평온한 태도 때문이다. 무대에서의 아디치에는 자신은 물론이고 자신의 아이디어들을 편안하고 느긋한 방식으로 보여준다. 마치 "마음에 들지 않으면 관두라"고 말하는 것 같다.

당신은 그녀의 이런 방식을 어떻게 생각하는가? 재미있지 않은가? 아니, 내 생각이 틀렸어도 상관없다. 그렇지만 단언컨대, 이것은 정말이지 극히 보기 드문 특성이다. 오히려 나는 성공한 여성들이 '편안함'이라는 개념을 마뜩찮게 생각하고 반감을 드러내는 것을 끊임없이 듣고 본다. 다시 말해 그들은 어떤 것이든 단순하거나 쉬울 수도 있다는 개념 자체에 극단적인 거부감을 갖는다. 그들은 사람들 앞에서 말할 때 그 시간을 즐기거나 긴장을 풀고 느긋해지는 것에는 관심이 조금도 없다. 도리어 그들은 연설이 어려운 것이기를 바란다. 사람들 앞에서 말하는 것은 마땅히 어렵다는 사회적 통념을 믿기 때문이다.

그런데 직장 내 행사들에서 그들은 그런 통념을 우습게 깔아뭉개는 광경을 보게 될 것이다. 남성 동료들이 전혀 준비되지 않았으면서도 스트레스를 받지 않고 또한 허세를 부리면서도 연설을 용케 해내는 모습을 눈으로 확인하는 것이다. 오해하지 마라. 모든 남성이 그렇다는 말이 아니다. 그래도 분명 세간에는 그런 남성들이 일부 있다. 그런데 여성이 이렇게 하는 경우는 극히 드물다. 그래서 나는 당신에게 부탁하고 싶다. 당신이 가끔 그렇게 하는 여성이 되면 안 될까? 그냥 설렁설렁 흘러가는 대로 연설하는 여성이 되면 안 될까? 연설이 끝난 후 "정말이지 준비를 하나도 못했는데 막상 해보니 별 것 아니네, 뭐"라고 말하는 여성이 되면 안 될까?

당연한 말이지만 아디치에가 강연에서 그토록 자유분방하고 편안할 수 있는 진짜 이유는, 여러 해에 걸쳐 체계적이고 철저하게 준비해왔기 때문이다. 그녀는 작가이자 사상가로서 강연자의 토대를 탄탄히 다졌다. 적절한 주제만 찾는다면, 우리라고 해서 그렇게 못할 이유가 없다. 누구에게나, 자신이 전문가 수준으로 잘 알고 다른 사람들이 알고 싶어 할 수 있는 무언가가 있기 마련이다. 또한 누구나 다른 사람들은 잘하기가 어렵다고 생각해도 자신은 전문가 수준으로 잘할 수 있는 무언가가 반드시 있다.

아디치에의 강연 내용이 놀라운 점은, 학술적이라고 할 만큼 지적이고 영리하며 수준이 매우 높으면서도 이해하기 어려운 것이 하나도 없다는 사실이다. 그녀의 강연들은 청중이 빠르고 쉽게 소화할 수 있는 데다 누구도 그것이 강연이라는 생각을 하지 않게 만든다. 오히려 그녀의 이야기를 통해 무언가를 배우고, 어떤 식으로든 나아졌다는 기분이 들게 만든다. 그녀가 일부러 그렇게 만드는 것이 아니다. 그냥 아무 노력 없이도 저절로 그렇게 된다. 이런 기분은 정말이지 청중에게 굉장한 경험이다.

도대체 아디치에의 비결은 무엇일까? 결론부터 말하면, 자신의 개인적인 경험과 이론을 적절히 섞는 데 비결이 있다. 예를 들어 편견, 창의성, 젠더, 문화처럼 강력히 주장하고 싶은 핵심 요점이 있음에도 그녀는 청중에게 지나치게 많은 사실이나 아이디어들을 제공하지 않는다. 대신에 강연 곳곳에 개인적인 경험담을 배치한다. 예를 들면 이런 식이다. "제 친한 친구 이야기를 해드릴게요", "정말 사랑스러운 친구가 하나 있는데……", "제가 어렸을 때의 이야긴데요", "저번에 나이지리아의 옛 수도 라고스에 갔다가 저녁에 외출했을 때의 일이에요". 이런 사사로운 이야기들이 아주 큰 효과를 발휘하는데, 내용은 단순하고 신빙성이 있는 반면에 지나치게 상세한 사항은 생략해 가볍기 때문이다. 게다가 사람들은 그녀가 이런 이야기를 수사적 장치로 이용하고 있다는 생각은 눈곱만큼도 하지 않는다. 오히려 자신들이 그녀의 삶을 실제로 공유하는 것 같은 착각에 빠져든다. 말인즉, 이런 이야기는 당신이 그녀의 친구이고 싶게 만든다. 심지어는 그녀가 당신의 친구라고 반쯤 믿는다.

이것은 어떤 말하기 상황에도 대입할 수 있는 뛰어난 기술이다. 특히 어려운 상황에서 더욱 빛을 발한다. 당신이 말하고 싶은 아이디어와 당신을 개인적으로 연결시켜주는 것이 무엇일지 생각해보라. 예전의 대화, 아는 사람, 만남, 관찰한 결과 등. 그런 다음 그것을 당신이 말하고 싶은 아이디어들과 연결시킬 방법을 찾아라. 만약 당신이 마케팅이나 브랜드 구축 같은 무언가에 대해 업무상의 발표를 하는 경우라면, 이것이 어려운 일처럼 들린다는 사실을 잘 안다. 그러나 다시 생각해보면 거기에도 분명 재미있는 무언가가 있을 것이다. 혹은 예전에 친구에게서 듣고 즐거웠던 무언가를 상기시켜주는 프레젠테이션 아이디어가 떠오를 수도 있다. 이도저도 아니면, 뇌리에 깊이 각인되어 평생 잊을 수 없는 인용구가 적어도 하나는 있을 것이다. 하지만 인력으로 안 되는 일도 있는 법. 아무리 머리를 쥐어짜도 당신을 프레젠테이션과 연결시킬 만한 개인적인 소재를 찾을 수 없어 벽에 막힌 듯 정말로 답답하다면, 나로서는 당신이 직업을 잘못 선택했다고밖에 할 말이 없다. 장기적으로 볼 때 본인이 지루함을 느끼고, 개인적인 의미가 하나도 없는 프레젠테이션을 할 수 있는 방법은 전혀 없다. 연설이든 발표든 아니면 강연이든, 말하기 상황에서 개인적인 의미를 찾기가 힘든 것은 경고 신호다. 이것은 치마만다 응고지 아디치에가 작가로서, 그리고 한 인간으로서 자신에게 동기를 부여했던 요인을 설명하는 강연에서 볼 수 있는 것과는 정반대된다.

무언가에서 개인적인 의미를 찾는 것은 가지 가지 측면에서 매우 중요하다. 첫째, 준비하는 과정 내내 관심과 흥미를 계속 유지하게 해준다. 예컨대 "우리는 모두 페미니스트가 되어야 합니다" 강연에서 아디치에는 비행기 사고로 목숨을 잃은 옛 친구에 대한 기억을 기리고 싶은 것이 틀림없었다. 그 친구에 대해 구구절절 늘어놓기는커녕 간단히 언급했음에도 그에 대한 기억이 그녀에게는 하나의 동기 부여 요인이 되었다. 둘째, 그렇게 하면 청중이 감정적으로 연결고리를 만들 만한 무언가를 제공할 수 있고, 청중은 다른 모든 것을 잊어버리더라도 그 한 가지는 영원히 기억할 것이다.

화자가 자신의 개인적인 경험에 대해 말할 때 혹은 일상적인 대화를 나누는 듯 이야기를 들려줄 때, 우리는 긴장이 풀어지고 느긋해진다. 우리는 학교에 있는 것이 아니다. 우리는 강의를 듣는 것이 아니다. 우리는 시험을 봐야 하는 것이 아니다. 화자는 우리를 자신의 이야기 속으로 기꺼이 데려가고, 우리를 위해 가능한 쉽게 말해준다. 어쩌면 아디치에의 옛 친구처럼 우리에게도 그런 의미가 있는 것이 무엇인지 생각해내려면 창의력을 발휘할 필요가 있을지도 모른다. 하지만 단언컨대, 우리 모두는 그런 것을 갖고 있다.

우리와 당신의
공통점을 보여줘라

—

치마만다 응고지 아디치에는 2012년 "우리는 모두 페미니스트가 되어야 합니다"라는 TED 강연 이후 6년 뒤인 2018년 하버드대학교 졸업식장에 모습을 드러냈다. 축사 연사로 초대받은 이유였다. 이번 축사에서 그녀는 6년 전보다 더욱 자신감이 충만한 모습이었고, 그녀의 축사는 단순함의 극치를 보여주었다. 아디치에는 "안녕하세요"와 "감사합니다"라는 간단한 인사로 연설을 시작했는데, 이 두 마디만으로 청중들에게 박수갈채를 받았다. 그녀의 표현 방식, 그리고 이번 연설에서 들려줄 메시지에 대한 설렘과 기쁨을 표정으로 고스란히 드러내는 방식을 찬찬히 뜯어보면 말을 잘하는 데 큰 도움이 되는 아이디어를 얻을 수 있다.

그녀의 모습은 그 자리에 있는 것이 영광스럽고 고마우며 황송한 것이 분명했다. 그리고 청중은 그녀의 이런 모습에 열렬한 반응을 보냈다. 사실 그녀는 연설을 시작하기 위해 아무 말도 하지 않아도 됐다. 그녀의 지위 자체가 그렇게 하지 않아도 된다는 자격증이기 때문이다.

　이번 졸업식 연설의 주제는 우리의 말과 글에 담긴 진실과 거짓, 그리고 그것이 정치와 어떻게 연결되는지에 관한 내용이었다. 아디치에 특유의 단순함은 자칫 민감할 수 있는 정치적인 내용을 더욱 맛깔나게 만들었다. 그녀는 자신이 거짓말을 했던 순간에 대해 고백했다. 병원에 가서는 수시로 자신의 키를 속였고, 한 번은 친구들과 점심 약속이 있었는데 아직 집에서 출발하지도 않았으면서 친구들에게는 교통 체증 때문에 늦겠다고 거짓말을 했다는 것이다.

　이렇게 그녀는 자신의 메시지를 강조하기 위해 애써 특이하거나 복잡한 사례를 가져오지 않았다. 오히려 평범한 이야기를 하면서도 두려움이 없었다. 물론 당신이 치마만다 응고지 아디치에라면 이렇게 해도 된다. 그녀는 커다란 영향력을 발휘하고, 그 영향력이 저절로 존경심을 불러일으키니까 말이다. 가령 친구들과의 점심 약속에 무슨 옷을 입고 갈지 결정하지 못해 약속에 늦는 평범한 모습을 보여주는 어떤 말을 해도, 그것은 그녀를 더욱 다가가기 쉬운 사람으로 보이게 만든다. 이런 아디치에에게 우리가 배워야 할 것은 화자인 당신의 삶의 모습이 청중의 삶의 모습과 크게 다르지 않다는 사실을 보여줌으로써 그들과 연결될 수 있는 방법을 찾을 수 있다는 것이다.

　그런 다음 아디치에는 우리 내면의 '거짓말 탐지기'에 대한 이야기를 이어갔다. 그녀는 타인뿐 아니라 우리 자신을 위해서도 거짓말 탐지기가 있어야 한다고 주장했다. 이것은 연설 상황에서 매우 유용한 팁이다. 즉흥적이든, 사전에 준비한 것이든 무언가에 대해 말할 준비를 할 때 우리는 자신이 정말로 말하고 싶은 내용을 말할까? 아니면 적당히 거짓말을 늘어놓을까? 당신은 거짓이 조금도 섞이지 않은 순수한 진실만 말할 수 있는가? 당연한 말이지만 이것은 위대한 연설가들의 연설이 이상적인 본보기가 될 수 없는 이유이기도 하다. 일상에서 우리는 상사, 동료, 경쟁자를 수시로 상대해야 하기 때문이다. 현실에서는 당신의 한마디 한마디가 누군가의 엄격한 '검열'을 받거나 심지어는 그들이 당신을 대신해 원고를 작성할 수도 있다. 이런 상황에서는 당신이 연설에 대해 할 수 있는 것이 별로 없을 수도 있다. 회사 내 홍보 부서에서 강력하게 요구한 바람에 울며 겨자 먹기로 절충안을 받아들이거나 지루한 내용을 포함시켜야 할 수도 있다. 하지만 아디치에는 그런 종류의 간섭과 개입을 용인할 필요도 없고, 그럴 이유도 없다. 그녀는 자신이 선택한 것은 무엇이든 말할 수 있는 자유가 있다.

우리 모두는 치마만다 응고지 아디치에의 연설에서 영감을 받는다. 하지만 명심할 것이 하나 있다. 만약 아디치에가 자신이 생각하는 무언가를 말할 수 없는 상황에서 내년도 프로젝트 투자 수익률에 관한 발표를 해야 한다면? 그 발표가 과연 우리에게 영감을 줄까? 그렇지 않을 것이다. 심지어 아주 시시할 것이다.

이제 우리에게 주어진 숙제는 분명하다. 그녀의 사례에서 자극 받아 우리 눈앞에 있는 것보다 더 높이 도달하기 위해 노력하면 된다. 다른 말로, 진실한 무언가 그리고 의미 있는 무언가를 찾아라. 맞다, 우리 모두가 노벨문학상을 수상한 소설가의 경지에 이를 수는 없다. 그러나 우리에게 중요한 의미가 있고 연설에서 이야기할 만한 진실한 이야기 하나쯤은 찾을 수 있다. 그리고 우리는 우리와 청주들을 연결시켜 주는 무언가를 찾을 수 있다.

— 당신은 철저하고 체계적으로 연습할 때 자신감이 커지는 유형인가, 아니면 즉흥적인 상황에 강하고 마지막 순간에 무언가를 떠올리는 유형인가? 당신이 처한 상황에서 이 두 가지 시나리오를 모두 시험해볼 수 있다면 가장 좋다. 프레젠테이션 준비가 부족했다는 이유로 해고될 가능성이 있는 경우라면 업무적으로 시도하기가 쉽지 않을 것이다. 하지만 준비가 약간 부족해도 괜찮은 상황, 마음 편히 즉흥적으로 말해도 크게 문제가 되지 않는 상황이라면 적극적으로 찾아서 시도해보라. 아울러 미리 원고를 작성해서 철저히 연습하는 것이 유리한 상황도 찾아보라. 이런 상황에 자주 노출되면 될수록 즉흥적으로 말할 수 있는 법을 배우게 된다. 그리고 이 두 가지 스타일을 자유자재로 사용하면 기쁨과 자유가 따라온다. 치마만다 응고지 아디치에의 두 가지 스타일의 연설을 보면 내가 말하는 기쁨과 자유가 어떤 것인지 이해할 수 있을 것이다.

— 사람들 앞에서 말하는 도전을 받아들여야 하는 중요한 이유가 있다. 그중 하나가 리더십 경험을 키울 수 있기 때문이다. 당신은 이 사실을 스스로에게 주지시켜야 한다. 리더는 통제하는 사람이 아니다. 리더들은 가끔 전혀 생각하지 않고 있다가 사람들 앞에서 말해야 하는 상황에 처하곤 한다. 상황을 완벽히 파악하지 못한 상태에서 연설 요청을 받을 수도 있다. 심지어 예정된 발표자가 갑자기 '펑크'를

내는 바람에 '대타'로 무대에 올라 돌발상황을 수습해야 하는 경우도 있다. 이것이 바로 진정한 리더십이다. 워크숍에서 내가 이런 시나리오를 제시하면, 여성들은 대부분 새파랗게 질린다. 그들은 준비할 시간이 주어지고, 사실로 완벽히 무장하며, 절대 실수하지 않을 거라는 확신이 들 때만 사람들 앞에 나서려 한다. 그러나 현실은 절대로 그 조건을 충족시켜 주지 않는다. 게다가 그렇게 하는 것은 진짜 리더십이 아니다.

진정한 리더십을 준비할 수 있는 방법은 한 가지뿐이다. 압박감이 크지 않아서 즉흥 연설을 할 수 있는 상황에 스스로를 노출시키고, 점차 나아지는 것이다. 준비될 때까지 기다리지 마라. 준비되지 않았을 때 준비를 시작하라.

◆ 실전 훈련 ◆

—크게 소리 내어 읽는 연습을 할 수 있는 읽을거리를 찾아보라. 책의 첫 페이지도 좋고, 당신이 예전에 했던 연설이어도 좋으며, 인터넷에서 찾은 다른 누군가의 연설이어도 상관없다. 이 책에서 소개한 연설 중 상당수가 인터넷에 공개되어 있다. 나는 연설문의 단어가 총 몇 개이고, 원고를 읽는 데 몇 분이 걸리며, 몇 개의 메시지를 다루는지, 청중이 몇 번 웃고 몇 번 박수가 나오는지 등을 확인하는 것을 좋아한다. 맞다, 내가 궁상맞아 보일 수도 있다. 그러나 이것은 말할 준비를 할 때 엄청난 도움이 된다. 말하자면 이것은 일종의 연설

교본이다. 그것도 아주 이상적인 교본이다.

연설을 찾은 뒤에는 마치 연단에 있는 것처럼 똑바로 서서 큰소리로 읽는 연습을 하라. 단순히 읽는 것이 아니라 실제처럼 해야 한다. 이렇게 하려면 연설문을 여러 번 되풀이해서 읽어 어느 정도 익숙해져야 한다. 먼저 눈으로 읽고 (원고를 쳐다보지 말고) 청중에게 큰소리로 말하라. 오랫동안 말을 멈추는 연습을 하라. 완벽히 외우지 못한 원고를 앞에 두고 연설하는 것이 어떤 기분인지 느껴보라. 이것은 읽지 않으면서도 '읽는' 것이다. 쉬운 예로, 학생이 교과서에 코를 박은 채 아무 감정이나 의미를 담지 않은 상태로 그저 단어를 하나하나 읽는다고 생각해보라. 내가 제안하는 훈련은 이것과 정반대되는 행동이라고 보면 된다.

— 휴대전화로 녹음할 준비를 하고, 무슨 말을 할지 생각해보라. 당신이 조금 아는 것이어도 되고, 관심이 많은 주제이거나 어떤 행사에서 하게 될 감사의 말이어도 상관없다. 단순히 상상만 하지 말고 실천하라. 1분 동안 혹은 10개의 문장을 즉흥적으로 말하고, 그것을 녹음하라. 그런 다음 두 가지 주제를 더 선택해서 그 훈련을 두 번 반복하라. 이제 녹음한 것을 들어보라. 당신이 무엇을 잘했는가? 사람들 앞에서도 똑같이 할 수 있는가? 원고가 있었다면 더 잘했겠는까? 스스로에게 깜짝 놀랐는가? 한 가지 덧붙이자면, 말을 시작하기 전에 마지막에 말하고 싶은 문장이나 아이디어를 미리 생각해두면 훨씬 수월할 것이다.

9장

앙겔라 메르켈이라면 어떻게 할까

: 부동자세, 양 손끝을 살짝 맞대다, 진지함

Michelle Obama

Amy Cuddy

Virginia Woolf

Oprah Winfrey

Joan Rivers

Joan K. Rowling

Chimamanda Ngozi Adichie

Angela Merkel

절제도 명확한 표현만큼
강력할 수 있다

◆

정치연설가나 운동가와 관련된 가장 놀라운 사실 하나를 꼽으라면 당신은 무엇을 선택하겠는가? 나는 가끔 그들이 연설할 때 상당한 절제력을 발휘한다는 점을 꼽고 싶다. 좋은 사례가 있다. 앙겔라 메르켈 독일 총리와 에마뉘엘 마크롱 프랑스 대통령은 2018년 일명 EU 개혁 로드맵으로 알려진 엘리제 조약을 체결하면서 그 조약을 설명하는 영상을 공개했다. 두 정상의 연설이라니 말만 들어도 기대된다고? 아서라, 기대는 접어라. 그나마 짧고 상당히 재미있는 영상이었다는 점을 위안삼기 바란다.

그 짧은 영상만 보아도 두 사람의 스타일이 극명하게 대조된다. 카리스마 넘치는 프랑스 대통령 대 무티mutti, 즉 '엄마'라는 애칭으로 불리는 자애로운 독일 총리. 마크롱의 신체 언어와 표정, 어조는 "제발 나를 좋아해주세요"라고 말한다. 그런데 그것이 조금도 불쾌하지 않다. 그는 행복하고 품격 있는 상위층이고, 현재에 온전히 존재하는 프레즌스의 모습을 유감없이 발휘한다. 반면 메르켈은 마크롱보다 좀 더 단호하게 보인다. 그녀는 눈맞춤, 자세, 머리 움직임 등의 측면에서 볼 때 자리에 못 박힌 듯 전혀 미동이 없고, 두 손은 '참선 자세'로 배꼽 쪽에 가지런히 놓여 있다. 참선 자세는 양 손가락 끝을 살짝 맞댄 자세를 말하는데, 잘 모르겠다면 만화 〈심슨 가족〉에 나오는 번스 사장을 떠올리면 된다. 그녀는 '강력한'이라는 단어를 말할 때만 유일하게 몸을 움직이고, 그런 다음 주먹을 불끈 쥐어 보인다. 이것은 첨예하게 대비되는 두 종류의 리더십에 관한 정말로 훌륭한 사례다. 물론 각각 나름의 방식대로 효과적이다. 그리고 메르켈이 처음부터 끝까지 보여주는 특성은 세심하게 계획된 신뢰할 수 있는 중립성이다.

메르켈과 마크롱처럼 당신이 다른 사람과 함께 무대에 있다고 가정해보자. 상대방이 말하는 동안 당신은 어떤 자세를 취해야 할까? 고개를 끄덕이고 미소를 띤 채 화자를 쳐다봐야 할까? 아니면 무표정한 얼굴로 청중에게 시선을 집중해야 할까? 이제부터 두 명이 함께 나오는 프로그램을 볼 때는 한 사람이 말하는 동안 다른 한 사람은 어떻게 하고 있는지를 유심히 살펴라. 몰입하는 것 같되 지나치게 몰입하지 않는 것처럼 보이고, 중립적이되 지루하지 않은 듯 보이는 것이 진정한 기술이다. 메르켈은 중립적이라는 인상을 주면서도 편안하고, 행복하고 품격 있는 상위층에 아주 가까운 모습을 보인다. 그러나 아주 많이 행복하지는 않다. 그녀는 본래가 아주 행복한 사람이 아니다. 그리고 그녀는

'참선'의 손 자세 말고 또 다른 중립적인 자세를 취하는데, 배 앞에서 양 손을 맞잡는 것이다.

나는 무대에서의 '권력 공유power sharing'라는 개념과 사람들에게 노출되지만 말을 하고 있지는 않은 상황에서 어떻게 해야 하는지에 관심이 많은 편이다. 사실 이것은 당신이 행사를 진행하거나 패널로 참여했을 때 고려하면 좋은 방법이다. 당신은 표정과 자세를 통해 당신이 지금 '경청'하고 있음을 명백히 보여줄 필요가 있다. 이와 관련해 내가 자주 제안하는 방법이 있는데, 바로 연필이나 펜을 쥐어 손이 '놀지 않게' 하는 것이다. 이렇게 하면 몰입하는 것 같되 주의가 산만한 것처럼 보이지 않을 수 있다.

누군가와 무대를 함께 사용할 때도 마찬가지다. 아마도 엘리제 조약 조인식에서 앙겔라 메르켈이 펜이나 연필을 손에 쥐는 행동은 적절하지 않았을 것이다. 솔직히 말하면 이상해 보일 것이다. 대신에 그녀는 몸을 꼿꼿이 세우고 가만히 서 있었다. 그리고 연설 끝부분에서 재미있는 장면이 연출되었다. 메르켈이 프랑스어로 어떤 말을 하고 어쩔 수 없이 미소를 지은 것이다. 그녀는 정말이지 프랑스어로 말하고 싶지도 않았고, 미소를 짓고 싶지도 않았음에 틀림없다.

그러나 그녀의 불편함에는 인간적이고 진정성 있으며 따뜻한 무언가가 있었다. 그녀는 지시를 내리고 리더십을 발휘할 때가 더 행복한 게 분명하다. 반면 마크롱은 움직임과 역동적인 활력 그리고 우스갯소리를 할 때 훨씬 더 편안한 사람이다. 이렇듯 사람마다 좋아하는 스타일이 다르다.

가능한 몸을 적게 움직일 때
강력한 영향력을 발휘할 수 있다

—

내가 지금까지 정적인 자세에 대해 많은 얘기를 했다는 사실을 잘 안다. 그러나 이 자세에 대해 얘기하면서 앙겔라 메르켈을 빼는 것은 핵심을 빼는 것이나 다름없다. 특히 메르켈은 리더십을 보여줄 때 이 자세가 매우 중요하다는 사실을 단적으로 보여준다. 메르켈과 힐러리 클린턴처럼 노련한 정치가들의 연설에서 가장 두드러지는 특징은 정적인 자세다. 그들은 연설을 하는 내내 당연한 듯 거의 몸을 움직이지 않는다. 두 발을 단단히 땅에 붙인 채 조용히 공간을 장악하는 것은, 말 한마디 하지 않고도 강력한 인상을 만들어낸다. 비록 색상은 다르지만 메르켈은 늘 똑같은 스타일의 정장을 고수한다. 옷차림에 대한 이런 철학이 그녀의 대중 연설에도 적용되는 것이 확실하다. 항상 비슷한 태도를 취하니 말이다. 절제, 침착함, 집중.

힐러리 클린턴은 더 이상 선출 공직에 도전할 뜻이 없으니 대중 연설에서 약간 자유로울 수 있겠지만 알고 보면 앙겔라 메르켈과 그녀는 같은 유형이다. 힐러리도 양 손가락을 살짝 맞대는 '참선 자세'를 자주 보여준다. 메르켈과 힐러리에게는 그 자세가 몸을 움직이지 않게 해주는 나름의 비결이 아닌가 싶기도 하다. 그 자세를 취하면 손을 꼼지락거리지 않을 수 있을 뿐만 아니라 중요한 전략적 결정에 대해 고민하고 있는 것처럼 보일 수 있다. 여기서 고백하건대, 나는 무대에서 혹은 다른 어디에서도 절대 이런 자세를 취하지 않는다. 중요한 전략적 결정에 대해 내가 고민할 일이 없어서이기도 하지만 나는 〈심슨 가족〉의 번스 사장처럼 보이고 싶지 않다.

사람들 앞에서 말하는 동안 당신이 이런 전술을 선택하고, 극도의 정적인 자세를 유지할 수 있다면 확실한 보답이 따라온다. 그 보답은 바로 청중이 당신의 말에 훨씬 더 많은 관심을 기울이게 된다는 것이다. 이것은 배우기는 쉬워도 실천하기는 어려운 기술이지만 놀라운 결과를 안겨준다. 메르켈은 말하는 기술에 관한 훌륭한 연구 대상이다. 특히 독일어를 할 줄 모르는 사람들에게는 더더욱 그렇다. 당신이 만약 알아들을 수 없는 언어를 사용하면서 권위와 자신감, 리더십을 발산하는 사람이라면 흥미로운 관찰 대상이 된다. 왜일까? 어차피 알아듣지 못하니 그들이 하는 말에 주의가 분산되지 않기 때문이다. 고로 당신은 사람들이 이야기를 효과적으로 전달하는 방식에만 집중할 수 있다.

앙겔라 메르켈에 관한 모든 것이 여기에 해당된다. 그녀는 단순하고 명쾌하며 절제된 따뜻함을 담아 말한다. 우스갯소리를 하거나 친근함을 보여주려고 애쓰지 않는다. 또한 그녀는 모든 일에서 절대적인 평균을 유지하는 것에 만족한다. 말인즉, 눈에 띄거나 정도를 벗어나지 않는다. 지극히 메르켈다우며, 이런 방식 자체가 메르켈이다. 위험 부담이 적고 안전하며 편안하다. 반대자들과의 TV 토론 같은 약간의 즉흥성이 요구되는 상황에서도 그녀는 수위를 약간 낮출 뿐 동일한 스타일을 고수한다. 그녀는 마치 연설대와 한 몸인 듯 움직임이 없고, 한 손으로 손짓을 하면서도 그 동작이 극단적일 만큼 절도 있다. 특히 새해 전야에 독일 국민들에게 보내는 신년사에서 메르켈의 자세는 불가사의할 정도로 침착하다. 메르켈은 항상 두 손을 앞으로 모으거나 연설대 또는 책상처럼 무언가에 올려두는 것을 좋아한다. 게다가 그녀는 열정을 보여주는 것에는 전혀 관심이 없다. 대신에 조용하고 통제된 강인함을 보여주는 데 집중한다. 한마디로 그녀는 예측 가능함과 안정의 화신이다.

정치 리더십 스타일 1: 실용주의적 리더

—

당신이 어떤 말을 할지 귀에 선하다.

"하지만 나는 앙겔라 메르켈처럼 되고 싶지 않아요. 미셸 오바마 같은 사람이 되고 싶어요."

당연하다. 당신뿐만 아니라 우리 모두 그렇다는 것을 나는 잘 안다. 내가 말하고 싶은 것은, 메르켈은 절대 미셸 오바마가 될 수 없다는 점이다. 행여 그녀가 원한다고 해도 안 된다. 그리고 단언컨대, 그녀는 미셸 오바마처럼 되고 싶어 하지 않을 것이다. 그녀에게는 그녀만의 스타일이 있고, 그것이 아주 잘 어울린다. 자신에게 맞는 스타일을 찾은 것이 그녀에게 커다란 강점이 되었다.

그녀는 2005년 독일의 최고 권력자인 총리직에 오른 이후 지금까지 네 번째 임기를 수행하고 있다. 이렇게 볼 때 사람들이 그녀의 리더십에 긍정적으로 반응하는 것이 분명하고, 그녀는 그동안 수많은 도전을 성공적으로 헤쳐 왔다. 따라서 우리는 그녀의 고지식하고 침착하며 조용한 스타일을 존중하고, 그것에서 교훈을 얻는 것이 중요하다. 메르켈처럼 행동할 수 있다는 사실을 진즉에 깨달아서 사람들을 한방에 날려버리는 화려한 연설을 하지 않아도 되었다면, 지금보다 여성 정치인들이 더 많지 않을까?

어쨌든, 메르켈은 원칙주의의 교과서 같은 사람이다. 그녀는 실용주의적이고, 여성 교장 같은 리더십을 고수한다. 흥미진진하거나 최신식의 스타일은 아닐지 모르지만 그녀에게는 그 스타일이 맞다. 이것이 효과적이라는 데는 이견이 없을 것이다. 지금까지 그녀가 이뤄낸 업적이 그 증거다. 메르켈은 우리가 아는 한, 자신의 성품과 환경에 잘 맞는 리더십을 찾은 가장 뛰어난 본보기 중 한 명이다. 그렇다고 무조건 그녀를 따라해야 한다는 말은 아니다. 다만 자신에게 꼭 맞는 스타일을 찾은 메르켈을 본받아 모든 여성이 자신에게 맞는 리더십 스타일을 찾을 수 있다면 정말 좋겠다는 뜻이다.

앙겔라 메르켈의 연설은 '탈脫 애착의 달인'이라고 표현된다. 이것은 대단한 칭찬인 동시에 모욕적인 의미를 담고 있다. 그녀가 아주 까다롭고 민감한 주제, 이를테면 이민이나 테러에 대한 주제를 감정에 치우치지 않고 냉철한 사고로 다룰 수 있다는 점에서는 칭찬이다. 그녀는 극단적인 차분함으로 무장하고 자기 입장의 미묘함과 어려움을 침착하게 설명한다. 한편 이것은 모욕이기도 하다. 메르켈이 본인의 결정을 열정적으로 옹호할 수 없고, 이것이 그녀를 차갑고 비정한 사람으로 보이게 만들 수 있기 때문이다. 하지만 그녀의 업적을 보면 알겠지만, 이것은 분명 시대적인 분위기에 어울리는 적절한 태도다.

스타일이 비슷하다고 해서 모두가 비슷한 결과를 얻는 것은 아니다. 힐러리 클린턴이 이를 잘 보여준다. 힐러리도 메르켈과 같은 스타일을 사용했지만 결과는 달랐다. 2016년 미국 대통령 선거에서 힐러리는 총 득표수로는 도널드 트럼프를 앞지르고도 대통령에 당선되지 못했다 (미국 대통령 선거는 전체 득표수가 아닌 선거인단 확보수로 당락이 결정되는데, 해당 주에서 한 표라도 더 얻으면 할당된 선거인단을 싹쓸이하는 '승자 독식제'를 운영한다./옮긴이). 당시 그녀의 스타일은 메르켈과 비슷했지만 결과적으로 그녀에게 그것은 승리의 공식이 아니었다. 이론적으로 볼 때, 힐러리는 통제되고 조용한 권력에 관한 한 메르켈과 쌍벽을 이룬다. 그러나 현실에서는 그녀의 방식에 유권자들이 납득하지 못하는 무언가가 있었다. 어쩌면 그녀의 방식과 관련된 무언가가 그녀에게 잘 맞지 않았을 것이다. 물론 그녀가 '낙선'했으니 그녀의 방식이 그녀에게 맞지 않았다는 결론이 당연할 수도 있다. 그러나 여기서는 다른 식으로 생각해볼 여지가 있다. 그녀의 정치적 성공에 초점을 맞춰보는 것이다.

힐러리 클린턴은 자신의 방식과 재능에 힘입어 40여 년에 걸쳐 성공적인 정치 인생을 살아올 수 있었다. 그 경력의 정점은 4년간 국무장관으로 재직하고, 2016년 민주당 대통령 후보로 출마해 선거 운동을 치르고, 유권자들로부터 트럼프보다 더 많은 표를 얻은 것이다. 이렇게 볼 때 비록 그녀의 스타일이 궁극적으로는 '승리의 공식'이 아니었을지 몰라도 그녀에게 도움이 된 것은 분명하다.

힐러리 클린턴의 화법은 신중하게 계산된 것으로, 메르켈이 가진 푸근한 '여성 교장'의 특성을 그대로 답습한다. 단언컨대, 이것은 세대적인 특징이다. 즉 살아온 시대와 관련이 있다. 힐러리 클린턴과 미셸 오바마는 16살의 나이차가 난다. 세대 차이가 나지 않을 수 없다. 게다가 미셸 오바마는 공직에 출마한 적도, 공직을 수행해본 적도 없다. 반면 힐러리는 공직을 지극히 중대하게 생각하고, 공직자의 길을 가는 동안 단 한 순간도 경계의 고삐를 푼 적이 없다.

역설적이게도, 힐러리 클린턴이 정계를 떠난 이후부터 그녀의 말하기 스타일이 더 '진정성 있다'고 평가받는다. 이에 대해 힐러리 본인은 어떻게 생각할까? 아무리 진정성 있는 연설을 해도 여성인 당신은 패자일 수밖에 없을 거라고 주장하고 싶다. 말인즉, 여성인 당신이 무엇을 하든 사람들은 꼬투리를 잡아 당신을 비판하고 싶어 한다는 뜻이다.

이쯤에서 이런 질문을 해보자. 힐러리는 과연 자신에게 맞는 리더십 스타일을 찾을 자유가 허용되었을까? 이 질문에 대해 나는 매우 회의적이다. 정치인으로서 그녀의 경력은 논란이 끊이지 않았기 때문이다. 그리고 그중 상당 부분은 남편과 관련된 논란이었다. 힐러리는 자신이 여성이라는 이유로 사람들이 자신에게 지나치게 엄격한 잣대를 들이댄다고 억울함을 호소했다. 힐러리의 선거 홍보 담당 책임자였던 제니퍼 팔미에리는 저서 《친애하는 여성 대통령께》에서 힐러리의 연설 스타일에 대한 사람들의 조언을 전달했던 경험을 소개했다. 그런 의견에 대한 힐러리의 반응은 거의 이런 식이었다고 한다.

"그 사람들은 완벽한 연설 스타일을 가진 여성이 누구인지 알려줄 수 있대요?"

그 질문에는 정답이 없다.

정치 리더십 스타일 2:
연륜 있는 여성 정치인

―

앙겔라 메르켈과 마찬가지로 힐러리 클린턴 역시 힘과 권력을 신중하게 보여주는 것이 특징이다. 거의 웃지 않고 감정 표현도 극도로 자제한 채 온화한 느낌만 보여준다. 2016년 민주당 전당대회의 대선 후보 수락 연설에서 힐러리는 두 손을 맞잡고 차분하게 서서 엄청난 박수갈채를 받았다. 자신이 생각한 것보다 환호와 박수가 길어지자 그녀는 "감사합니다"를 반복하면서 청중을 진정시키려 노력했다. 하지만 두 손을 들지는 않았다. 그랬더라면 청중을 더 빨리 진정시킬 수 있었을 것이다. 그리고 그녀는 필요한 것보다 더 목소리에 힘을 주었다. 이것은 대규모 공간에서 연설하는 사람들이 종종 저지르는 실수다. 내 생각은 이렇다. 그런 장소에서 청중은 연설가가 마이크에 대고 말하는 것 외에는 아무것도 들을 수 없으므로 굳이 목소리를 높일 필요가 없다. 또한 힐러리는 천천히, 신중하게 말했고 청중에게 골고루 시선을 돌리기 위해 애썼다. 뿐만 아니라 그녀의 목소리는 미셸 오바마의 목소리보다 훨씬 단호하고 강력했다. 한마디로 그것은 공직에 출마하는 사람의 목소리였다.

힐러리 클린턴의 최대 강점은 연륜에서 나온다. 말인즉 40년간 정치판에서 잔뼈가 굵은 힐러리는 대중 앞에서 수많은 연설을 해왔고, 덕분에 연설에서 사용할 수 있는 아이디어와 인용구, 그리고 요령이 엄청나다.

대선 후보 수락 연설에서 힐러리가 보여준 방식을 잠시 살펴보자. 경험에서 우러나온 그녀의 스타일은 자연스럽고 친숙했다. 하나의 메시지가 끝날 때마다 손동작으로 마침표를 찍는 데도 아주 능숙했고, 그럼에도 그 방식을 너무 많이 사용하지 않으려 조심했다. 또한 힐러리는 전통적인 연설가로서의 특징들을 효과적이면서도 적절하게 활용했다. 특히 "우리가 두려워해야 하는 것은 두려움 그 자체뿐"이라는 32대 대통령 프랭클린 루스벨트의 말을 인용하고 구호를 외치면서 청중을 자유자재로 요리했다. 연설 초반부에서는 45년 전 '법학대학원 도서관'에서 남편을 처음 만났다는 사실을 언급함으로써 노련한 연설가의 진면목도 드러냈다. 이것은 가식적이거나 폭로적인 무언가를 말하지 않고 친밀감을 높이는 아주 좋은 방법이다. 동시에 청중에게 자신이 법률을 공부한 변호사 출신임을 상기시키는 매우 훌륭한 선택이기도 했다.

우리가 힐러리 클린턴에게서 배워야 할 가장 큰 교훈은, 자신의 지혜와 경험에 대해 편안하게 느끼고, 아무 두려움 없이 그것을 자연스럽게 드러내는 것이다. 이것을 어떻게 받아들일지는 당신의 몫이다. 좋으면 받아들일 것이고, 싫으면 떠날 것이다.

힐러리는 십대 시절부터 연설가 훈련을 받아왔다. 그러니 누구도 그녀에게 걸림돌이 될 수 없을 것이다. 단, 예외 없는 규칙이 없듯 여기에도 두 가지 예외가 있다. 여성인 그녀에게 사람들이 끊임없이 엄격한 이중 잣대를 들이댄다는 사실, 그리고 이제까지 그녀가 정치인에 대한 다소 신화적인 이상향과 절대 부합하지 않는 것처럼 보였다는 사실이다. 제니퍼 팔미에리는 저서에서 1970년대부터 미국인들에게 힐러리 클린턴을 어떻게 생각하는지 물어보면 항상 이런 대답이 돌아왔다고 했다. "그녀에게는 뭔가가 있는데……"라고 말꼬리를 흐리다가 "내가 좋아하지 않는 뭔가가 있습니다"라고 결론 내린다는 것이다. 팔미에리는 이 것이 여성 지도자에 대한 미국인들의 선천적인 거부감(혹은 권력을 추구하는 야심찬 여성이라는 꼬리표에 대한 거부감)과 관련 있다고 생각했다. 그러면서 가까운 미래에 이것이 바뀌기를 희망한다는 바람도 드러냈다.

정치 리더십 스타일 3:
합리적이고 대담하고 지혜로운 여성
—

국제통화기금 IMF의 총재를 역임하고 유럽중앙은행의 신임 총재로 취임한 크리스틴 라가르드는 미셸 오바마 같은 연설 스타일로 전 세계에 영향을 미치는 여성 리더가 아닐지 모르겠다. 하지만 그녀의 연설 스타일은 미래의 여성 리더들이 공부해두면 도움이 될 것임이 틀림없다.

그녀는 느긋한 대화체로 말한다. 특히 영어로 연설할 때는, 영어가 모국어가 아닌 까닭에 자신의 의미를 정확하게 전달하기 위해 천천히 말하려고 유독 신경 쓴다. 이것은 우리 모두가 새겨봄직하다. 가령 당신의 모국어가 영어일 때 청중 가운데는 영어가 유창하지 않은 사람이 있다는 사실을 항상 명심하라. 그리고 그들을 배려하여 천천히 말하라.

이쯤에서 크리스틴 라가르드와 앙겔라 메르켈, 멜라니아 트럼프의 어깨에 지워지는 부담에 대해 생각해보자. 전 세계에 메시지를 선사 내 그들은 가끔 모국어를 사용하지 않는다. 예를 들면 크리스틴 라가르드는 경제에 관해 장황한 연설을 할 때 자신의 말이 동시통역된다는 사실을 염두에 둔다. 이 경우 동시통역이 가능하게 통역사를 배려할 필요가 있다. 그리고 어느 정도 시간이 흘러 연설에 적응되고 청중이 자신의 목소리에 익숙해지면 라가르드는 속도를 조금 높인다. 대체로 그녀는 원고를 준비하지만 가끔은 즉흥적인 질문을 통해 청중에게 직접 호소하기도 한다. 뿐만 아니라 라가르드는 힐러리 클린턴이나 앙겔라 메르켈보다 훨씬 설득력이 있고, 사람들의 마음을 끄는 매력이 있으며, 연설을 시작할 때 항상 함박미소로 포문을 연다.

국제통화기금의 수장이었던 만큼 라가르드는 정치적으로 매우 민감하고 외교적인 부분도 수행해야 했을 것이다. 그리고 일의 특성상 그녀는 개인의 주장을 펼치거나 열정을 공유하기보다 정보를 제공하거나 이론을 설파하는 경우가 더 많았을 것이다. 손을 많이 사용하는 편은 아니지만, 손을 사용할 때는 손동작을 크게 하는 것이 그녀의 트레이드마크였다. 일례로 하버드대 케네디 행정대학원 산하 정치 연구소에서 공개 연설을 했을 때 라가르드는 세계 경제를 날씨에 비교해 설명했는데, 햇빛이나 비구름, 폭풍 등을 표현할 때 손을 사용했다. 그렇게 하지 않았더라면 심각하고 이해하기 힘든 연설이 되었을 것이다. 하지만 그녀가 손을 효과적으로 사용한 덕분에 사람들은 연설 내내 집중할 수 있었다. 라가르드는 존 F. 케네디가 경제를 언급하면서 했던 유명한 문구 "지붕은 햇빛이 밝을 때 수리해야 합니다"를 인용하는 등 대중 연설 상황에서 은유적 표현법으로 날씨를 종종 사용한다.

그녀의 연설에서 흥미로운 것 중 하나는 어조에 어떤 변화도 주지 않고 시종일관 한결 같다는 점이다. 앞에서도 말했듯이 그녀는 연설에 적응해 편안해지면 약간 속도를 높인다. 그러나 그것을 제외하고 라가르드는 철저하게 흔들림 없고 차분한 어조를 유지한다. 또한 그녀는 놀라울 정도로 정확한 언어 구사 능력을 발휘하고, 복잡한 재정 정책에 대해 말하고 경제 용어를 사용함에도 불구하고 그녀의 말은 이해하기가 쉽다.

그렇다면 그녀를 표현하는 가장 적절한 형용사는 무엇일까? 침착한, 예측 가능한, 믿을 수 있는, 성실한 등이 될 것이다. 이런 라가르드가 메르켈이나 힐러리와 다른 점은 권위, 힘, 정치적 리더십보다는 지식, 지혜, 통찰을 전달한다는 사실이다. 그녀는 이른바 우먼파워에 위협감을 느끼는 보수적인 조직에서 일하는 사람들에게 훌륭한 역할 모델이다. 또한 라가르드는 스포트라이트를 받는 것을 부담스러워하는 여성들에게도 좋은 역할 모델이 된다. 그녀는 존경심이 절로 우러나는 합리적인 방식으로 스포트라이트를 받아낸다.

정치 리더십 스타일 4:
신념에 죽고 사는 독불장군 운동가

—

운동가의 에너지는 선출 정치인이나 공직에 출마하려는 정치인들의 에너지와는 사뭇 다르다. 운동가들은 자신의 대의를 주장해야 하지만 여러 측면에서 볼 때 그 주장을 입증해야 할 책임은 없다. 그들은 자신이 무엇을 옹호하는지 명확히 알고 있고, 그것을 받아들일지 아닐지는 온전히 청중의 몫이다. 그들은 정치인들은 할 수 없는 방식으로 자신의 입장을 명확하게 밝히고 소신을 굽히지 않는다.

이런 반골 기질을 가진 독불장군 스타일의 여성 운동가 중에 세계 여성 운동의 대모로 불리는 글로리아 스타이넘이 있다. 스타이넘은 1970년 미국여성해방 운동에 참가해 연단에 섰다. 이날 연설에서 주목할 점은 그녀가 무심하리만치 무덤덤했다는 사실이다. 이것은 분노한 여성이 내는, 세상이 바뀌어야 한다는 외침이 아니었다. 그녀는 사람들이 또렷하게 들을 수 있도록 마이크 앞에 바짝 다가서서 준비해온 원고를 읽었다. 그것은 구호라기보다는 건강과 안전에 관한 경고문 같은 성명서였다. 솔직히 그녀는 약간 지루해 보였고, 어떻게든 그 연설을 끝까지 해내고 싶어 하는 듯했다.

그런데 이런 모습이 놀랄 만큼 조용한 힘을 발휘했다. 마치 "저는 이런 것들을 믿지만, 여러분에게 내가 옳다고 납득시키기 위해 안달복달할 마음은 추호도 없어요"라고 말하는 것 같았다. 스타이넘은 중간중간 말을 멈추었고, 마지막에 핵심을 말할 때만 목소리를 높였다.

"저는 우리 여성이 열등한 이등 시민이라는 사회적 판단을 더는 용납하지 않을 생각입니다."

말을 마친 뒤 그녀는 보란 듯이 당당하게 고개를 들었고, 박수가 터져나왔다.

2017년 워싱턴 D.C.에서 열린 여성들의 행진에서 명예 회장으로 추대된 글로리아 스타이넘이 기조연설을 했다. 이번 연설은 47년 전의 연설과 극명하게 대조됐다. 그녀는 훨씬 편안해졌다. 거의 반세기에 달하는 세월이 무색할 만큼 스타이넘 본인은 조금도 달라진 것이 없었지만,

그녀의 연설 스타일은 몰라보게 달라졌다. 무엇보다도 애드리브를 하고 함박웃음도 지을 만큼 여유가 생겼다. 특히 본격적인 연설을 시작하기 전에 워싱턴의 도로를 가득 메운 수십 만 여성들을 향해 흥분된 목소리로 "지금 여러분들의 모습이 얼마나 장관인지 볼 수 있으면 좋을 텐데요. 마치 드넓은 바다 같아요"라고 즉흥적으로 말하기도 했다. 이번에도 그녀는 저번처럼 몇 장의 원고를 들고 있었다. 그녀는 준비한 원고를 읽어야만 편안한 것이 틀림없다. 그러나 이번에는 청중의 관심을 끄는 방법을 확실히 알았다. 그녀는 학생들을 진정시키는 선생님처럼 손을 들어 이제 말을 시작할 테니 진정하라는 신호를 보냈다.

"이제 그만요. 제 연설을 짧게 끝내야 해요."

또한 저번과는 달리 손을 많이 사용했고, 가끔 자신이 진지하게 생각하는 무언가를 강조할 때는 한 손을 가슴 쪽으로 가져갔다.

솔직히 말해, 글로리아 스타이넘의 이번 연설은 연설 기준이 얼마나 낮은지에 대한 또 다른 사례다. 그녀의 연설은 딱히 특별하지 않았다. 특별한 점이라고 해봐야 여성 운동과 페미니즘의 산증인인 글로리아 스타이넘이 연설을 한다는 사실, 그리고 그녀가 다른 사람들이 말할 수 없는 무언가를 표현한다는 사실 정도였다.

그녀의 연설에서는 전달 방식보다 내용이 더 중요하다. 더 정확히 말하면, 스타이넘에게는 연설 방식이 아무런 의미가 없다. 메시지와 어쨌든 그녀가 그 메시지를 주장한다는 사실 자체가 중요하다. 여기서 우리가 배울 점은 무엇일까? 청중에게 동기를 부여하는 것이 목적이 아니라면, 꼭 말하고 싶은 중요한 무언가가 있을 때 청중의 반응을 두려워해야 할 이유가 전혀 없다는 것이다.

글로리아 스타이넘의 연설 스타일과 판박이처럼 닮은 연설이 하나 있다. 영국 영화배우 엠마 왓슨이 2014년 유엔에서 했던 "그녀를 위한 그He for She" 연설이다. 그녀의 연설 영상은 유튜브에서 조회 수가 700만을 넘었다.

먼저 엠마는 아주 천천히, 그리고 신중하게 말을 시작한다. 처음 그녀에게서는 웃음도, 권위도 찾아볼 수 없다. 오히려 목소리가 떨렸는데, 장소가 장소인지라 긴장하기도 했을 테고, 자신의 연설 주제에 감정적으로 깊이 얽혀서이기도 했을 것이다. 이는 연설의 영향력을 손상시키기는커녕 인간적인 연설로 만들어주었다. 말인즉, 그녀가 유명인사로서가 아닌 평범한 인간으로서 연설한다는 사실을 일깨워주었다. 자신이 전달하는 주제를 완벽하게 통제하지 못하는 연설가에게는 아슬아슬하면서도 아주 강력한 무언가가 있다. 우리는 그런 연설가에게, 시쳇말로 단단히 코가 꿰인다. 그들이 언제 무너질지 몰라 조마조마한 심정으로 귀를 기울이기 때문이다.

엠마는 페미니즘에 대해 간단히 소신을 밝힌 뒤 자신이 페미니스트가 된 이유를 조목조목 나열했다. 여덟 살 때 학교에서 연극을 주도하고 싶어 한다는 이유로 '나대고 우두머리 행세'를 하려 한다며 비난 받았고, 열네 살 때는 매체들이 그녀의 성적인 이미지를 부각시키려 했으며, 열다섯 살이 되자 여자 친구들이 '근육을 키우고' 싶지 않다는 이유로 스포츠 팀을 하나둘 탈퇴했다고 했다. 이 부분에서 엠마는 갈수록 목소리가 점점 더 떨렸는데, 단순히 긴장해서만은 아니었다. 이런 모든 일이 그녀에게 아주 큰 의미가 있어 감정이 북받쳤기 때문이다.

엠마 왓슨은 매력적인 사례다. 그녀는 전문 배우이고, 그래서 마음만 먹으면 더욱 자신감 있는 연설가의 역할을 '연기'할 수도 있었을 것이다. 그러나 엠마는 결점까지 포함해 자신의 있는 그대로의 모습으로 이번 연설에 임하기로 선택했다. 그것은 연기가 아니었다. 공개적으로 말하기 어렵고 위험 부담이 크다고 생각하는 주제에 대해 누군가가 용기 있게 들려준 진심어린 이야기였다. 한편 엠마를 긴장시키는 또 다른 요인이 있었는데, 다른 여성들을 비판하는 내용이 포함되었던 것이다. 사실상 자신에게 페미니스트라는 꼬리표를 붙이고 싶어 하지 않는 여성 모두를 싸잡아 꾸짖는 내용이었다. 그러니 그녀가 연설하는 동안 그런 여성들의 반응에 대해 얼마나 불안했을지 짐작되고도 남는다.

결과적으로, 엠마 왓슨은 끝까지 자제력을 잃지 않고 연설을 이어갔다. 목소리만 들으면 언제든 자제력의 끈이 뚝 떨어질 것처럼 매우 불안했는데, 용케도 버텨냈다. 어떻게 한 걸까? 비결은 지극히 정적인 자세에 있었다. 몸은 물론 머리도 거의 움직이지 않았다. 강연대에 올려놓은 두 손도, 양팔도 처음 위치 그대로 지켰다. 그렇다고 얼어붙거나 어딘가에 묶인 것처럼 부자연스러워 보이지도 않았다. 이것은 매우 좋은 기법이다. 긴장되고 불안할 때는 정적인 자세를 취하라.

언설을 시작하고 5분여가 지나자 청중은 엠마가 이 메시지를 전달하는 것이 얼마나 어려운 일인지 이해했고, 격려의 박수를 보냈다. 이에 엠마는 긴장을 풀고 느긋해졌다. 긴장이 풀리자 엠마는 손을 좀 더 자주 사용할 수 있게 되었다.

한편 엠마 왓슨은 강인해 보이는 남성들이 느끼는 압박감을 설명하던 중에 작은 실수를 했다. 일부 남성들이 '덜 남자들스러워less of a men' 보일까봐 두려워 자신의 감정을 솔직히 표현하는 것을 겁낸다고 말한 것이다. 엠마는 곧바로 그것을 '덜 남자다워less of a man'로 바꿔 말했다. 우리는 그 정도 실수가 그녀에게 아무것도 아니라는 사실을 잘 알고, 그래서 바로 잊어버렸다. 이런 태도는 연설 중에 자신의 감정에 충실해지기 위한, 혹은 긴장감과 초조함을 받아들이기 위한 핵심 비결이다.

현재 순간에 온전히 몰입하는 프레즌스 상태가 되어라. 당신의 입에서 나오는 말에 귀를 기울여라. 실수했다면 바로잡고 침착하게 앞으로 나아가라. 실수를 언급하지도 말고, 자책하지도 말고, 사과하지도 마라. 연설에 확실히 적응하고 난 뒤에 언급할 수는 있으나 최소한 절반이 지난 뒤에 말해야 한다. 엠마 왓슨도 그랬다.

"이 연설에 대한 긴장감과 의심이 몰려올 때마다 저는 스스로에게 단호하게 말했습니다. '내가 아니라면, 누가 하겠어? 지금이 아니라면 언제 하겠어?'라고요. 만약 여러분에게 기회가 찾아왔을 때 저와 비슷한 의심이 몰려온다면, 제 말이 도움이 되었으면 좋겠습니다."

— 공개적으로 말하는 주제에 민감하고 곤란한 정보가 포함되어 있을 때는 중립적인 태도를 취할지, 아니면 이 정보가 당신에게 미칠 영향을 있는 그대로 보여줄지 결정해야 한다. 이를 테면 엠마 왓슨은 남성 자살률을 언급했고, 둘 중 후자를 선택했다. 그녀는 남성 자살률에 영향을 받는 것이 분명했고, 그래서 자신의 열정을 공개적으로 드러냈다. 그렇다면 감정이 격해진 상태에서도 연설을 계속 이어가려면 어떻게 해야 할까? 문장과 문장 사이에 말을 멈추고 호흡하면 된다. 단, 맥락을 놓치지 않도록 다음번에 말할 메시지에 집중하며 청중이 당신의 말을 받아들이고 소화할 수 있는 시간을 넉넉하게 주어라.

— 운동가의 연설이라고 해서 반드시 뜨거운 불처럼 열정이 가득해야 하는 것은 아니다. 사실을 차분하고 냉철하게 나열해도 괜찮다. 친밀하되 절제된 표현으로 당신이 어떤 영향을 받았는지 청중에게 정확히 알려주는 진심어린 호소일 수도 있다.

— 자선 행사에서 사람들에게 둘러싸인 채 무대도 없이 오직 마이크에만 의지해 연설해야 하는 상황이라면 어떨 거 같은가? 이런 경우에 도움이 되는 좋은 사례가 있다. 에미상, 토니상, 아카데미상을 모두 받은 최초의 흑인 배우 비올라 데이비스가 2017년 〈타임〉이 선정한

'세계에서 가장 영향력 있는 인물 100인' 축하 행사에서 했던 짤막한 연설이다. 미리 말하지만, 훌륭한 연설은 아니다. 오히려 명확하지 않아서 무슨 말을 하는지 도통 알 수가 없다.

먼저 그녀는 아프리카 감비아에서 어떤 부족을 방문했던 이야기를 장황하게 늘어놓는다. 그 부족의 불임 여성들은 나머지 부족민들의 지원을 받아 생활한다고 한다. 그런 다음 그녀는 자신의 이야기를 납득시킨답시고 생뚱맞은 말을 던졌다. 종류와 상황을 불문하고 선행을 베푼 행위와 그 자리에 참석한 사람들을 억지로 연결시킨 것이다. "여러분들이 그곳에 가셨어야 했을 거예요."

여기서 주목할 점은 데이비스가 그런 연설을 하고도 박수를 받았다는 사실이다. 왜일까? 진실이 담긴 그녀의 연설 방식, 신중한 어조, 모두가 자신의 이야기에 귀를 기울일 것이라고 믿는 데서 나온 침착하고 당당한 태도 때문이었다. 그녀는 사람들에게 호소할 필요가 없었고, 그 자리에 서 있는 것만으로도 사람들을 끌어당겼다. 더 정확히 말하면 비올라 데이비스 자체가 강력한 이점이었다. 글로리아 스타이넘이 그랬던 것처럼 말이다. 그렇다면 데이비스의 사례에서 우리는 무엇을 배워야 할까? 사실 여부와 상관없이 사람들이 당신의 연설이 훌륭하다고 생각한다면 훌륭한 연설인 것처럼 보여도 전혀 문제되지 않는다는 점이다. 다시 말해 당신은 실제로 훌륭한 연설을 하지 않아도 된다.

— 당신이 크게 신경 쓰는 것은 무엇인가? 당신의 일과 관련이 있는 것이어도 좋고 아니어도 상관없다. 환경? 빈곤? 질병? 정치적 부조리? 스캔들? 당신의 관심을 자극하거나 이목을 끄는 다섯 가지를 적어보라. 그중 세 가지를 선택해서 당신이 관심을 갖는 이유에 관해 2분짜리 연설을 한다고 가정하고 각각의 제목을 만들어보라.

— 각각의 제목 아래에 그 연설에 넣고 싶은 인용구 세 가지 또는 문장세 개를 적어보라. 그중에서 맨 마지막에 말할 인용문이나 문장을 선택하라.

— 이제는 세 가지 주제 중 하나를 선택해 연설하고, 그것을 휴대전화로 녹음해보자. 인용구나 문장이 적힌 메모를 보면서 2분 이내로 즉흥적으로 말해보라. 세 개의 인용구나 문장을 전부 포함해야 하고, 마지막 문구로 미리 낙점한 인용구나 문장으로 끝내면 된다. 녹음 내용을 들어보고 당신이 잘한 세 가지와 다른 식으로 할 수 있는 세 가지를 적어보라.

10장

당신이라면
어떻게 할까

: 긴장과의 전쟁, 미스터 빈처럼 읽기, 북 치는 여성들

NOW, IT'S YOUR TURN!

원하는 것을 이룰 수 있는 방법은 단 하나, 그것을 시작하는 것이다

The only way to do it is to it

✦

영화 〈더 포스트〉 이야기를 다시 해보자. 캐서린 그레이엄은 어느 순간 갑자기 깨닫는다.

"오! 이젠 됐어. 그만 할래. 할 만큼 했어! 이젠 할 말은 할 거야!"

이렇게 생각하자 모든 것이 변하기 시작했다. 영화 속 이 장면에서 그레이엄은 신문사의 운명을 좌우할 수도 있는 중요한 결정에 대해 망설이고 있었다. 자칫하면 국가 기밀을 누설한 죄로 철창신세를 지게 될 수도 있는 결정이다. 그것은 펜타곤 페이퍼Pentagon Paper, 즉 베트남 전쟁에 관한 미국 국방부의 1급 기밀 문건을 공개할지 말지에 관한 결정이었다. 찬반 의견 모두 설득력이 있었다. 그레이엄이 생각을 집중하려고 하는데 한 남성이 끼어들어 자신의 의견을 납득시키려 했다. 그레이엄은 속에서 분노가 활활 타올랐지만 내색하지 않고 애써 가라앉혔다. 그러다가 갑자기 빙 돌아서서 밑도 끝도 없이 단호하고 확실하게 말했다.

"지금 브래들리 국장하고 얘기하는 중이잖아요."

이것은 대단한 순간이 아니었다. 그러나 그녀의 인생에서는 물론 그녀의 리더십에서 커다란 변곡점이었다. 필요한 것은 단 하나, 눈앞에 있는 기회를 붙잡는 것이었다. 그녀에게 그 기회를 줄 수 있는 사람은 아무도 없다. 그녀 스스로 그 기회를 가져야 한다.

이제는 우리 차례다. 우리 모두는 돌아서서 세상을 향해 말해야 한다.

"모두들 그 빌어먹을 입 좀 닫으라고 하세요. 브래들리 국장하고 얘기하는 중이잖아요."

이 책은 사람들 앞에서 말하는 것 때문에 금방이라도 토할 것 같고, 연설 요청을 받고 거절하고 싶어도 상사가 화를 낼 것이 빤해 그렇게 할 수 없는 끔찍한 시간에서 살아남기 바라는 사람들을 위한 안내서가 아니다. 물론 그런 사람들에게도 도움이 된다면 더할 나위 없이 좋겠다. 오히려 이 책은 사람들 앞에서 말하고 싶거나 말을 더 잘하고 싶은데 아주 약간 불편하거나 언제 어디서 어떻게 말을 시작해야 할지 모르는 사람들을 위한 선물이다.

이 책이 말하기에 대한 걱정과 불안을 완전히 없애주지는 못할 것이다. 그러나 그런 걱정과 불안을 받아들이거나 덜 수 있는 비결을 가르쳐줄 수는 있다. 불안감을 누그러뜨리는 가장 좋은 방법은 그 상황에 노출되는 것이다. 더 자주 노출될수록 좋다. 다른 방법은 없다.

어쩌면 두려움보다 훨씬 무서운 것은 연설 기회를 만드는 일일지도 모른다. 이것은 여성들이 사람들 앞에 자기 스스로를 노출시키기로 결정하는 것과 관련이 있다. 당신은 당신 스스로 말할 기회를 만들어야 한다. 가령 이제까지 누군가가 TED 토크에 어떤 사람을 초청한 전례는 없다. 강연자들이 직접 신청했고, 까다로운 선정 과정을 거쳤으며, 가끔은 오디션을 보기도 했다. 특정 주제를 정해주면서 연설을 초청한 경우도 없었다. "강연자를 찾고 있습니다. 당신이 강연을 해주셨으면 좋겠습니다. 어떤 주제라도 상관없습니다. 원하는 주제에 대해 말씀하시면 됩니다"라고 말한 사람이 없다는 말이다. 결국 모든 것이 당신에게 달렸다. 당신 스스로 당신을 알려야 하고, 스스로 운을 개척해야 하며, 당신이 말할 수 있는 행사 역시 스스로 조직해야 한다. 연설가로, 의장으로, 진행자로 당신 자신을 추천하거나 지명해야 한다. 마케팅과 경력 개발에 관한 세계적인 권위자 세스 고딘의 말을 명심하라.

"자기 자신을 선택하라."

선택되기를 기다려서는 그 어떤 기회도 잡을 수 없다. 당신이 직접 찾아라. 그래야만 사람들 앞에 '노출'될 기회를 잡을 수 있다. 그런 다음에는 공개적인 장소에서 말하고 싶다고 사람들에게 알려라.

이제 당신이 무슨 말을 하는지 귀에 들리는 듯하다.

"그런데 뭐에 대해 말하지?"

내용 자체에 대해 부담을 가져서는 안 된다. 앞서 말했듯 의사소통의 80퍼센트는 비언어적으로 이루어진다는 사실을 명심하라. 물론 좋은 내용을 말하고 싶은 것이 당연하다. 그러나 아무리 좋은 내용이라도 편안하게, 그리고 효과적으로 전달하지 못하면 소용없다. 이야기 소재를 발굴하는 방법도 여러 가지가 있는데, 당신이 접촉하는 사람들에게 직접 물어보는 것도 그중 하나다. 예를 들어 학교에서 학생들을 상대로 이야기하고 싶을 때는 선생님께 물어보면 된다.

"제가 당신 학생들에게 이야기를 한다면 학생들은 제게 무엇을 듣고 싶어 할까요?"

선생님의 대답이 바로 당신의 이야기 주제다. 아니면 직장 동료에게 물어볼 수도 있다.

"제가 당신 부서 사람들에게 이야기한다면 그들은 제게 무슨 말을 가장 듣고 싶어 할까요? 반대로 듣고 싶지 않은 이야기는 무엇일까요?"

물론 친구에게 물어봐도 좋다.

"내가 아주 잘 아는 무언가를 너한테 가르쳐줄 수 있다면, 그게 뭐라고 생각해?"

다른 사람들은 부러워하는데 정작 당신에게는 당연한 자신만의 강점이 있을 것이다. 너무 잘 알아서 지루한 분야, 그래서 사람들 앞에서 말하고 싶지 않은 내용 말이다. 그 강점을 찾아보라. 당신의 열정에 불을 붙이는 무언가를 찾을 때까지 이 작업을 멈추지 마라(이것에 대해서는 부록의 '스스로 연설 기회를 만들기 위한 지침'을 참조하라.).

"아무리 생각해도 사람들에게 들려줄 만큼 재미있거나 중요한 게 없는데요"라는 말은 하지 마라. 일말의 가치도 없는 헛소리다. 수전 케인이 TED 강연에서 말하지 않았는가.

"세상은 당신이 필요하고, 당신이 가진 것들도 필요해요."

누구에게나 다른 사람들에게 들려줄 만한 재미있고 중요한 무언가가 있기 마련이다. 사람은 누구나 자신만의 관점을 가지고 있기 때문이다. 당신이 할 일은 당신의 청중에게 적절한 관점을 찾는 것이다. 예를 들면 7살짜리 내 아들은 2018년 러시아 월드컵에서 잉글랜드 대표팀이 28년 만에 4강에 오른 위업에 대해 훌륭한 연설을 할 수 있다. 그러나 이 이야기는 TED 토크용으로 별로 좋지 않다. 비슷한 맥락에서, 당신은 연말 종무식 파티에서 당신 팀의 업무 실적을 훌륭하게 발표할 수 있다. 그렇지만 이것은 당신의 아이가 다니고 있는 학교에서 발표하기에는 적절한 주제가 아니다.

기억해야 할 중요한 사실은, 대부분의 연설은 마틴 루터 킹 목사의 "나에게는 꿈이 있습니다"처럼 사회를 변화시키기 위해 계획된 것이 아니라는 점이다. 그보다는 권위를 가진 누군가가 정보를 제공하거나 감사 인사를 하기 위함이고, 직장에서 또 하루를 버텨내는 데 작은 영감을 주는 즉흥적인 발언인 경우가 훨씬 많다. 사람들 앞에서 말을 잘하기 위한 비결 중 하나는, 그 자체에 큰 의미를 부여하지 않고 있는 그대로를 받아들이는 것이다. 다시 말해 일상적인 대화나 상호작용과 크게 다르지 않다고 생각하면 된다. 그저 일상에서보다 좀 더 많은 사람들 앞에서 말하는 것일 뿐이다.

어떤 행사에서 '몇 마디 해 달라'는 요청에 우리는 거의 뜬눈으로 밤을 지새운다. 그러나 이렇게 생각해보자. 비록 성가신 일일지 몰라도 이것은 우리가 무슨 일을 요청받았는지 정확하게 설명해준다. 사람들 앞에서 몇 마디 말하는 것이다. 그게 전부다. 세 문장이나 다섯 문장이면 충분하다. 큰 즐거움이나 감동을 안겨주지 않아도 된다. 간단히 몇 마디 한 다음 자리에 앉아라. 그걸로 끝이다.

연설을
가볍게 생각하라

―

이제는 내가 당신들에게 마지막으로 바라는 점을 밝힐 때가 되었다. 자신을 편안하게 해주라, 즉 당신이 하고 싶은 대로 하라. 사람들 앞에서 말을 잘하기 위한 조언으로 가득한 책의 말미에서 이런 말을 하는 것이 이해되지 않을 수도 있다. 하지만 뭐니 뭐니 해도 가장 좋은 조언은 그것에 너무 많은 노력을 들이지 말고 편안한 마음으로 즐기라는 것이다. 직장에서 프레젠테이션을 한다면, 여기에서 당신이 재미를 느낄 수 있는 요소나 당신이 웃을 수 있고 미소 지을 수 있는 요소를 찾으면 된다. 청중을 웃겨야 한다는 말이 아니다. 당신이 웃을 수 있는 무언가를 찾으라는 뜻이다. 스트레스를 받는 당신의 모습을 놀리는 것이어도 되고, 중간에 포기한 아이디어를 비웃는 것이어도 좋다. 연습 삼아 미스터 빈의 목소리로 원고를 읽다가 웃어도 상관없다.

우리는 너무 진지하고, 사람들 앞에서 말하는 것을 지나치게 심각하게 받아들이는 경향이 있다. 하지만 정작 청중은 그런 것에는 눈곱만큼도 관심이 없다. 그들은 그저 당신이 가장 편안해하는 모습을 보고 싶어 할 뿐이다. 그러니 제발 마음을 가볍게 가져라.

세상에는 중요하지만 끔찍한 일들이 널려 있다. 하지만 사람들 앞에서 말하는 순간, 업무 프레젠테이션을 하는 순간, 스탠드업 코미디를 하는 순간은 여기에 해당하지 않는다. 그러니 제발 편하게 생각하고 맘껏 즐겨라. 듣기 좋으라고 하는 소리가 아니다. 쓰디쓴 경험에서 우러난 진심어린 충고다. 나 역시 몇 년간 나 스스로를 들볶았다. 공연은 마땅히 힘든 일이라는 생각으로 나를 힘들게 했다.

민디 터커는 뉴욕에서 활동하는 코미디언들의 사진을 찍는 것으로 유명한 사진작가다. 그녀의 사진들에 대해 생각하니 나 스스로에게 물어보고 싶은 질문이 떠오른다.

"10년 전 스탠드업 코미디계에 발을 담근 햇병아리 코미디언이던 내게 지금의 나는 무슨 말을 해줄 것인가?"

"스탠드업 코미디는 누구에게나 어려워. 너한테만 유독 어려운 일이 아니야. 그런데 말이야, 어려운 일이어도 충분히 재미있을 수 있어. 네가 네 일을 좋아하는 순간들에서 힘을 얻도록 해. 가끔은 공연이 놀랄 만큼 쉬울 수도 있으니 마음 단단히 먹어. 미련을 갖지도 말고, 자책하지도 마. 다른 사람들의 말을 너무 귀담아 듣지도 마. 그냥 네 직감을 믿어. 차차 나아지면 돼. 귀찮아서 하고 싶지 않겠지만 매일 발성 코치를 찾아가서 목소리를 단련해. 하지만 너에게 가장 해주고 싶은 말은 이거야. 너무 열심히는 하지 마."

이 책을 읽는 모든 여성들에게 내가 바라는 것은, 어떤 면에서도 당신에게 문제가 있다고 생각하지 말라는 것이다. 이렇게 생각해보라. 누군가가 당신에게 "당신은 그녀의 문제가 뭔지 아세요?"라고 물었다고 하자. 그런데 그녀에게 문제가 없다면? 사람들 앞에서 말하는 것과 관련해 그녀에게 아무런 문제가 없다면? 그녀에게 필요한 것은 단지 스스로 말하도록 만드는 것뿐이라면? 내 경험에 비추어 볼 때 많은 여성들이 이 경우에 해당한다. 그들은 타고난 의사소통 기술을 가지고 있으며, 능숙하고 흡입력 있게 발표할 수도 있다. 문제는 사람들 앞에서 말하는 것이 아니라 그들 자신이다. 그들은 자신의 뛰어난 능력과 직감을 의심한다. 또한 그 상황을 즐겨도 되는지 의문을 품고, 그 일을 쉽게 하면 안 된다고 생각하며, "문제가 없으면?"이라는 질문을 애써 회피한다.

정말로 당신에게 아무 문제가 없다면 어쩔 것인가? 그런 경우에 당신은 무슨 말을 할 것인가? 당신은 어떤 이야기를 하고 싶은가? 돌이켜보니 오래 전부터 사람들 앞에 당당히 나서서 말했어야 했다면 어쩔 것인가? 잃어버린 그 시간들을 어떻게 메울 것인가?

긴장과 불안은
절대 사라지지 않는다
—

사람들 앞에서 말하는 것에 두려움을 느끼는 것은 지극히 정상적인 감정으로, 아무리 경험이 많아도 절대 사라지지 않을 것이다. 오죽하면 내로라하는 유명 공연가들조차 무대에 대한 긴장감과 불안감을 토로했겠는가. 미국의 유명 재즈 가수 엘라 피츠제럴드, 세계적인 테너 루치아노 파바로티, 영국의 유명 배우 겸 코미디언 스티븐 프라이, 영국 배우 대니얼 데이루이스와 로런스 올리비에, 소비에트연방 출신의 미국 발레 무용수 겸 배우인 미하일 바리시니코프 모두 무대 공포증이 "없어지지 않는다"라고 말했다. 특히 영국 가수 아델은 무대에 오르기 전에 구토를 한다고 알려져 있으며, 바브라 스트라이샌드는 긴장과 불안감 때문에 오직 자선 목적으로만 무대에 선다. 심지어 미국의 싱어송라이터 칼리 사이먼은 6년간 라이브 공연을 하지 않았는데, 노래를 하느니 차라리 탬버린을 치겠다고 말했다. 미국의 가수이자 배우인 벳 미들러 역시 평생 시달려온 불안감에 대해 토로하면서 이런 고통스러운 생각에 하루도 마음 편한 날이 없었다고 고백했다.

이들 유명인 중에는 긴장과 불안감을 견뎌내고 그런 감정과 동거하는 법을 배운 이들도 있고, 아예 무대와는 상관없는 다른 길을 선택한 이들도 있다. 핵심은, 긴장과 불안감은 재능이나 능력과는 아무 상관이 없다는 점이다. 이것은 단지 당신의 중추신경계가 작동하고 있음을 보여주는 신호일 뿐이다. 이것이 바로 감정의 진실이다. 공은 이제 당신에게로 넘어왔다. 감정의 진실을 알았으니 어떻게 할지, 그리고 그런 감정에 어떻게 대처해야 할지는 이제 순전히 당신에게 달려 있다.

나는 사람들 앞에서 말하기 전 또는 공연을 앞두고 긴장과 불안감이 슬며시 똬리를 틀 때면 스스로에게 이렇게 묻는다.

"내가 준비가 덜 돼서 이런 감정이 드는 걸까? 그렇다면 필요한 것보다 더 많이 준비하려면 어떻게 해야 할까?"

여기서 주목할 점은, 나는 이런 감정을 내게 일어난 일종의 '해프닝'으로 생각한다는 사실이다. 그러니까 이런 감정은 나와 전혀 관계가 없다고 생각한다. 당신은 그저 화자로서 청중이 어떤 경험을 하게 될지 생각하는 것만으로도 긴장과 불안감이라는 불편함에서 벗어날 수 있다.

언젠가 스코틀랜드 에든버러에서 열린 한 예술 축제에 참석해 공연을 한 적이 있다. 나는 그 공연을 죽을 때까지 잊지 못할 것이다. 공연을 시작하고 얼마 지나지 않아 나는 한 관객에게 말을 걸었다. 그런데 하필 그 사람은 만성 언어 장애를 앓고 있었다. 게다가 증상도 심각했다. 관객들은 그의 모습을 보며 안타까워했고, 이내 그는 나를 겸허하게 만들었다. 화자로 무대에 오른 내가, 청중이 아닌 그들이 나를 어떻게 생각하는지 신경 쓰고 긴장하며 불안해하는 것이 얼마나 이기적인지를 깨닫게 해준 것이다. 그때 내가 무슨 생각을 했는지도 똑똑히 기억난다.

"왜 너에게만 초점을 맞추는 거야? 다른 사람들은 고민이 없을 거라고 생각하는 거야? 넌 부끄러운 줄 알아야 해."

어찌 보면 우리의 긴장과 불안은 일종의 나르시시즘, 즉 자기 도취증이다. 우리는 다른 사람들이 우리를 쳐다보고, 우리를 판단하고, 우리를 평가하고, 우리에 대해 신경 쓸 거라고 생각한다. 하지만 그렇지 않다. 우리는 다른 사람들에게 (좋은 의미로) 아무것도 아닌 존재이고, 대부분의 사람들은 각자 자신의 삶이 안겨주는 근심걱정에 집중한다. 당신 삶의 문제가 사람들 앞에서 말하는 것에 대한 긴장과 불안감이라면 그것은 걱정거리 축에도 끼지 못한다. 오히려 피와 살이 되는 기분 좋은 고민거리다. 정말이다. 가혹하고 잔인하다고? 그렇게 들려도 어쩔 수 없다. 그렇지만 한 가지는 확실하게 보장한다. 지금껏 나와 손발을 맞춰본 많은 사람들에게 이 깨달음은 인생을 바꾸는 신의 계시와 같은 통찰이었다. 사람들 앞에 자주, 그리고 많이 노출될수록 그것이 당신 자신과는 상관없다는 사실을 더욱 확실히 깨닫게 된다. 그리고 나면 무한한 자유로움이 찾아온다. 그 깨달음은 당신을 옥죄던 족쇄에서 당신을 완벽히 해방시켜 줄 것이다.

어디에 있든
행복하고 품격 있는 상위층이 되라

———

행복하고 품격 있는 상위층에 관해 마지막으로 하고 싶은 말은, 가끔은 여성들보다 남성들에게 그 일이 더 쉽다는 것이다. 모든 연구 결과들은 하나를 가리킨다. 인간으로서 우리는 여성들보다 남성들에게 신분을 부여하기가 더 쉽다는 결론이다. 문서나 대면 상황에서도 마찬가지다. 가령 사람들에게 여성의 이름이 적힌 이력서와 남성의 이름이 적힌 이력서를 보여주면, 대개는 남성을 리더로 선택할 것이다. 또한 아무도 입을 열지 않은 집단에서 대부분의 사람들은 남성을 리더로 선택할 가능성이 크다. 이런 편견은 실재한다. 왜 그럴까? 오랜 세월에 걸쳐 다져진 사회적·문화적 조건화 때문이다. 이런 편견이 해소되는 데는 시간이 걸릴 것이다.

비슷한 맥락에서, 여성들은 남성들에 비해 높은 신분을 보여줄 기회 자체가 상대적으로 적다. 그 원인은 여성들이 사회적 상호작용에서 높은 신분을 자연적으로 부여받지 못했기 때문이다. 그야말로 편견의 악순환이다.

2장에서 말했듯이 주의를 기울이면 행복하고 품격 있는 상위층으로 행동하는 순간들을 구분해낼 수 있다. 마찬가지로, 어떤 집단에 있든 사람들이 자신의 신분을 어떻게 받아들이는지도 알아볼 수 있다. 신분을 자연스럽게 받아들이는 사람은 누구인가? 누가 가장 리더처럼 보이는가? 행복하고 품격 있는 사람처럼 보이는 사람은 누구인가? 자신감 있는 말과 행동으로 당신에게 영감을 주는 사람은 누구인가? 그런 사람과 비슷해 보이려면 어떻게 해야 할까? 이런 것들을 더욱 깊이 의식하고, 이에 맞춰 신분을 높이며, 실력을 향상시킬수록 편견의 악순환을 끊어낼 수 있다. 한 발 더 나아가 적절한 상황에서 다른 여성에게 신분을 더 많이 '부여'하는 것도 좋다. 그를 예의 주시하면서 칭찬하거나 그가 사람들 앞에서 말할 수 있는 멍석을 깔아주는 것도 방법이다. 당신은 회의에서 다른 여성이 회의를 주도하도록 격려할 수 있는가?

명심할 것이 또 하나 있다. 가끔은 '여성적'인 모습을 내려놓고 인간으로서의 당신 스스로에게 충실하라. 언제 어디서나 '여성으로서'의 당신에 갇혀 오랫동안 여성에게 걸림돌이 되어온 것을 안고 살아가는 것은 힘든 일이다. 솔직하고 거리낌 없이 하고 싶은 말을 할 때 그런 걸림돌 중 하나와 '맞장'을 뜰 수 있다.

나아가 그런 것들을 내려놓고 무시할 수 있는 방법을 찾을 필요가 있다. 당신은 이 세상 모든 여성을 안고 갈 수 없고, 언제나 그들을 '대변'해줄 수도 없다. 물론 이 책은 여성들을 위한, 여성들에 관한 내용이다. 그러나 나는 사람들 앞에서 말하는 것과 관련해 남성과 달리 여성에게 특별한 도움이 필요하다는 말은 일언반구도 입 밖에 내지 않았다. 여성도 남성과 똑같이 뛰어난 화자가 될 능력이 있다. 심지어는 여성이 더 유리한 상황도 있다. 많은 분야에서 여성은 여전히 소수일 것이므로, 여성의 목소리는 기억에 더 깊이 각인될 것이기 때문이다. 역사의 지금 단계에서 여성은 남성이 할 수 없는 방식으로 자신의 목소리를 낼 수 있는 기회가 있다.

여기서 분명히 하고 싶은 말이 있다. 나는 이것이 여성들에게 양날의 검이라고 생각한다. 정말이다. 여성들은 주목 받을 수 있는 기회를 가지는 반면 가혹한 판단과 비난, 비판의 제물이 될 가능성이 크다. 예를 들어, 도널드 트럼프는 거만하고 불쾌하며 자화자찬하는 연설 스타일을 고수한다. 목소리조차 귀에 거슬릴 정도다. 그럼에도 사람들은 연설 스타일과 목소리와 관련해 그와 힐러리 클린턴에게 다른 잣대를 들이댄다. 연설 스타일과 목소리를 꼬투리 잡아 힐러리를 몰아붙인 것과는 달리 트럼프에 대해서는 문제 삼지 않았다.

여성 집단을 상대할 때 나는 그들에게 지금까지 직·간접적으로 보아온 남성 리더와 연설가의 모든 유형에 대해 생각해보라고 요청한다. 24시간 뉴스 채널에 나오는 장관과 CEO, 축구 감독, 종교인까지 그들을 접할 기회는 많다. 물론 뉴스에는 여성 리더들도 많이 등장한다. 그러나 여기서도 냉혹한 현실은 그대로 적용된다. 남성에 비해 여성 리더의 수가 적을 뿐만 아니라 덜 부각된다. 과거에 비해 여성 리더들이 꽤 부각되고 있긴 하지만 이는 최근 들어서야 나타난 변화다. 말인즉, 남성 리더에 대한 역할 모델은 원하기만 하면 찾기 어렵지 않다. 그가 얼마나 기이하고, 얼마나 특이하며, 얼마나 유별나든 상관없이 말이다. 하지만 여성 리더에 대한 역할 모델은 사례가 훨씬 적다.

우리는 수백 년간 남성 리더십 체제 하에서 살아왔다. 뛰어난 여성 리더십이 등장한 것은 얼마 되지 않는다. 겨우 수십 년 전이다. 심지어 여성 리더십이 어떤 모습이고, 얼마나 다양할 수 있는지, 이를테면 얼마나 좋고, 나쁘고, 추악하고, 기이하고, 뛰어난지를 눈으로 확인하는 것은 이제 막 첫걸음을 뗐을 뿐이다. 자신만의 스타일과 자신의 족적을 남길 방법을 찾는 것은 리더가 되고 싶은 모든 여성들의 몫이다.

말하기와 관련해 궁극적인 목표는, 성별을 떠나 한 인간으로서 당신 자신을 표현하는 것이어야 한다. 나는 앞으로 몇 년 내에 다양한 리더십과 연설 스타일이 대거 등장하기를 바란다. 그리고 그 스타일은 '남성적'이거나 '여성적'이라는 말로 구분되지 않을 거라고 생각하고 싶다. 그것은 지금까지 이 책에서 소개한 여성들 중 상당수를 하나의 부류라고 특정할 수 없는 것과 같은 맥락이다. 아니, 이 책에서 소개한 모든 연설가와 강연자들의 공통점은 정해진 기준이 아닌 한 인간으로서 스스로를 표현하는 방법을 찾았다는 데 있다.

과거의 그녀들은 북을 쳤다
—

마지막으로 북치기에 얽힌 기이하고 아름다운 이야기로 글을 마무리하려고 한다. 정말이지 황홀한 마법 같은 이 이야기는, 내가 목소리를 내는 일로 힘들고 의기소침해질 때마다 나를 지탱해준 힘이었다. 나는 우리 안이 깊은 곳에 있는 무언가가 몇 백 년 전에 새뮤얼 존슨이 했던 끔찍한 말을 믿는다고 생각한다. 1장에 나오는 "여성이 설교하는 것은 개가 뒷다리로 걷는 것과 같다"라는 '발칙한' 발언 말이다. 이처럼 여성이 공개적으로 목소리를 내는 데 걸림돌이 되는 암묵적인 문화적 장애물이 많다. 그리고 우리는 무의식적으로 이런 장애물을 마음에 담아둔 채 스스로에게 이렇게 말한다.

"나에게는 사람들에게 들려줄 만한 중요한 이야기가 하나도 없어."

"내가 뭐라고 사람들 앞에서 말을 하겠어?"

"내 이야기에 귀를 기울여야 할 이유가 뭐 있겠어?"

나는 당신이 이런 생각들의 진실을 알고 있다고 생각한다. 목소리를 내는 것에 대한 타당한 반대가 아니라 불안감과 자기 의심에서 비롯된 구차한 변명이라는 사실을 말이다.

이런 허접한 생각들은 당신에게 아무 도움이 되지 않는다. 이 사실을 잘 알기에 나는 이런 생각들은 무시하고, 대신에 언젠가 우연히 발견한 어떤 책에 생각을 집중한다.

예전에 내가 테네시 주 내슈빌 외곽에 위치한 세상 마지막 히피 공동체 중 한 곳에 머물 때의 일이다. 자초지종을 다 얘기하자면 아주 길어서 핵심만 추리면, 거기서 나는 어떤 산파를 인터뷰했다. 그녀는 1970년대부터 그곳에 살며 지금까지 수백 명의 산모가 자연 분만하는 것을 도와 왔다. 공동체에서 직접 재배한 콩 새싹과 템페로 만든 저녁식사를 한 뒤 나는 잠시 잠이 들었다가 중간에 깼다. 처음에는 내가 어디에 있는지 약간 혼란스러웠다. 그때 침대 옆에 놓인 책 한 권이 눈에 들어왔다. 제목은 《여성들이 북을 치던 시절에WHEN THE DRUMMERS WERE WOMEN》이였다.

흥미로운 제목이었다. 알고 보니 그 책은 여성이 북을 친 역사에 관한, 철저한 고증에 따른 일종의 연구 보고서로, 저자는 작고한 여성 타악기 연주자 레인 레드몬드였다. '이게 무슨 소리야? 도대체 언제부터 여성들이 북을 쳤다는 거야?' 졸린 상태인지라 이렇게 생각했던 걸로 기억한다. 그런데 알고 보니 여성들이 정말로 북채의 주인이었다. 여성들은 고대에 정말로 북 연주자, 즉 고수鼓手였다. 남성들에게는 북채를 잡는 것이 허용되지 않았다. 이것은 널리 알려진 이론은 아니다. 레인 레드몬드의 저서는 1990년대에 출간되었고, 아주 오래전에 절판되어 사람들의 뇌리에서 완전히 잊혀졌기 때문이다. 대신에 우리는 다른 이야기를 듣는다.

사람들이 대중 연설에 대해 갖는 거부감과 관련해서 종종 언급되는 진부한 변명이 하나 있다. 공개적으로 자신의 목소리를 내는 것이 인간의 '부족 본능tribal instinct'에 반하는 행위라는 주장이다. 무슨 뜻일까? 수백 년간 인간들은 개별 행동을 하거나 집단을 벗어나는 행위를 하는 것이 위험하다고 생각해왔다. 오늘날에도 '외로운 늑대' 또는 '외톨이'가 되는 것은 원초적 경험에 위배되는 것으로 여겨진다. 이런 상황에 처했을 때 우리 안에서는 투쟁-도피 반응이 촉발된다. 말 그대로 위험 앞에서 투쟁하거나 도피하고 싶어 하는 감정으로, 이는 우리 조상들이 남긴 유물 가운데 지금까지 잔존하는 몇 가지 가운데 하나다. 남녀를 불문하고 많은 사람들이 공개적인 장소에서 말하는 것을 힘들어하는 이유이기도 하다. 미국의 유명 코미디언이자 선풍적인 인기를 끈 시트콤 〈사인펠드〉의 주인공 제리 사인펠드의 농담처럼 대부분의 사람들이 장례식에서 추도 연설을 하느니 관에 들어가 있는 게 낫겠다고 생각하는 이유도 된다.

우리의 이성적인 마음은 사람들 앞에서 말하는 것이 어렵지 않다고 말한다. 이것은 진실이며, 그렇게 할 수 있다. 하지만 우리 마음속의 다른 무언가가 사람들 앞에서 말하는 것은 아주 나쁜 생각이라고 반대한다. 그런데 레인 레드몬드는 전혀 다른 이야기를 들려준다. 그리고 이것은 여성들이 반드시 알아야 하는 이야기다.

그녀의 저서는 선사시대의 사제였던 여성들에 관한 이야기를 담고 있다. 그 여성 사제들은 나머지 부족민들과 분리된 존재였고, 리더 역할을 수행했다. 북을 아주 잘 친다는 이유에서였다. 그들은 자기 스스로를 인간에게 처음 음악을 전해준 여신의 후손이라고 생각했다.

"고대 사회에서 북과 같은 타악기 연주자들은 주로 여성이었다. 그리고 그런 관행은 무려 3,000년 동안이나 이어졌다."

그러던 중 기독교가 등장했고, 기독교 사회에서는 여성들이 음악을 연주하는 것 자체가 죄악시 되었다고 레드몬드는 주장한다. 가장 기본적인 수준에서 볼 때 기독교 사회에서는 여성이 집단과 분리되고 공동체 활동에서 집단을 이끌 수 있는 역할이 전무했다. 예전에는 북치는 의식이 의미적으로는 물론 유대감의 측면에서도 매우 중요했고, 의식을 치르거나 축하 행사에서 북이 종종 연주되곤 했다.

이제 모든 여성이 신성한 의식을 되찾기 위해 다시 북채를 잡고 자신만의 흥겨운 리듬을 내기 시작하는 것은, 어찌 보면 시대적 부름이다. 나는 세상만사에 신물이 나면 쾌청한 달밤에 밖으로 나가 아주 커다란 탬버린을 흔들 것이다. 그때까지 우리는 레인 레드몬드가 소개한 여성들의 정신을 따라해도 아무 문제가 없을 것이다. 그리고 오늘날은 사람들에게 당신의 목소리를 들려주기 위해 굳이 북이 없어도 된다. 물론 여성 사제가 되지 않아도 된다. 당신에게는 딱 두 가지만 있으면 된다. 당신의 목소리, 그리고 무슨 말을 하고 싶은지를 알면 된다.

더 이상 구질구질한 변명은 하지 마라. 당당히 목소리를 내고, 공간을 당신의 것으로 만들어라.

부록 및 참고 문헌

공간을 장악하기 위해 해야 할 일 vs. 해서는 안 되는 일

내가 당신에게 바라는 것은 이 책을 읽은 다음 사람들 앞에서 어떤 스타일로 말할 수 있을지를 머릿속으로 상상하는 것이 아니다. 사람들 앞에 당당히 목소리를 냄으로써 당신에게 맞는 연설 스타일을 찾는 것이다. 그런데 여기에는 장애물이 하나 있다. 바로 기회를 만드는 것이다. 일단 그렇게 하겠다고 작정했다면 기회를 만드는 것은 생각만큼 힘들지 않다. 아니, 이유를 막론하고 당신은 그렇게 해야만 한다.

— 사람들 앞에서 말하는 경험이 쌓이기 전까지는 그 어떤 가정도 하지 마라. 연설뿐만 아니라 무엇이든 여러 번 시도해보기 전까지는 속단 하지 마라. 다른 사람들에게는 무서운 일이어도 당신에게는 아닐 수 있다. 직접 해보지 않고 무서운지 아닌지 어떻게 알겠는가?

— TED 토크, 유튜브와 가능한 많이 '친해져라'. 좋아하는 연설가나 강연자를 찾고, 그들의 어떤 점이 마음에 드는지 찾아보라. 반대로 별로 마음에 들지 않는 강연자나 연설가에 대해서도 어떤 점이 거슬리는지 찾아보라.

— 좋은 강연과 연설을 보고 절망하지 마라. 그중 일부는 상당히 조밀하게 연출되고, 전문가의 손길로 다듬어졌으며, 치밀하게 연습한 결과물이다. 영감은 받되 당신과 비교하면서 자책하지는 마라.

— 당신이 원하는 말하기 스타일과 가장 근접한 스타일을 가진 연설가나 강연자를 찾아라.

— 아카데미 시상식의 수상 소감처럼 당신이 결코 하지 않을 이상적인 연설에 집착하지 마라. 당신의 열정에 불을 지피는 경우는 예외다. 대신에 당신의 노력과 능력으로 실현할 수 있는 연설을 꿈꿔라.

— 앞으로 6개월 안에 할 수 있을 것으로 예상되는 잠재적 연설 목록을 작성하라. 결혼식에 초대 받을까? 신부 어머니에게 공개적으로 감사 인사를 할 기회를 만들 수 있을까? 가족의 기념일이나 생일이 다가오는가? 이런 상황에서 당신은 단 몇 마디라도 할 수 있다. 직장에서도 마찬가지다. 사람들 앞에 자발적으로 나설 수 있는 기회를 찾아라.

— 앞으로 일 년 안에는 사람들 앞에서 말할 기회가 없다고 단정하면서 왜 그런지에 대한 구차한 변명을 늘어놓을 생각은 하지 마라. 당신이 정말 원한다면 어떤 곳이든, 심지어 당장 이번 주에도 사람들 앞에서 목소리를 낼 기회를 찾을 수 있다. 그런 기회를 열심히 찾아보라.

— TED 토크를 위한 세 가지 제목, 그리고 쓰고 싶은 책 제목 세 가지를 생각해보라. 참고로 TED 토크에서는 당신이 보유하고 있거나 열정이 있는 분야를 다루어야 한다.

— 하나의 나쁜 경험 때문에 사람들 앞에서 말할 수 있는 기회를 미루지 마라. 나쁜 경험이 여러 번이어도 마찬가지다. 연설과 관련하여 대부분의 사람에게는 나쁜 경험이 있기 마련이다. 누구나 일이 안 풀리는 날이 있듯이 말이다. 천하의 달변가라도 마찬가지다. 그런 경험에서 당신이 어떤 교훈을 배웠는지 적어보고, 앞으로 나아가라.

— 다양한 연설을 연습할 수 있는 기회를 찾아라. 즉흥적인 연설, 체계적이고 조직적으로 준비한 연설, 공식적인 연설, 비공식적인 연설.

— 사람들 앞에서 말할 기회를 원한다는 사실을 동료들에게 적극적으로 알려라. 기조연설, 감사 인사, 행사 진행, 행사 주최, 소개 등. 다른 사람이 당신을 위해 그런 기회를 만들어주기를 기다리지 마라. 당신은 그들의 허락이 필요하지 않다.

— 직장에서 당신과 비슷한 역할을 하는 여성을 세심히 관찰해보라. 그들의 리더십 스타일은 어떤 것인가? 공개적으로 말할 때 그들은 어떻게 행동하는가? 여성 언론인이나 방송인 중에 당신의 분야와 관련 있거나 당신이 되고 싶은 스타일을 가진 여성을 주의 깊게 관찰하라. 그들은 어떤 방식으로 권위를 발산하는가? 그들은 어떤 주제에 대해 말하는가? 그리고 그들과 비슷하려면 무엇을 어떻게 해야 할 것인가?

연설 직전에 마지막으로 점검할 사항

무대가 크건 작건 연설을 시작하거나 무대에 오르기 직전에 확인해야 하는 사항들이 있다.

— 가능하면 음향 상태를 직접 점검하라. 음향을 확인해달라는 요청을 받으면 거절하지 마라. 혹시라도 기술적인 문제가 생길 경우에 대비한 예비 시스템이 무엇인지 확인해놓으라. 문제가 생기면 누구에게 말해야 할까? 예비 마이크를 가져다줄 때까지 기다려야 할까? 아니면 마이크 없이 계속 말을 이어가는 게 적절할까?

— 마실 물을 준비했다면 어디에 둬야 할까? 5분 이상 말할 예정이라면 언제 물을 마실지도 미리 결정하라.

— 호흡을 하고 어깨를 활짝 펴라. 발바닥으로 호흡하라. 이 호흡법은 매우 중요하다. 뇌를 위장으로 내려 보내야 한다는 것을 명심하라.

— 적절하다면 미소를 지어라. 사실 장례식장만 아니라면 미소는 어디서나 좋은 무기가 된다. 평균이라고 생각하는 것보다 더 많이 웃어라.

— 그래도 불안하면 약간의 시간을 들여 호흡에 집중하고 장소에 익숙해져라. 호흡을 하고, 미소를 짓고, 땅바닥과 닿아 있는 발바닥을 느껴라.

— 원고를 보면서 읽지 않을 계획이라면 연설 구조를 정확히 외워라. 마지막 문장으로 무엇을 선택하고 싶은가?

— 즉흥 연설의 경우에는 몇 가지 규칙을 세워야 한다. 목표 시간을 정확히 설정하고, 그 시간을 엄격히 지켜라. 혹은 최소 10문장을 말하겠다고 스스로에게 약속하라.

— 가령 예정된 시간이 5분이라면 4분은 넘기되 5분은 넘기지 않는 즈음에서 끝내는 것이 좋다. 허락된 시간을 꽉 채우거나 초과하는 것보다 사람들이 당신의 말을 더 듣고 싶게 만드는 것이 최선이다. 여기에는 예외가 없다. 예컨대, 5분짜리 연설이라도 3분 안에 말하고 싶은 내용을 다 말했고, 청중이 웃고 생각하게 만들었으며, 강력한 맺음말처럼 들리는 무언가를 말했다면 마이크를 내려놓아라.

— 마칠 때는 웅얼거리지 말고 모두에게 똑똑히 들리도록 또렷하게 "감사합니다"라고 인사하여 청중에게 박수칠 시간이라는 확실한 신호를 줘라.

— 실수했을 때는 미소를 지은 다음 웃어라. 그러고는 아무 일 없었다는 듯 계속하라. 실수는 당신이 인간이라는 사실을 승인해주는 핑그고, 인간이라면 누구나 실수를 한다. 오히려 청중은 실수한 것 때문에 당신을 더 좋아할 것이다. 실수에 연연하지 마라. 자책하지도 마라.

— 강력한 여운을 주며 말을 마쳐라. 청중에게 직접 호소하라. 도움이 된다고 생각되면 담화 표지 문구를 사용하라. "그래서 결론은", "마지막으로 하고 싶은 말은", "곧 제 말이 끝납니다" 등.

— 침착하고 당당한 걸음걸이로 무대에서 내려와라. 이제 집으로 돌아가 다음 연설 기회에 대한 계획을 세워라. 한 가지 덧붙이자면, 당신의 연설을 영상으로 녹화했는가? 꼭 그렇게 해야 한다. 그리고 그 영상을 소셜 미디어에 올려 사람들과 공유해야 한다.

자주 묻는 질문과 답

Q. 이 책을 다 읽었는데도 사람들 앞에서 말하는 것이 긴장돼서 죽을 것 같고 속이 울렁거려요. 그렇지만 업무니까 꼭 해내야 해요. 어떻게 해야 할까요?

A. 공개적으로 말하는 것에 대해 오랫동안 심리적·신체적으로(몸이 떨리거나 땀이 나거나 구토를 하는 등) 문제가 있었다면 말하기나 프레젠테이션 워크숍에 참가해보라. 이런 워크숍에서는 전문 훈련을 받은 강사의 도움을 받을 수 있다. 내 경험에 의하면, 이것은 매우 효과적이고, 또 효과가 아주 빠르게 나타난다. 소규모 집단에서 딱 한 번만 목소리를 내도 연설이 당신을 죽이지 않을 거라는 사실을 깨달을 수 있다. 연설 자체보다 그것에 대한 두려움이 더 큰 문제라는 사실 말이다. 최면이나 명상, 마음 챙김 훈련도 고려해봄직하다. 나는 누구

라도 두려움을 극복하고 훌륭한 화자가 될 수 있다고 믿는다. 불안
감과 관련해 더 뿌리 깊은 문제가 의심될 때는 의사나 치료사와 함
께 고민하는 것도 방법이다.

Q. 행사를 촉진할 수 있는 기본적인 규칙들은 무엇인가요?

A. 당신이 행사 주최자거나 인터뷰 진행자라면 당신이 그곳에 있는 목
적은 크게 두 가지다. 첫째, 당신은 초대받은 손님들을 위해서, 그리
고 그들을 돋보이게 만들어주기 위해서 그곳에 있다. 둘째, 당신은
청중의 대리자 역할도 해야 한다. 그러니 청중에게 행사의 구성과
발언자에 대해 알려주고, 그들을 대신해서 질문도 해야 한다.

이런 역할을 수행하기 위한 가장 중요한 규칙은, 현재에 온전히 존
재하는 프레즌스 상태가 되는 것이다. 당신은 항상 주의 깊게 듣고,
청중이 경험하는 것을 함께 경험해야 한다. 다음 질문에 대해 생각
하다가 무언가를 놓칠 수도 있다. 가장 이상적인 방법은 메모나 원
고를 볼 필요가 없을 정도로 철저하게 준비하는 것이다. 당신의 원
고나 메모, 그리고 당신이 무슨 말을 하고 질문할 것인지에 대해 아
무도 신경 쓰지 않는다. 그들의 관심은 단 하나, 그 순간 그 공간에서
벌어지는 일이다.

인터뷰나 행사를 진행할 때 또 다른 원칙은 가능한 사전에 행사와
연설가들에 대해 많이 파악하되, 그런 식을 내세우지 않고 감추
는 것이다. 청중 그 누구도 당신이 얼마나 잘 준비했는지에 대해 과
시하는 것을 원하지 않는다. 그들은 이미 당신이 완벽하게 준비했을

거라고 생각한다. 참고로 내가 정말 싫어하는 것은 '저자와의 만남' 행사에서 인터뷰 진행자가 "57쪽을 보면 등장인물에 대한 소개가 나오는데요"라고 말하는 것이다. 청중은 아직 그 책을 읽지 않았다. 고로 그들은 57쪽에 무슨 내용이 나오는지 전혀 관심이 없다.

Q. 행사에서 청중의 질문을 어떻게 다루어야 할까요?

A. 아무도 청중에게 행사에 대한 정확한 내용을 알려주지 않았다면 담화 표지 문구를 사용하여 알려주라. 가령 마칠 때는 "감사합니다"라고 인사함으로써 청중이 박수를 치도록 유도하면 된다. 그런 다음 "그럼 지금부터 20분간 질문을 받겠습니다"고 말하라. 별도의 진행자가 있을 때는 전적으로 그에게 맡기면 된다. 그러나 당신이 직접 청중을 지목해 질문을 받는 상황이라면 질문자를 골고루 선택하라. 성별, 나이 등을 고려해 다양한 청중에게 질문을 받아야 한다. 손을 든 사람이 많다면 "질문하고 싶은 분들이 아주 많네요. 기대되는데요. 하지만 시간 관계상 세 분에게 질문을 받겠습니다. 한 문장으로 질문해주시면 감사하겠습니다"라고 말하면 된다. 그런 다음 질문을 간단히 받아 적어라.

대답은 직접적이고 솔직해야 한다. "잘 모르겠습니다" 혹은 아무리 봐도 그 질문이 아니라고 생각되면 "감사합니다만, 그 말씀은 질문이 아니라 의견을 주신 거라고 생각하겠습니다"라고 말해도 된다. 질문에 최선을 다해 대답하되, 연설 중에 다루었던 질문을 받더라도 놀란 기색을 보여서는 안 된다. 그리고 약속한 시간이 다 됐다면 마무리가 중요하다. 아쉬운 마음에 "질문 하나만 더 받겠습니다"라고 말하고 싶을 수도 있다. 하지만 예정된 시간을 넘기느니 차라리 1분 일찍 끝내는 편이 낫다. 만약 약속된 시간이 5분 정도 남았는데 큰 웃음을 유발하는 질문을 받았다면, 혹은 당신의 말에 청중이 크게 웃거나 박수를 보냈다면 딱 거기서 끝내라. "이제 이것으로 제 시간을 끝낼까 합니다."

Q. 저는 통화하는 일이 어려워요. 심지어 가끔은 얼굴을 맞대고 대화하는 것도 힘들어요. 어떻게 해야 할까요?

A. 대화하고 싶지 않거나 전화 통화를 하고 싶지 않은 날이 분명 있다. 이것은 지극히 정상적인 반응이다. 그럴 때는 자신을 억지로 그 상황에 몰아넣지 말고 쉬는 것이 방법이다.

전화 통화의 경우 자리에서 일어나서 하면 조금이나마 도움이 된다. 특히 어려운 대화이거나 상대방에게서 무언가를 얻어내기 위한 통화일 때는 더욱 효과적이다. 대화를 시작하기 전에 1장의 '비결과 요령'에서 소개한 호흡 훈련법을 해보라. 체중을 양발에 골고루 분산시켜 중심을 잡고 똑바로 서서 뇌를 위장에 집어넣은 다음 발바닥을 통해 호흡하라.

얼굴을 마주보고 하는 대화나 회의의 경우에도 마찬가지다. 아무도 없는 공간에서 자세를 취해보는 것도 좋다. 이럴 땐 3장에서 소개한 에이미 커디의 '강력한 자세'가 도움이 된다. 특히 이 방법은 취업 면접을 앞둔 사람에게 강력 추천한다. 그리고 대화를 나누는 중에는 집중력과 프레즌스 상태를 유지하라. 귀를 기울여라. 자신만의 생각에 빠져들지 않도록 노력하고, 상대방에게 공감하라. 그들에게는 그날 하루가 무척 힘든 날이었을 수도 있고, 개인적으로 나쁜 소식을 들은 직후일 수도 있다. 누구나 남에게 털어놓지 못한 걱정이 있기 마련이다. 당신 자신이 아닌 그들에게 초점을 맞추는 것은 불안감을 완화시키는 하나의 방법이다.

스스로 연설 기회를 만들기 위한 지침

─ 스스로 운을 개척하라

연설 기회는 저절로 떨어지지 않는다. 말인즉, 스스로 기회를 만들어야 한다. 처음에는 사교 행사에서 작게 시작하라. 건배를 제안하고, 감사 인사를 하고, 축하 인사를 하라. 사람들을 조용하게 만들고, 모두가 당신을 쳐다보게 만드는 데 익숙해져라.

─ 사람들 앞에서 말하고 싶은 마음, 그것만으로도 충분하다.

아직도 "그런데 비브, 아무도 제게 연설을 요청하는 사람이 없는 걸요. 제가 뭐 대단한 사람이라고 연설을 하겠어요?"라는 말을 하는 사람이 있다면 나는 그가 생각을 바꿀 때까지 이렇게 물어볼 것이다. "당신이 어때서 못한다는 거죠?"

학교 행사에서 당신에게 20분짜리 연설을 하라고 시키는 사람은 없다. 그러나 당신이 목청을 가다듬고 포크로 유리잔을 살짝 쳐서 주의를 끈 다음 "그냥 이 말을 하고 싶어요. 이런 환상적인 행사를 마련해주신 주최 측에 감사드려요. 오늘 참석하신 모든 분들은 여러분의 노고를 정말 고맙게 생각해요. 자, 모두들 잔을 드세요. 위원회를 위해 건배!"라고 말할 수 있는 행사에 참석한다면, 그렇게 하라. 이것이 사람들의 인생에서 10초를 빼앗는 행동일 수는 있지만 위원회에게는 특별한 기분을 안겨줄 수 있을 것이다.

─직장에서 실험하라

한두 차례 사교 모임에서 연설을 했다면 이제 직장에서 기회를 노려보자. 앞서도 말했지만 누군가가 멍석을 깔아주기를 기다려서는 안 된다. 공개적으로 말할 수 있는 기회를 찾고 있다는 사실을 동료와 상사들에게 적극적으로 알리고, 자발적으로 나서야 한다. 당신 스스로 멍석을 깔 방법도 찾아야 한다.

나는 모든 참석자가 2분 이내로 자유 발언을 할 수 있는 행사를 주최한 적이 있다. 그런 행사는 누구나 마이크를 잡고 즉석에서 코미디 공연을 선보일 수 있는 '코미디 나이트'와 비슷하다. 그리고 이런 행사에서는 행사를 순조롭게 진행하는 사람이 필요하다. 당신이 그 역할을 하면 된다. 누구나 발언할 수 있지만, 주어진 시간은 엄격히 지켜야 한다. 주제는 상관없다. 이야기를 해도 좋고, 시를 암송해도 좋으며, 농담을 해도 상관없다. 당신이 열정을 갖고 있는 사회적인 대의에 대해 몇 마디 해도 된다. 핵심은, 누구도 미리 준비하지 않는 것이다. 스무 명 남짓한 사람들을 한자리에 모을 수 있다면 자유 발언 행사가 가장 좋다. 심지어 기업 차원의 행사에서도 어색한 분위기를 누그러뜨리는 오프닝이나 피날레 순서로 매우 적합하다.

─당신 자신부터 먼저 증명해 보여라

"연설 기회가 더 많았으면 좋겠어요"라고 말하면서 정작 아무런 행동도 취하지 않는 것만큼 짜증나는 일은 없다. 사람들이 당신을 편하게 생각하고, 당신을 쉽게 선택하게 만들어라. 당신 자신을 위해서는 물론 다른 사람들을 위해 기회를 창출하는 사람이 되어라. 아무도 당신을 위해 이렇게 해주지 않을 거라는 생각으로 시작한다면 실망할 일도 없다. 예상치 못한 상황에서 당신에게 기회가 주어질 때 다른 사람들의 관대함에 놀랄 일만 있을 뿐이다.

─소셜 미디어를 통해 당신의 의도를 명확히 알려라

소셜 미디어에 당신이 연설하는 동영상 콘텐츠를 많이 올릴수록 당신이 연설을 편하게 생각한다는 사실을 사람들에게 더 확실히 보여줄 수 있다.

─기술을 연마하라

즉흥극, 스탠드업 코미디, 발표, 말하기, 진행하기 등에 관한 워크숍에 참가하는 것을 고려해보라. 좋은 사례를 많이 보고 많이 연습할수록 잘하게 되는 것은 불변의 진리다.

― TED 토크만이 유일한 선택지는 아니지만, 그래도

나는 TED 토크에 나가 강연하는 것이 꿈이라고 말하는 사람들을 많이 만났다. 그런 말을 들을 때마다 나는 배시시 웃으면서 일단 맞장구를 쳐준다. "좋은 생각이에요." 그런 다음 "제목은 뭐로 할 거예요?"라고 묻는다. 그러면 그들은 제목은 고사하고 주제도 정하지 않았다고 말한다. 제목도, 주제도 정하지 않고 TED 토크를 한다는 것은 싸전 가서 밥 달라는 격이다.

직접 발로 뛰어야 한다. 먼저 연락을 취해 제목이나 주제를 제시할 의지가 없다면, TED 토크의 문은 열리지 않는다. 또한 당신이 사람들 앞에서 말하는 것을 촬영한 동영상이 없다면 TED 토크는 그림의 떡이다. TED에 신청할 때 동영상을 제출할 필요가 있다.

TED 토크에 참여하고 싶다면 먼저 신청서를 제출해야 한다. TED 웹사이트의 강연자 추천 양식에서 18분짜리 강연자로 당신 또는 다른 누구를 추천할 수 있다. 제목과 주제를 기입하고, 당신의 연설 영상도 등록할 필요가 있다. 이것과 관련해서는 3장 실전 훈련 중 두 번째 훈련에서 기록했던 아이디어들이 도움이 될 수 있다. TED 토크를 진지하게 고려하는 사람에게는 TEDx 먼저 시도해 보라고 말해주고 싶다. TEDx는 지역적으로 조직되는 행사로, 구글 검색창에 TEDx와 당신이 관심 있는 지역명을 입력하면 된다. 혹은 TEDx 강연회 신청서라고 입력해도 된다. 거의 모든 TEDx 강연회는 제출 양식이나 연락처 이메일 주소 같은 정보를 공개한다. 내가 보기에는 TED보다 TEDx의 강연자로 선정될 가능성이 더 높다.

— 사람들 앞에서 말한 경험이 많을수록 주제를 보는 안목도 높아진다. 당연하다. 경험만큼 훌륭한 이야기 소재는 없기 때문이다. 주제를 찾는 데 도움이 되는 몇 가지 질문이 있다. "당신은 무엇에 열정을 쏟는가?", "당신은 세상에서 어떤 변화가 만들어지기를 바라는가?", "당신은 무엇에 대해 가장 잘 아는가?", "당신은 대부분의 사람들이 하지 못한 경험을 한 적이 있는가?", "다른 사람들은 어려워하는데 당신은 쉽게 할 수 있는 것은 무엇인가?", "당신의 업종에서 정말로 보고 싶은 변화 한 가지를 꼽으라면 어떤 것인가?", "당신을 화나게 만드는 것은 무엇인가?", "당신은 어디에서 영감을 얻는가?" 사람들은 이런 질문에 대한 답을 듣고 싶어 할 것이다.

— 다음에 나오는 목록은 사람들 앞에서 말할 기회를 찾을 때 고려하면 좋은 단체, 조직, 행사 등을 간추린 것이다. TED에서 강연하기 전에, TED에 제출할 동영상을 촬영하기 전에 이런 곳들의 문을 먼저 두드려보라.

- 당신의 모교 혹은 당신이 공부한 적이 있는 곳
- 당신을 가르친 은사님이 근무하는 곳
- 친구가 교편을 잡고 있는 학교
- 지역사회를 기반으로 한 여성 단체의 연구소
- 당신의 예전 직장
- 당신이 일하고 싶은 조직

참고 문헌

사람들 앞에서 말하는 것과 관련해 내가 도움을 받았던 책들이다. 일부는 자기계발서인데, 이런 책을 넣은 이유는, 말하기의 99퍼센트는 자신에 대해 어떻게 생각하는지, 그리고 자신의 진짜 모습을 사람들에게 보여주기 위해 공개적으로 발언하는 것을 얼마나 편하게 생각하는지에 달려 있기 때문이다.

《Daring Greatly: How the Courage to be Vulnerable Transforms the Way We Live, Love, Parent and Lead》
국내 번역서: 《마음가면: 숨기지 마라, 드러내면 강해진다》

마음을 솔직하게 털어놓는 것의 의미와 용기에 관한 명상록으로, "취약성의 힘The Power of Vulnerability"과 "수치심에 귀 기울이기Listening to Shame"라는 브레네 브라운의 두 TED 강연을 엮은 책이다.

《Quiet: The Power of Introverts in a World that Can't Stop Talking》
국내 번역서: 《콰이어트: 시끄러운 세상에서 조용히 세상을 움직이는 힘》

"나는 부끄러움이 너무 많아서 사람을 앞에서 말할 수 없어"라고 생각하는 사람들을 위한 교과서. 외향적인 사람이어야만 말을 잘할 수 있는 것이 아니다. 조용하고 내성적인 사람도 말을 잘할 수 있다. 외향적인 사람들이 말을 잘한다는 그릇된 통념에 빠져 내성적인 사람들이 줄 수 있는 소중한 부분들을 놓친다고, 저자 수전 케인은 일침을 놓는다.

《Presence: Bringing Your Boldest Self to Your Biggest Challenges》

국내 번역서:《프레즌스: 위대한 도전을 완성하는 최고의 나를 찾아서》

신체언어에 관한 훌륭한 안내서. 신체언어 전문가인 에이미 커디는 우리가 스스로를 외부에 드러내는 방식이 자기 인식에는 물론 당신에 대한 다른 사람들의 인식에도 영향을 미친다고 말한다. 움츠러들지 말고 자신감을 가지고 당당해져야 한다는 사실을 일깨워준다.

《Tribe of Mentors: Short Life Advice from the Best in the World》

국내 번역서:《지금 하지 않으면 언제 하겠는가: 세계 최고 멘토들의 인생 수업》

오늘날의 자기 혁신 시대를 대변하는 아이콘으로 평가받는 팀 페리스는 자신이 운영하는 팟캐스트에서 인터뷰한 사람들을 이 책에서 전부 소환한다. 아울러 탁월함, 생산성, 동기부여, 공개적인 말하기에 대한 그들이 가진 지혜의 정수를 추출해 이 책에 전부 담았다.

《Gravitas: Communicate with Confidence, Influence and Authority》

가제:《신뢰와 존경심을 불러오는 장중함: 자신감 있고 권위를 가지고 소통함으로써 영향력을 미쳐라》

성과와 발성에 관한 뛰어난 코치이자 훌륭한 연설가인 캐롤라인 고이더는 저서에서 우리가 자신의 타고난 장중함을 어떻게 활용할 수 있는지를 보여준다. 설득력과 영향력을 획득하는 방법에 관한 최고의 조언이 가득하다.

《Playing Big: A Practical Guide for Brilliant Women Like You》

국내 번역서:《나는 더 이상 휘둘리지 않기로 했다: 혼자 일어서는 내면의 힘》

제목만 보고 속단하지 마라. 타라 모어의 저서는 여성과 커리어와 관련하여 내가 가장 좋아하는 책이다. 모어는 우리를 힘들게 하는 제한적인 믿음을 철저히 해부해서 진실을 드러낸다. 당신의 내적 비판가를 다루는 일부터 당신의 미래 자아에게서 조언을 얻는 일까지 모어의 저서는 막대한 영감을 주는 유익하고 실용적인 내용으로 가득하다.

《13 Things Mentally Strong People Don't Do》

국내 번역서:《나는 상처받지 않기로 했다: 강철 멘탈을 가진 사람은 절대 하지 않는 13가지》

어느 해가 나는 매년 여름 스코틀랜드의 수도 에든버러에서 개최되는 세계 최대의 예술 축제인 에든버러 프린지 페스티벌에서 자기혐오의 무자비한 공격에 난도질당했다. 그때 나를 구해준 구세주가 바로 에이미 모린의 저서였다. 젊은 나이에 남편을 잃고 미망인이 된 심리학자인 모린은 저서에서 자신과 고객들의 경험을 바탕으로 부정적인 사고방식과 싸우고 회복력을 키우는 방법을 파헤친다.

《Be a Great Stand-Up: Teach Yourself》

가제:《위대한 스탠드업 공연가가 되라: 스스로를 가르쳐라》

로건 머리의 저서는 겉과 속을 따로 봐야 한다. 표면적으로는 스탠드업 코미디언이 되는 법을 가르쳐주고 있지만 사실은 공연 공포증을 극복하고 공연 소재를 개발하는 것에 대한 영감을 주기 때문이다. 약간의 우스갯소리를 곁들인 연설의 소재를 발굴하고 싶을 때 도움이 되는 방법이 다수 포함되어 있다.

《Better Than Before: What I Learned About Making and Breaking Habits-to Sleep More, Quit Sugar, Procrastinate Less, and Generally Build a Happier Life》
국내 번역서:《나는 오늘부터 달라지기로 결심했다: 오늘보다 나은 내일을 꿈꾸는 맞춤형 습관 수업》

그레첸 루빈은 습관 변화를 통해 자신을 바꾸는 방법을 전도하는, 일명 습관 전문가다. 사람들 앞에서 말할 기회를 피하는가? 자신이 별로 뛰어나지 않다고 생각하는가? 조금 게으른 편인가? 이 책은 이런 습관을 극복할 수 있는 수십 가지 비결을 알려준다. 저서는 당신의 바보 같은 변명들을 깨부숴줄 궁극의 안내서.

감사의 말

언젠가 우연히 소설가 제이미 어텐버그와 대화를 나누게 되었다. 이 책은 그 대화의 결과물이다. 제이미, 내가 이 책을 쓸 수 있는 계기를 줘서 고마워요. 또한 캐서린 섬머헤이스라는 훌륭한 산파가 없었다면 이 책은 세상의 빛을 보지 못했을 것이다. 그녀는 역동적이고 완벽한 응원과 지지로 나와 '산고'를 함께 겪었다. 그녀는 한 사람의 인간으로서는 물론이고 대리인으로서도 정말로 훌륭한 여성이다. 한편 나는 트랜스월드의 보배인 두 여성과 (그리고 트랜스월드의 직원들과) 일할 수 있었다는 데 형언할 수 없을 만큼 감사한다. 이 책의 편집자로서 책 속에 담긴 개념을 즉각 이해했고, 최상의 통찰과 지원을 아끼지 않은 안드레아 헨리, 홍보 담당자로서 그리고 자연인으로서 내게 많은 도움을 준 앨리슨 배로이다. 뿐만 아니라 케이트 사마노와 조쉬 벤을 비롯해 이 책에 생명력을 불어넣기 위해 막후에서 물심양면으로 도와준 모든 사람들에게 깊은 감사를 전한다.

당연한 말이지만, 남성들도 뛰어난 '산파'가 될 수 있다. 특히 스티븐 바버는 자신도 모르는 새에 영감과 창의성과 긍정적인 사고를 끊임없이 제공함으로써 이 책에 생명의 불을 붙여주었다.

내가 이 책에서 소개하는 주제들의 중요성을 이해하는 데 거의 10년이 걸렸고, 그동안 수많은 사람들에게 귀중한 도움을 받았다. 로건 머리, 스폰태니어티 숍의 공동 창업자인 톰 샐린스키와 데버라 프랜시스-화이트, 셰이크-신 셰익스피어의 창업자 리지 콘래드-휴스, 살롱 콜렉티브의 예술 감독 도미닉 켈리, 케빈 채프먼을 비롯해 라다 비즈니스의 모든 팀원들, 배우이자 코미디언인 젬마 웰런, 액터스 센터의 팀원들. 이 지면을 빌려 모두에게 감사드린다.

팟캐스트 방송은 연설가로서 그리고 방송인으로서의 내 경험에 커다란 변화를 가져왔다. 더 풀의 '디어 비브Dear Viv' 코너를 위한 샘 베이커와 해나 배롤 그리고 제이드 허치슨, 휘슬다운의 케이트 테일러와 야수 폴라-새뮤얼스를 비롯한 모든 팀원들, 위 아 우먼의 민트 벨벳 등에게 모든 공을 돌린다.

한편 발성과 무대 공연 코칭에 대해 내가 아는 모든 것은, 듀이 휴스와 리처드 라이더, 제러미 스톡웰, 캐럴라인 고이더 등을 포함해 이 분야의 전문가들에게서 배웠다. 이 분야에 대한 진짜 통찰이 필요할 경우에 누구든 그들에게 도움을 청해야 한다.

이번에는 아주 특별한 사람에게 심심한 감사의 말을 전하고 싶다. 알렉스 매클래런. 그가 바로 '행복하고 품격 있는 상위층' 개념을 내게 처음 알려준 사람이다. 누구에게나 어느 날 갑자기 자신의 삶에 들어와서 모든 것을 바꿀 무언가를 독특한 방식으로 이야기하는 사람들이 있기 마련이다. 내게는 알렉스가 그런 사람이었다.

또한 내 워크숍에 와준 모든 참가자들, 내게 코칭을 받은 고객들, 지난 5년간 나를 거쳐간 학생들에게도 그들이 보여준 관대함과 솔직함에 깊이 감사드린다. 일일이 이름을 불러주지 않아도 내가 누구를 말하는지 본인들은 알 것이다. 워크숍과 코칭 수업의 경우에는 그 일의 특성상 익명을 유지하는 것이 매우 중요하다. 그렇기 때문에 그들에 대해 더 이상 구체적으로 언급하지 않을 것이고, 이 책 본문에서도 그들을 구체적인 사례로 소개하지 않았다. 그러니 내 앞에서는 안심해도 된다. 그리고 실라 매케크니 재단의 수 티볼스와 메건 포이아드지스에게 특별히 고맙다는 말을 하고 싶다. 그들은 특별 감사를 받을 자격이 충분하다. 뿐만 아니라 헤더 페서릭과 그가 운영하는 개인 코칭 프로그램인 UBL의 모든 참가자들에게도 고개 숙여 감사드린다.

이제 내 인사는 내가 급할 때마다 기꺼이 우리 아이들을 돌봐준 올라 마제르즈에게 향한다. 그녀의 도움과 지원이 없었다면 글을 쓰는 것은 물론이고 내 삶에서 아무것도 하지 못했을 것이다. 정말이지 그녀에게 평생 갚지 못할 커다란 신세를 졌다. 내 마지막 감사인사는 사랑하는 우리 가족을 위해 남겨두었다. 남편 사이먼과 세 아이 월, 베라, 잭. 지붕을 날려버릴 만큼 강력한 감사의 인사말이 있다면 그들에게 그 말을 전하고 싶다.

이제
우리의 이야기를
할 때입니다

초판 1쇄 발행일 2020년 1월 10일

지은이 　비브 그로스콥
펴낸이 　유성권
편집장 　양선우

책임편집 　윤경선 　　　　편집 　신혜진 백주영
해외저작권 　정지현 　　　홍보 　최예름 　　　본문디자인 　박정실
마케팅 　김선우 박희준 김민석 박혜민 김민지
제작 　장재균 　　　　　　물류 　김성훈 고창규

펴낸곳 　㈜이퍼블릭
출판등록 　1970년 7월 28일, 제1-170호
주소 　서울시 양천구 목동서로 211 범문빌딩 (07995)
대표전화 　02-2653-5131 | 팩스 02-2653-2455
메일 　milestone@epublic.co.kr
포스트 　post.naver.com/milestone
홈페이지 　www.milestone.com

마일스톤 은 (주)이퍼블릭의 경제경영 · 자기계발 · 인문교양 브랜드입니다.

이 도서의 국립중앙도서관 출판예정도서목록(CIP)은 서지정보유통지원시스템 홈페이지(http://seoji.nl.go.kr) 와
국가자료공동목록시스템(http://www.nl.go.kr/kolisnet)에서 이용하실 수 있습니다. (CIP제어번호: CIP2019050059)